W0281865

Bâtir une stratégie de rémunération

Bâtir une stratégie de rémunération

Systèmes de rémunérations globales, variables, collectives

Bernard ROMAN

DUNOD

ISBN 2 10 048891 0

Table des matières

Introduction

La question de la rémunération se situe, par nature, au fondement même des pratiques de gestion du personnel. Aussi peu développée soit-elle, toute gestion des ressources humaines s'organise à partir du contrat de travail et de l'échange qu'il établit entre travail fourni et rémunération attribuée : c'est le salaire qui fait le salarié.

La rémunération est donc soumise aux phénomènes de marché et à l'environnement qui conditionne cet équilibre. Des facteurs exogènes tels que le marché du travail, les représentations sociales ainsi que les politiques sociales et fiscales conditionnent les modes et les niveaux de rémunération.

Au sein de l'organisation, définir une politique de rémunération est une préoccupation centrale de la gestion des ressources humaines et de son efficacité. Elle intéresse à la fois les problématiques de coûts, la recherche de performance et le développement du capital humain. D'un point de vue strictement quantitatif et financier, les rémunérations se traduisent par les frais de personnel, c'est-à-dire l'essentiel des coûts dans la plupart des secteurs et donc, du compte de résultat. D'un point de vue qualitatif en revanche, les politiques et pratiques de rémunérations déterminent directement le mode d'optimisation des ressources humaines.

Comment acquérir et garder les meilleures compétences et à quel prix ?

Quel système d'incitation et de motivation instituer pour obtenir la meilleure efficacité, c'est-à-dire les meilleures performances ?

L'approche immédiate des questions de rémunération renvoie assez naturellement à sa contrepartie. Si la rémunération existe, que rémunère-t-elle ? et qui ? sous quelle forme ? le niveau, la nature, les modes d'attribution, le coût.... Toutes ces questions renvoient à l'objet et aux critères de détermination des rémunérations. La première partie y sera consacrée.

Au rythme des transformations que l'entreprise a connues dans ses formes d'organisation et de management, de profondes évolutions sont intervenues dans les principes de détermination des salaires et des rémunérations. Le développement de l'individualisation des rémunérations et de la rémunération à la performance, la multiplication des formes et des modes d'attribution conduisent à clarifier les liens de cohérence et d'efficacité qui lient les différents critères et modes de rémunération.

Pourtant, le rôle, la contribution et l'efficacité des systèmes de rémunération sont des domaines encore mal connus et mal maîtrisés. Tout le monde est d'accord là-dessus. Les recherches ne nous ont pas encore appris grand-chose sur le sujet. La question des salaires est curieusement négligée par les théoriciens de l'organisation du travail et du management. Elle ne paraît intéresser que l'approche stratégique qui privilégie le jeu des acteurs, les conflits et la négociation mais pour qui le salaire n'est que le reflet et la résultante des rapports de force. De fait, l'approche de la rémunération comme instrument de gestion a été bien timidement explorée et insuffisamment reliée aux problématiques générales d'entreprise, managériales et stratégiques.

La synthèse est alors difficile à faire entre, d'une part des recherches spécialisées sur les thèmes de la motivation et les incitations, et d'autre part des pratiques de rémunération de plus en plus diversifiées qui expriment de nouveaux équilibres entre les différents acteurs au sein des organisations. Sans synthèse, difficile de guider l'action et les DRH ne peuvent pas toujours compter sur un savoir ou une « boîte à outils » valide qui les aiderait à mettre en œuvre les pratiques de gestion les plus efficaces et répondant aux objectifs particuliers de l'entreprise dans un contexte donné. L'observation, la pratique et les constructions théoriques, lorsqu'elles surmontent leurs écueils méthodologiques, permettent de dégager et de mettre en lumière un ensemble de modèles de gestion et quelques certitudes pour la gestion des salaires et des rémunérations. C'est ce dont cet ouvrage propose de rendre compte : reprenant l'essentiel des apports théoriques sur le sujet et à la lumière de nombreuses expériences, il établit quelques pistes et quelques repères pour les praticiens que sont les DRH et les managers dans le pilotage et la gestion des rémunérations. Pour les spécialistes des ressources humaines, il s'agit de structurer et faire évoluer le système de rémunération comme axe essentiel de la stratégie de ressources humaines. Pour les managers, il s'agit d'éclairer les mécanismes qui font de la rémunération, tout comme la gestion des ressources humaines en général, un levier de mise en œuvre et de réussite de la stratégie.

Partant d'une vision structurée à la fois de la problématique et de la gamme des instruments possibles, la construction d'une stratégie des rémunérations est possible. Elle se fonde d'abord sur la stratégie des métiers et la cohérence qu'elle assure entre objectifs d'activité et système interne de reconnaissance et d'incitations. Sa définition est soumise aux phénomènes de marché, aux représentations propres à chaque métier et aux politiques réglementaires et fiscales qui sont autant de critères qui différencient la pertinence des politiques de rémunération élaborées. Comment construire dans ces conditions une stratégie de rémunération efficace ? Telle est la question posée en seconde partie. Cela suppose en particulier qu'une méthodologie permette d'en mesurer l'efficacité et d'en faire l'audit.

La troisième partie est consacrée aux rémunérations variables. Une typologie est nécessaire pour identifier clairement la nature et l'objet des différentes formes utilisées. La rémunération variable est envisagée comme un levier de management essentiel s'intégrant dans un dispositif plus large de management de la performance. C'est là, au cœur des rouages opérationnels de l'entreprise, que le système de rémunération structure les liens entre les différents niveaux d'objectifs, les systèmes de mesure des résultats et le système de récompense et d'incitation qui oriente et dynamise les ressources et les comportements. Facteur décisif d'incitation, la rémunération variable peut également être envisagée comme un instrument de flexibilité, à condition qu'elle soit réellement variable dans les faits. Elle débouche sur des formes de plus en plus diversifiées et sophistiquées dont la mise en œuvre et le pilotage sont déterminants dans la recherche de performance de l'organisation. Pour l'illustrer, plusieurs cas concrets sont développés.

Une dernière partie développe les systèmes de rémunération collectifs, l'actionnariat et l'épargne salariale. Son but est d'examiner à la fois les véritables apports de ces différentes formules de rémunération ainsi que les écueils à surmonter lors de leur mise en place. Ces formes en plein développement sont déterminantes dans l'équilibre général des politiques de rémunération et dans la construction des liens d'appartenance et de performance durable que l'entreprise construit avec ses collaborateurs à la lisière du salariat et de l'actionnariat.

CHAPITRE 1

Que rémunère-t-on ?

Comprendre puis construire les systèmes de rémunération exige une bonne perception des différents niveaux qui conditionnent les pratiques et les équilibres sociaux en jeu. Les politiques de salaires reflètent, parfois avec un certain retard, les formes d'organisation et les problématiques nouvelles auxquelles l'entreprise est confrontée. Mais elles partent, en quelque sorte, de haut, car la question des salaires reste encore aujourd'hui une variable macroéconomique majeure et un point d'équilibre social et politique incontournable. Retraçant ces évolutions et livrant des approches diversifiées de la question, les travaux théoriques sont également précieux pour aborder les principes généraux de détermination des rémunérations. Ils introduisent idéalement, bien que de façon incomplète, le cœur des fondements et des critères de rémunération et des formes de gestion. Que rémunère-t-on ? et pourquoi ? dans quel contexte ? avec quelles techniques ? Telles sont les questions clés de ce premier chapitre, abordé comme un éclairage indispensable préalable à la construction d'une stratégie plus globale dans laquelle le système de rémunération est un facteur clé de succès.

Les déterminants structurels des systèmes de rémunération

La formation des rémunérations est, par nature, au cœur de la plupart des mécanismes économiques généraux : les profits, le niveau des prix, les équilibres sociaux, le niveau de performance et d'optimisation des ressources au niveau de l'entreprise. Élément de la politique de la firme, le système de rémunération, comporte également une dimension sociale, le niveau des revenus étant dans un autre registre un enjeu économique et social. Ces multiples dimensions ont profondément marqué les politiques de rémunération et l'articulation entre les niveaux macro et micro-économique.

Les règles traditionnelles d'évolution des salaires

Le marché du travail et des salaires a été très concurrentiel jusqu'au milieu du XXe siècle laissant les rapports de force s'exercer sur le contrat de travail individuel et le niveau de salaire. Peu à peu sous la pression sociale et l'impulsion de l'État, la mise en place des conventions collectives et l'instauration de règles générales sur les salaires (salaires minimums, mensualisation…) sont venues encadrer les systèmes de rémunération, le plus souvent au niveau des branches d'activité. La politique des revenus était alors l'un des leviers d'action majeurs de l'État dans le pilotage de la politique économique. Celui-ci intervenait et continue de le faire encore directement dans la formation des salaires via le secteur public et encourageait une activité contractuelle dont les étapes majeures ont été l'instauration du Smic, les ordonnances sur la participation, les lois sur l'intéressement collectif et l'épargne salariale. Dans ce contexte, les politiques de rémunération se sont organisées en fonction des règles et méthodes appliquées par l'État dans les entreprises publiques. Les concepts de masse Toutée et de GVT[1] – bien éloignés de l'individualisation – sont alors repris dans la plupart des négociations collectives, pour la plupart menées au niveau des bran-

1. Les concepts de masse Toutée et GVT ont beaucoup été utilisés lors des négociations salariales, notamment au niveau inter-professionnel dans les années 1950-1970. La masse Toutée (du nom de son inventeur) correspond à l'effet masse et à l'impact budgétaire d'une mesure salariale donnée sur l'année *n*. Si une augmentation de salaire de 1 % n'intervient qu'en décembre, elle ne correspond en masse Toutée que pour 1/12 des 1 % considérés. À l'inverse, l'augmentation en niveau correspond au taux d'augmentation quels que soient son effet sur le budget et la date à laquelle elle intervient. Le GVT (glissement, vieillesse, technicité) regroupe l'ensemble des mesures d'augmentation automatiques liées aux classifications ou à l'ancienneté. Elles constituent un taux d'augmentation minimal à considérer avant toute négociation.

ches. Au cours de cette période, la politique de rémunération échappe en partie aux entreprises et aux logiques micro-économiques. Les mesures collectives représentent, en période de forte inflation, une part importante des mesures prises. Les mesures individuelles sont en réalité très réglementées par des critères définis le plus souvent au niveau des branches tels que l'ancienneté, les points de diplômes… et mécanisés selon des règles collectives d'avancement et de promotion. Le cheminement des carrières et des rémunérations est alors strictement balisé. Il n'intègre pas l'évolution des fonctions, leur contenu et *a fortiori* le profil et les compétences de ceux qui les occupent.

Dans ces conditions, la politique salariale est organisée autour de deux axes : d'une part les mesures collectives qui sont – on l'a vu – le plus souvent décidées en dehors de l'entreprise, d'autre part les promotions individuelles qui s'effectuent selon une logique d'avancement dans laquelle la notion de fonction n'apparaît pas au profit du titre, du grade et de la classification. Quel que soit le métier ou la fonction qu'il exerce, l'individu est porteur d'un titre lui-même correspondant à un niveau de classification ou d'échelon et donc de rémunération. Il n'y a pas de trace dans ce schéma du niveau de la fonction, de sa contribution, de son positionnement et évidemment des capacités professionnelles individuelles. Difficile également, dans un tel mécanisme, d'intégrer les évolutions, la flexibilité et le mérite individuel. Le schéma d'avancement linéaire basé sur une carrière unique prime sur la réalité professionnelle, celles des métiers, des capacités professionnelles et de la flexibilité de l'organisation.

La déréglementation intervenue au cours des années quatre-vingt et quatre-vingt-dix a permis de remettre le processus dans son ordre logique et de rétablir le contact entre réalité professionnelle et rémunération. C'est dans ce cadre que l'évaluation des fonctions permet de reconstruire une vision des fonctions exercées et de leur hiérarchie selon des critères clairement réfléchis et exprimés. Cette première étape, indispensable, consiste à repositionner la notion de métier au cœur du dispositif de gestion des ressources humaines (GRH) Elle devient cependant insuffisante si elle n'est pas relayée par une approche centrée sur l'objet véritable de la GRH et de la politique de rémunération, la personne elle-même acteur dans le système et porteuse des capacités qui constituent le capital humain de l'entreprise et source de sa création de valeur.

Trois logiques différentes se succèdent chronologiquement en direction d'un modèle recentré sur les métiers, la compétence et la création de valeur et dont l'équilibre se nourrit et évolue en fonction de chacune des trois.

➤ Une logique hiérarchique

Sur le mode de l'organisation militaire le système de référence est établi sur la base d'une hiérarchie des niveaux, sans référence au métier et à leur évolution. Les capacités professionnelles et la performance ne sont pas explicitées, le niveau et le grade en sont les seuls indicateurs. En outre le système de d'avancement est mécanisé et s'effectue par changement de niveau et d'échelon : l'acteur est prisonnier du système.

➤ Une logique métier/fonction exercée

C'est le métier et la fonction exercée qui conditionnent le niveau de classification et de rémunération. Dans cette logique, c'est la fonction qui fait la compétence – peu importe le titulaire – et la rémunération. Dans ce cas, la rémunération est le résultat du contenu de la fonction et de son évolution au sein d'une organisation donnée ou d'un secteur particulier, par exemple le secteur public.

➤ Une logique de compétence/performance

Au-delà de la fonction exercée, cette logique intègre les caractéristiques professionnelles individuelles, la compétence acquise exercée ou non, la maîtrise de la fonction et, enfin, la performance obtenue. L'approche de la compétence et de la performance renvoie directement à la personne. Elle n'est donc plus standardisée, mais elle est individuelle et unique.

Le rôle du marché et des modèles de gestion des RH

Il se dégage des évolutions enregistrées dans la détermination des salaires, deux types de facteurs clés : le rôle donné au marché et le modèle de gestion des RH adopté. L'analyse de ces deux facteurs permet de comprendre l'essentiel des modes de détermination des salaires et des mécanismes de régulation. S'agissant du rôle du marché, il est possible d'observer les équilibres trouvés entre marché et État. Le rôle de ce dernier correspondant à son tour à un modèle de gestion des RH dans lequel la main-d'œuvre est rare, le turn-over faible et les métiers relativement stables. Dès lors que cet équilibre bascule, le jeu du marché s'exerce et redonne au salaire un statut de prix d'équilibre dans un contexte où le turn-over est plus élevé et des référentiels des métiers plus volatils.

Mais le retour à une régulation par le marché ne débouche pas sur des mécanismes harmonieux et régulés. D'abord, dans une même entreprise, pour des fonctions ou des métiers différents, peuvent cohabiter des logiques tout à fait opposées, réglementées pour les unes et marchandes pour d'autres. Ensuite, le marché du travail est très segmenté et dépend des critères propres aux secteurs professionnels et aux circonstances des métiers concernés. Cette segmentation bloque la mobilité et l'échange entre offre et demande de travail[1]. De fait, les pratiques et les spécialisations professionnelles des secteurs d'activité, dont le périmètre est parfois très restreint, ainsi que le niveau de rémunérations pratiqué sur le marché interne sont, dans la très grande majorité des cas, la fonction déterminante du salaire.

L'effet de rareté ne s'exerce en réalité que pour certaines fonctions ou catégories de personnel et généralement sur des périodes très limitées dans le temps. Il est parfois amplifié par des phénomènes d'urgence. La recherche de compétences très qualifiées, rares rapidement opérationnelles et à rendement immédiat déclenche une inflation salariale en situation de cycle favorable. Des phénomènes identiques bien que moins prononcés s'exercent également pour des populations de jeunes diplômés dont le salaire moyen à l'embauche subit les effets des cycles et des volumes d'embauches pratiqués par les entreprises. Toutefois, ces phénomènes s'exercent généralement dans des compartiments limités du marché et au sein desquels le turn-over et la rotation des équipes alimentent les ajustements salariaux. Ces ajustements ne s'exercent en outre qu'à la hausse pour le personnel nouvellement embauché avec des effets indirects sur le personnel en place. L'effet marché interne constitue en quelque sorte un filet à la baisse lorsque le cycle se retourne, l'inertie des pratiques salariales internes restant le plus puissant facteur de détermination.

1. Piore, Doeringer, 1971.

La macroéconomie des rémunérations

La problématique des rémunérations est au cœur de plusieurs grands équilibres économiques et sociaux dont certains se situent à un niveau beaucoup plus large que l'entreprise elle-même :

- au niveau macroéconomique, la question des salaires fait partie des principaux leviers de la politique économique. L'augmentation des salaires et des revenus est le moteur de la consommation et de la croissance économique. L'évolution des salaires, directs ou indirects, immédiats ou différés, conditionne le niveau de croissance économique et l'ensemble des équilibres qui lui sont liés. De même, l'évolution des salaires est une variable déterminante des niveaux d'inflation et des équilibres monétaires :
- le niveau des salaires représente également la variable de prix du marché du travail. La courbe de Philips qui établit une relation inverse entre niveau des salaires et niveau d'emploi a alimenté les débats de générations d'économistes, mais il n'en reste pas moins que la question de l'emploi et du chômage n'est jamais très éloignée de la question des salaires ;
- les équilibres sociaux enfin, car les rapports de force, les revendications syndicales et les conflits, qu'ils soient nationaux ou locaux placent toujours la question salariale au premier plan. Les revendications de salaires sont en outre facilement quantifiables, comparables et négociables : elles sont de nature à constituer un facteur rapide et puissant de mobilisation sociale.

Tous ces équilibres se situent généralement à un niveau macroéconomique, national ou au niveau du secteur d'activité, et dépassent le cadre de l'entreprise. Ils forment un environnement et un ensemble de forces qui définissent un cadre au sein duquel sont élaborées, sous contraintes, les stratégies de rémunération des entreprises.

Le tableau 1.1 expose schématiquement comment l'environnement macroéconomique a influencé les politiques de rémunération pratiquées par les entreprises.

Tableau 1.1 – Environnement macroéconomique et politiques de rémunération

Périodes	Croissance	Inflation	Chômage	Politiques de rémunération
1960-1973	Forte	Modérée	Faible	Indexation
1974-1985	Ralentie	Forte	Émergent	Désindexation et individualisation
Depuis 1985	Faible	Réduite	Élevé	Individualisation/ Recours marché

Les enseignements des théories du salaire

Les théories du salaire ont de leur côté tenté, chacune dans leur perspective d'ensemble, d'expliquer les mécanismes de formation et de détermination des niveaux de salaires. Les théories traditionnelles qui vont des classiques à Keynes traitent du salaire comme d'un prix d'équilibre. Chez les classiques, comme Smith ou Ricardo, le niveau de salaire s'établit en effet spontanément au point d'équilibre entre l'offre des détenteurs d'outils de production cherchant à employer et la demande de travailleurs cherchant à s'employer.

Bien que très tôt, de nombreux éléments extérieurs à l'échange pur entre offre et demande de travail aient été déterminants, tels que les groupements de salariés ou les accords tacites avec le patronat, les règles de régulation par le marché constituent le cadre d'analyse des rémunérations. Le salaire tend par nature vers son niveau « naturel », quels que soient les déséquilibres, sous l'effet de la concurrence et le jeu de l'offre et de la demande.

Le prolongement walrassien définit le salaire comme le point d'ajustement entre la « désutilité » marginale du travail (sa pénibilité contre sa nécessité vitale) qui détermine le comportement des offreurs de travail et sa productivité marginale qui, elle, définit le besoin des entrepreneurs. Dans cette approche, les facteurs sociaux demeurent des éléments perturbateurs produits par des rapports de force ou des règles intempestives produites le plus souvent par l'État.

Chez Keynes, le salaire sort de son statut de prix et de valeur d'échange entre offre et demande de travail. Il devient une variable exogène déconnectée des données économiques, y compris celles qui font référence à la valeur de rendement ou à la productivité du travail. Le salaire chez Keynes, est issu des rapports de force, des négociations sociales et des règles qui vont peu à peu définir le cadre des discussions salariales telles que les conventions collectives ou les minima salariaux nationaux ou par branches. Mais la conception keynésienne des salaires rejoint aussi les doctrines plus anciennes du juste salaire ou du salaire vital des philosophes du Moyen Âge tel Thomas d'Aquin. Le salaire, c'est d'abord le revenu, facteur de niveau de vie et levier de la consommation. Le concept a fait florès et retrouve régulièrement une actualité : le revenu est le moteur de la croissance économique dans les modèles de croissance de la seconde moitié du XXe siècle. Sa traduction micro-économique, le fordisme, a défini à ce niveau les modèles de partage de la valeur ajoutée, de répartition et d'extension du salariat qui ont alimenté le modèle de consommation de masse et de croissance économique régulière et équilibrée.

Depuis, de nombreux travaux théoriques ont remis en cause et fait évoluer les paradigmes classiques traditionnels. Ils ont dans un premier temps mis en lumière l'influence des institutions, du contexte social et du système de relations professionnelles[1].

Les travaux plus récents de Piore et Doeringer[2] bouleversent l'approche du marché du travail. Celui-ci n'est pas unique, il est segmenté entre marchés internes et marchés externes. Le marché interne qui correspond au périmètre de l'entreprise ou du secteur définit son propre fonctionnement organisé et réglementé de façon autonome par rapport au marché externe. Ce dernier correspond au marché concurrentiel néoclassique où se confrontent offre et demande de travail. À partir de là, Piore et Doeringer exposent les mécanismes de fonctionnement de marchés du travail segmentés et cloisonnés qui obéissent à leurs propres règles et qui échappent aux analyses classiques et aux politiques macroéconomiques.

La théorie des *insiders/outsiders* prend le contre-pied des arguments de Piore et Doeringer. Alors que ces derniers fondent la détermination des salaires sur les stratégies déployées par les organisations, la théorie des *insiders* est basée sur la stratégie des acteurs. Les *insiders* utilisent

1. Hicks, 1932 ; Dunlop, 1944.
2. Piore, Doeringer, 1964.

leur position dans l'entreprise comme une rente de situation, intégrée à leur salaire qui leur donne un avantage déterminant sur les *outsiders* qui sont eux sur le marché du travail[1].

La théorie du salaire d'efficience[2] est un prolongement de la théorie des *insiders*. Elle justifie des niveaux de salaire supérieurs à ceux du marché, même en période de chômage élevé, pour des raisons économiques liées à la qualification et à la rétention des salariés au sein de l'organisation.

Les théories de la hiérarchie des salaires sont explicatives des différentiels et des inégalités des salaires. La théorie du capital humain de Becker[3] établit le caractère équitable de la hiérarchie des salaires car il dépend de l'intérêt de l'individu d'investir dans son propre capital humain, en somme dans son propre apprentissage en fonction des revenus estimés futurs. Un prolongement théorique justifie les différences de salaire y compris en cas de productivité identique[4] car il rétribue un statut, une fonction, en clair un niveau de responsabilité, celui-ci étant déterminé par l'organisation et la structure hiérarchique de l'entreprise.

Enfin, les théories de l'évolution et des variations des salaires cherchent à expliquer les facteurs d'évolution des salaires à moyen terme et leur niveau de flexibilité. Au niveau macroéconomique, Philips[5] a cherché à savoir si le taux de croissance des salaires dépendait du taux de chômage. Il aboutit à une relation empirique dans laquelle le taux de variation des salaires ne dépend que du taux de chômage, de sorte que lorsque le taux de chômage augmente, le taux d'augmentation des salaires diminue. Les économistes de l'école de la régulation[6] montrent, statistiques à l'appui, qu'à partir de 1967, on assiste en France et dans d'autres pays à une augmentation simultanée des salaires et du chômage, bien qu'à partir de l'année 1982 les déséquilibres du marché du travail influencent en partie le niveau de hausse des salaires. Le taux de chômage est certes une variable importante, mais seulement parmi d'autres et il s'agit même, selon les périodes, d'un facteur secondaire dans la détermination des salaires. Les forces institutionnelles et la négo-

1. Lindebeck et Snower, 1985, 1986 ; Solow, 1986.
2. Akerlof, 1986 ; Perrot, 1992.
3. Becker, 1964.
4. Franck, 1984, 1988.
5. Philips.
6. Boyer, 1978.

ciation salariale neutralisent les effets de la variation du chômage ainsi que les effets décrits par les théories du salaire d'efficience et des *insiders*. S'agissant de la flexibilité des salaires, il faut relever la très instructive approche de Oi[1] qui démontre l'impossible flexibilité à court terme des salaires, le travail étant un facteur et un coût quasi fixe. La théorie des contrats implicites démontre ainsi le caractère rationnel de la rigidité des salaires en faisant du contrat de travail une sorte de contrat d'assurance[2] contre les variations, pour le salarié comme pour l'employeur. La prime d'assurance ou de risque correspond à la différence entre le salaire pratiqué et le salaire de marché. Elle est ainsi d'autant plus forte que les salariés craignent les effets d'une conjoncture défavorable. Dans la théorie des contrats implicites, enfin, le salaire n'est plus seulement un prix de marché, la contrepartie de la productivité ou un point d'équilibre issu de la négociation salariale : c'est le résultat monétaire d'un partage du risque passé entre employeur et salarié.

Faire la synthèse des apports des différents travaux théoriques sur les salaires n'est pas un exercice facile mais, à condition de recourir à quelques simplifications, elle nous livre plusieurs enseignements essentiels :

- la rémunération est un prix de marché et d'équilibre entre offre et demande de travail chez Marshall et Walras. Walras tout comme Marx considère le travail comme une marchandise qui fait l'objet d'un échange sur le marché. Le salaire est une valeur d'échange ;
- le salaire est aussi la résultante de rapports de force. Au plan microéconomique les théories des *insiders* et du salaire d'efficience montrent que ces rapports de force sont exercés par les acteurs eux-mêmes selon les stratégies qu'ils mettent en œuvre. Au plan macroéconomique et institutionnel (Hicks, Dunlop, Boyer), cela dépend du contexte de relations professionnelles et du rapport de force syndical ;
- les critères fondamentaux de rétribution et de détermination du salaire sont la productivité du travail (Marx ; Marshall) le capital humain accumulé (Becker), le statut et la responsabilité (Franck) mais aussi le risque estimé sur la régularité du salaire et la durée estimée du contrat (théorie des contrats implicites). Cela rejoint le prix naturel du travail de Ricardo ou Smith, le salaire pour Ricardo évoluant entre un prix naturel et un prix de marché ;

1. Oi, 1964
2. Azariadis, 1975.

- le marché du travail est segmenté et les règles de détermination des rémunérations sont différenciées. Elles peuvent être réglementées et autonomes (marchés internes) ou soumises à la loi de l'offre et de la demande (marchés externes). La théorie de la segmentation nous enseigne que les mécanismes ne sont pas reproductibles mais qu'ils dépendent d'une très grande variété de situations selon le degré d'ouverture et d'exposition aux mécanismes de marché remettant ainsi en cause l'approche d'un marché purement concurrentiel ;
- le contrat salarial n'est pas complet car, la contribution du salarié, son effort futur, sa motivation sont des inconnues (Marx, Williamson[1]). La motivation est fondamentale car le contrat de travail étant incomplet, il n'est pas possible d'orienter et de diriger entièrement la contribution des salariés vers les objectifs de la firme[2].

Les modèles de gestion des RH et la structure des rémunérations

La gestion des compétences et le management des performances constituent les deux axes majeurs de la gestion des ressources humaines (tableau 1.2). Ils évoluent et s'adaptent en fonction des problématiques de flexibilité et, de façon plus générale, en fonction des logiques de marché qui se développent au détriment des formes réglementées et stabilisées. Autour de ces deux axes, se forment les principaux programmes et thèmes d'intervention de la gestion des ressources humaines.

Tableau 1.2 – Les grands axes de la gestion des ressources humaines

Missions RH	Acquisition et développement des compétences	Management de la performance
Domaines d'intervention	Recrutement Gestion des compétences : – évaluation – mobilité/carrières – potentiels Développement/formation Licenciements/reclassement	Rémunération et motivation Management et leadership : – organisation – planification – développement/management des hommes Relations sociales/contrats implicites

1. Williamson, 1975.
2. Leibenstein, 1969.

L'acquisition et le développement des compétences regroupent toutes les actions que l'entreprise met en œuvre pour développer son capital humain.

Le management de la performance reprend toutes les interventions qui consistent à optimiser les ressources en vue d'obtenir les résultats attendus.

Dans le premier cas, l'entreprise agit sur ses ressources et son stock de compétences qu'elle cherche à développer et à adapter en fonction de ses besoins. Dans le second cas, il s'agit de manager la performance des ressources en vue d'atteindre les objectifs de résultat.

Sans le capital humain nécessaire, il ne paraît pas envisageable de pouvoir atteindre les résultats espérés ; mais à compétences égales, deux types de management de performance différents produisent inévitablement des résultats très différents. C'est donc bien à ce niveau que la véritable performance se réalise. Le système de rémunération est une variable importante pour l'acquisition et le développement des compétences mais c'est surtout dans le management de la performance qu'il peut devenir un véritable avantage compétitif.

Au sein du modèle de gestion des ressources humaines, la rémunération remplit deux fonctions distinctes :

- une fonction de rétribution et de reconnaissance ;
- une fonction d'incitation et de motivation.

Pour cela, elle aborde plusieurs questions quant à l'objet rémunéré, quant au niveau de rémunération et ses déterminants et, enfin, quant aux conditions et aux techniques d'incitation à développer pour intervenir sur la valeur ajoutée et la performance de l'organisation.

Le tableau 1.3 résume pour chaque domaine d'intervention RH les formes de rémunération les plus courantes.

Tableau 1.3 – Problématique RH et structure des salaires

Type d'intervention RH	Problématique de gestion	Structure des salaires
Recrutement	Acquisition de nouvelles compétences sur le marché	Adaptation de la structure de salaires à celle du marché
Évaluation des fonctions	Identification des compétences requises Cotation et hiérarchisation des niveaux de fonctions	Structure et hiérarchie interne des salaires Classification et définition des salaires de base
Évaluation des RH	Évaluation des compétences individuelles Mesure des performances	Détermination du salaire individuel Détermination des rémunérations variables et complémentaires
Carrières	Parcours de carrières et (*career planning)* Gestion des potentiels (*talent management*)	Politique de promotion et d'évolution des salaires Politiques de rémunération spécifiques (jeunes diplômés, potentiels)
Formation	Programmes de formation et de développement des compétences Politique d'adaptation et de reconversion	Intégration de la formation et du développement des compétences dans les politiques d'augmentation des salaires
Organisation du travail	Formes d'autonomie, de délégation et de management destinées à optimiser les ressources disponibles	Critères de rémunération individualisés La rémunération comme outil de management

La politique de rémunération et les structures de salaires sont définies en phase avec les différents programmes RH développés. L'évaluation des fonctions est, on l'a vu, un exercice déterminant car il permet de positionner les besoins et les ressources de l'organisation. Le référentiel des fonctions et la structure de rémunération correspondante s'intègrent à un modèle de GRH particulier.

Deux grands types de modèles RH peuvent à ce titre être retenus :

- modèle de développement :
  - embauche de jeunes diplômés et carrières à long terme ;

  - sélection des potentiels, formation et mobilité interne ;
  - faible sensibilité au marché du travail ;
- modèle de marché :
  - politique d'embauche opportuniste en fonction des besoins ;
  - recours au marché, développement et mobilité interne limités ;
  - forte sensibilité aux cycles du marché du travail.

À chacun des deux peut s'appliquer également un type de motivation particulier (tableau 1.4) :

- motivation par les carrières : l'évolution de carrière, l'accès vers des postes de management et à responsabilités, est le levier de motivation principal. Il s'agit d'organisations ou de secteurs dans lesquels la dimension managériale est importante et où le niveau de responsabilité hiérarchique prime sur le niveau de rémunération ;
- motivation par les rémunérations : la motivation s'exerce principalement sur le niveau de rémunération, en particulier la rémunération variable. Le niveau de bonus l'emporte sur le niveau de responsabilité comme levier de reconnaissance professionnelle. Le management est peu important, et les compétences sont spécialisées dans le cadre de petites équipes sont décentralisées.

Tableau 1.4 – Modèles RH et formes de motivations

	Motivation par les carrières	**Motivation par les rémunérations**
Modèle de développement	• Politique salariale de suivi de carrière et de mobilité (jeunes diplômés, potentiels, seniors) • Fidélisation, motivation à moyen terme, intéressement, bonus différés	• Rémunération des compétences • Suivi particulier : jeunes diplômés, potentiels, seniors, experts • Rémunérations collectives et actionnariat
Modèle de marché	• L'expérience acquise est valorisée sur le marché du travail • Primauté de l'expérience technique ou commerciale sur l'expérience spécifique à l'entreprise	• Rémunérations variables élevées • Bonus individuels et de rétention

Les fondements : la rémunération de la fonction

Le premier critère de rémunération est le métier exercé. Son contenu, son identité et sa définition permettent d'exprimer à la fois l'activité concernée et sa contribution en même temps que les qualités requises de celui qui l'exerce. Le métier, plus tard taylorisé par la notion de poste, puis resitué à travers la notion de fonction, reflète bien une série de caractéristiques professionnelles relatives à l'activité, au niveau d'expertise requis, au champ d'autonomie et/ou de responsabilité. Mais il exprime aussi un positionnement, souvent social avant d'être professionnel et renvoyant à des représentations sociales qui continuent d'exister bien au-delà des frontières de l'entreprise. Il était donc assez logique que la mise en place de politiques de salaires se soit d'abord fondée sur la définition de la fonction exercée et que cette dernière ait servi de base aux classifications et à la structure des rémunérations.

L'évaluation des fonctions, référence des classifications et des rémunérations

La structure des rémunérations, leur niveau et leur hiérarchie se sont construits autour de l'évaluation des fonctions exercées selon une série de critères et de prérequis nécessairement détenus par le titulaire. On déduit donc les capacités du titulaire à travers la fonction qu'il exerce, sa définition et son rôle dans l'organisation. Dans cette logique d'inspiration taylorienne et rationaliste, c'est l'organisation qui décide des rôles et des responsabilités et la fonction qui détermine les qualités de celui qui l'occupe. Bien qu'insuffisant ou inadapté à certaines activités, ce schéma reste fondamental pour structurer et définir les rémunérations au sein d'une organisation. Il est irremplaçable pour rationaliser et les responsabilités et les niveaux d'exigences attachés à chaque position au sein de l'organisation et pour les hiérarchiser. Il s'agit donc d'une étape souvent incontournable pour structurer ou remettre à plat les systèmes de rémunération. Ce travail devient souvent indispensable au sein d'une structure qui a atteint une certaine taille avec des rémunérations qui reflètent davantage les parcours individuels, ou quelquefois des rapports de force, plutôt que l'organisation. C'est également le cas pour les entreprises qui, confrontées à la pression du marché, cherchent à se comparer aux pratiques de leur secteur, ce qui les conduit à faire préalablement cet exercice pour disposer des références et des bases de comparaison nécessaires.

Ainsi, l'évaluation et la hiérarchisation des filières professionnelles structurent et segmentent les différentes catégories de métiers et de marchés du travail, internes et externes à l'organisation.

La figure 1.1 explicite les grands enjeux des systèmes de classification. Ceux-ci sont le produit de règles qui établissent le lien entre l'organisation et le modèle de gestion RH d'une part, et constituent l'équilibre entre l'interne (l'entreprise et son corps social) et l'externe (le marché du travail et l'environnement économique) d'autre part.

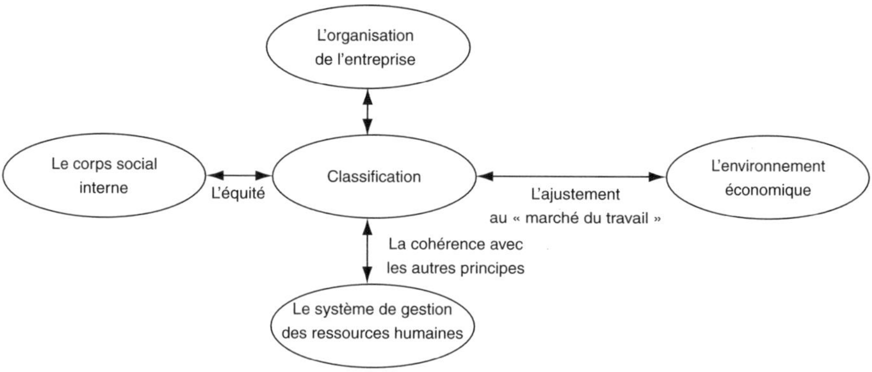

Figure 1.1 – Les enjeux des classifications

En raison de son apport méthodologique et de la réflexion qu'il suscite sur le contenu des fonctions, l'exercice d'évaluation est un préalable souvent indispensable aux réflexions salariales. Il représente souvent un point de départ dans la construction du modèle de gestion des compétences que l'entreprise met en place. Au-delà des méthodologies employées, c'est la nature des liens et mécanismes entre gestion des compétences d'une part et management de la performance d'autre part qui pose les bases et les règles internes des systèmes de rémunération.

Les différentes étapes de l'évaluation des fonctions

L'élaboration de la structure des rémunérations a besoin d'un référentiel, d'une réflexion préalable destinée à définir ce qui fait l'objet de la rémunération, c'est-à-dire les compétences dont l'organisation a besoin. Cela revient implicitement à établir une organisation et une hiérarchie des postes. De nombreux manuels et cabinets de conseil ont développé sur les méthodes à suivre, détaillant leur fonctionnement et leurs avantages et inconvénients respectifs. Nous nous limiterons ici aux deux grandes catégories de méthodes utilisées par les entreprises : les unes, dites globales, procèdent directement de la dénomination de l'emploi à son évaluation ; les autres, dites analytiques ou critérielles, introduisent une phase intermédiaire d'analyse à partir de critères définis au préalable.

➤ Les méthodes globales

Évaluant les emplois directement à partir de leur intitulé, ces méthodes n'ont pas de fondement explicite. Elles sont plutôt fondées sur un consensus interne (le plus souvent le management de l'entreprise), et mettent à jour la hiérarchie des emplois telle que se la représentent le management et le corps social. En d'autres termes, elle extériorise les classements implicites présents dans les esprits.

Ces méthodes mettent en évidence et rappellent le caractère social des classifications. Si certaines valeurs sont reconnues dans la grande majorité des entreprises telles que la supériorité des emplois d'ingénieur sur ceux d'ouvrier par exemple, toutes ne partagent pas la même représentation de l'importance de chaque type d'emploi : chaque culture d'entreprise ou de type de dirigeant est porteur d'une représentation. Parmi les variantes les plus répandues se trouve l'opposition classique entre les fonctions techniques et les fonctions commerciales. À niveau équivalent, certaines entreprises valorisent surtout le savoir-faire technique et l'expertise, parfois au détriment du savoir-faire commercial et de son pendant naturel, les compétences managériales. Lorsque l'évolution des marchés et des métiers l'exige, un travail sur les classifications, même partiel, est souvent le passage obligé pour entreprendre une revalorisation de certaines fonctions et de certains types de carrières devenues motrices dans le fonctionnement de l'entreprise.

Parmi ces méthodes, la comparaison par paires est de très loin la plus utilisée, ne serait-ce que parce qu'elle est très économique et ne nécessite pas de compétences particulières. Elle consiste à positionner un emploi A relativement à une succession d'emplois B puis C, D... Il s'agit d'élaborer un classement en termes d'ordre d'importance et donc de hiérarchie. Le plus souvent, chaque membre du management effectue son propre classement des emplois. Ensuite, les différents classements sont confrontés pour aboutir à un compromis.

Les méthodes globales sont souvent critiquées en raison des implicites de leur référentiel. En fait, elles permettent d'illustrer le consensus qui existe dans l'entreprise autour de quelques références et reproduisent la culture et les équilibres internes de l'organisation.

Cette méthode présente plusieurs avantages :

- simplicité de réalisation ;
- clarification et objectivation du consensus interne ;
- évaluation qui tient implicitement compte du titulaire de l'emploi considéré.

Mais également de notables inconvénients :

- elle est très consensuelle mais particulièrement inadaptée en situation de changement ou de nécessité d'adaptation et de revalorisation de certaines fonctions ;
- ses critères sont implicites et non objectivés ;
- elle est difficile à appliquer sur un grand nombre d'emplois.

Ce type de méthode est donc idéalement utilisée dans les situations où l'on souhaite rapidement ou sans mobiliser des moyens importants aboutir à une classification. Il s'agit généralement de clarifier et de structurer de façon plus transparente et efficace la politique de rémunération ainsi que d'autres aspects de GRH, tels que l'évaluation et les carrières.

➤ Les méthodes analytiques ou critérielles

Introduisant une phase d'analyse après la définition de l'emploi, ces méthodes utilisent, en nombre variable, des critères de comparaison. Parmi les nombreuses études existantes, on peut citer la méthode Hay, sans doute la plus connue, la méthode d'autonomie (E. Jacques) et la méthode dite du niveau de décision (F. Patterson).

La méthode Hay a été mise au point aux États-Unis. Elle s'adapte principalement aux emplois de cadres qui sont décrits selon un schéma type puis analysés à l'aide de trois critères :

- la finalité : à quoi sert le poste dans l'organisation ;
- l'initiative créatrice : quel est le degré de difficulté des problèmes à résoudre ?
- la compétence : que faut-il savoir et maîtriser pour tenir le poste ?

Des tables préétablies indiquent des valeurs de points correspondant aux niveaux sur lesquels chaque critère est mesuré. Au total, un nombre global de points est attribué à chaque emploi par addition des points obtenus sur chacun des critères. Ce total aboutit à un classement des fonctions entre elles, traduit ensuite en classification. Cette méthode est une méthode multi-critérielle : elle se propose d'analyser et de « peser » les postes à travers plusieurs critères différents ayant chacun une, plus ou moins forte, pondération.

A contrario, d'autres méthodes sont unicritérielles : cela signifie qu'elles posent le postulat – fort discutable néanmoins – selon lequel un critère unique suffit pour hiérarchiser les emplois entre eux. C'est le cas de la méthode d'E. Jacques, fondée sur la mesure du degré d'autonomie (*span time of control*) et sur la réponse à une question du type : « Quel est le délai maximum pour accéder à l'échelon hiérarchique supérieur ? » Ce temps s'allonge avec le niveau d'autonomie et de maîtrise de la fonction. Partant d'un principe intéressant, cette méthode est néanmoins difficile à mettre en œuvre car il s'agit d'appréhender une réalité, l'autonomie, qui est par nature subjective et non homogène. La méthode renseigne en fait davantage sur la réalité des pratiques de délégation que sur la valeur des emplois. Selon le même mode, la méthode Patterson postule que la dimension pertinente est celle du niveau de décision. Patterson analyse cinq niveaux de décision :

- dirigeants (définition de stratégie et politique) ;
- cadres supérieurs (décisions en matières de programmes d'action) ;
- cadres (décisions d'application et d'adaptation) ;
- qualifiés (décisions d'exécution, spécialisées, décisions automatiques) ;
- opératoires (décisions prises par d'autres).

Ces méthodes, simples en apparence, comportent une importante limite : elles postulent toutes que chaque poste est homogène par rapport au critère choisi. Or il est difficile de dire que toutes les activités d'un même poste et de façon permanente supposent un seul et même niveau d'autonomie et de décision.

S'inspirant à la fois des deux méthodes développées plus haut, globales et unicritérielles, deux grandes techniques sont généralement employées pour définir une classification des fonctions et une structure des salaires.

- la classification par points facteurs ;
- le positionnement relatif ou *broadbanding*.

Trois étapes successives empruntant aux méthodes exposées plus haut et aux meilleures pratiques sont généralement nécessaires :

- établissement d'un référentiel de compétences requises adapté aux besoins réels de l'entreprise et objectivation de hiérarchie implicite des emplois ou des fonctions que l'entreprise souhaite valoriser ;
- cotation des fonctions selon les critères de compétence identifiés et de leur poids relatif ;
- détermination de la classification et des salaires de base :
  - la classification par points facteurs,
  - le positionnement relatif ou *broadbanding*.

- *Établissement du référentiel de compétences*

Dans ces deux démarches, les compétences sont identifiées à travers l'ensemble de l'organisation et sont déclinées par métiers puis par fonctions. L'approche est basée sur les compétences requises. Le repérage s'effectue à plusieurs niveaux partant des grandes fonctions de l'entreprise jusqu'à la formulation du salaire et de la rémunération comme dans le tableau 1.5.

Tableau 1.5 – Exemple de déclinaison de la fonction, de la famille de métiers à la rémunération

Famille	Filière	Fonction repère	Poste	Coefficient	Salaire de base	Autres éléments de salaire fixe	Rémunération variable
Finances	Compta-bilité	Comptable	Comptable consoli-dation	420	32 900	780	3 500

Identification des compétences requises

Il s'agit des :

- compétences-clés : compétences centrales pour la maîtrise de la fonction ;
- compétences sensibles : compétences-clés susceptibles d'une évolution rapide ;

- compétences-cibles : compétences-clés qui seront, dans un avenir défini, centrales à la maîtrise de la fonction.

Description des compétences requises

La description des compétences renvoie à des exigences et à des critères professionnels requis par la fonction. Les critères ci-dessous sont quelques exemples de prérequis utilisés dans la définition des fonctions :

- connaissances techniques, formation, expertise ;
- complexité, prise de décision en environnement incertain ;
- communication et coopération ;
- management/leadership :
  - planification des activités,
  - animation d'équipes,
  - développement des compétences de l'équipe ;
- capacités d'organisation ;
- anticipation, prévision ;
- capacités de jugement/diagnostic ;
- initiative, innovation.

Après identification des prérequis, la description des fonctions s'effectue avec l'élaboration d'un modèle de description établi à partir d'un questionnaire d'analyse des compétences requises :

- contenu des fonctions repères ;
- compétences clés (niveau/champ de responsabilité/contribution).

Après validation, le questionnaire est généralement appliqué vers les managers et les salariés eux-mêmes.

Le contenu de la description reprend plusieurs niveaux d'analyse :

- positionnement de la fonction dans l'organisation :
  - relations hiérarchiques,
  - relations matricielles et fonctionnelles ;
- environnement professionnel : clients, acteurs internes, fournisseurs… ;
- finalité de la fonction : objectifs, contribution ;

- activités principales (numéroter les activités et indiquer le pourcentage de temps consacré à chacune d'entre elles – cibler quatre ou cinq activités principales) ;
- communication externe :
  - identifier les principaux interlocuteurs externes de la fonction,
  - indiquer si cette compétence est clé (CC) et/ou sensible (CS),
  - préciser la nature de la relation : informer, expliquer, conseiller,
  - préciser l'objet de la relation professionnelle et de son impact.

Tableau 1.6 – La cotation de la fonction selon son niveau d'initiative et d'autonomie

Interlocuteurs	CC	CS	Informer	Expliquer	Conseiller	Influencer	Négocier	Objet

Pour chaque type de compétence identifiée, il s'agit de définir et de coter un niveau d'initiative et d'autonomie requis dans l'exercice de la fonction.

Cotation des fonctions selon les critères de compétence

Exemple responsable de centre de profit

Compétence	Responsable centre de profit	Responsable achats	Contrôleur de gestion
Expertise	3	5	6
Complexité	4	2	4
Communication	4	2	2
Management	4	2	1
International	2	1	3
Nature des résultats	5	5	4
Initiative	4	3	1

À partir de la cotation effectuée des fonctions, les deux méthodes évoquées plus haut s'appliquent :
– méthode sur mesure par points facteurs ;
– méthode par positionnement relatif (*broadbanding*).

• *La méthode de classification par points facteurs*

La méthode de classification par points facteurs consiste à attribuer un poids à chaque compétence requise, après analyse de cohérence préalable (tableau 1.7).

Chaque fonction est cotée selon les niveaux de compétences requises identifiées au sein du questionnaire d'analyse (tableau 1.8).

Tableau 1.7 – La cotation de la fonction par points-facteurs

Compétence	Responsable centre de profit	Pondération	Points
Expertise	3	15	45
Complexité	4	10	40
Communication	4	5	20
Management	4	25	100
International	2	10	10
Nature des résultats	5	25	125
Initiative	4	10	40
Total		100	380
Classification			8
Salaire de base (euros)			48 000

• *La méthode de classification par broadbanding*

Une seconde méthode, dite du *broadbanding*, peut être appliquée pour aboutir aux classifications et aux salaires de base.

Cette méthode permet :

- une identification des grandes fonctions et rôles au sein de l'entreprise ;
- une focalisation sur les métiers et l'activité ;
- une plus grande flexibilité dans la gestion des emplois et des rémunérations notamment en contexte de réorganisation ou de mobilité.

Tableau 1.8 – Le positionnement de la fonction selon les niveaux (bandes) d'intervention

Bande-niveau/ compétences	Expertise	Leadership/ management	Coopération	Vision stratégique	Communi-cation
1	Développe des méthodes et des processus qui font référence	Développe un leadership : – en responsabilité sur l'ensemble d'une activité ; – fonctionnel avec coordination transversale sur l'ensemble du groupe	Intègre constamment l'évolution et les objectifs des métiers dans les politiques et décisions RH	Assure une responsabilité directe dans la conception et le déploiement de la stratégie	Négocie sur des enjeux centraux des métiers.
2				Participe à la stratégie d'une activité	
3				Participe directement à une politique relevant d'une famille d'emplois	
4				Participe à la fixation de ses objectifs et propose les moyens en conséquence	
5				Inscrit son action dans le cadre d'objectifs et de ressources définies	

La cotation s'effectue à partir des niveaux de compétence exigés pour l'exercice de la fonction.

Exemple : directeur des ressources humaines d'une activité centrale au sein d'un groupe

Critères retenus :

– contribution à la stratégie et aux objectifs de l'entreprise : niveau 2 ;

– connaissance du marché, de la concurrence : niveau 3 ;

– communication : niveau 1 ;

– leadership : niveau 2 ;

– management d'équipe : niveau 2.

Partici-pation à la stratégie	Connaissance du marché	Communication	Leadership	Management d'équipe	Position
Niveau 2	Niveau 3	Niveau 2	Niveau 2	Niveau 3	Bande 2

Compte tenu de la cotation à chaque niveau de compétence requise, le niveau de classification retenue est le niveau 2.

Les méthodes décrites plus haut sont en permanente évolution pour répondre aux problèmes posés par le changement rapide du contenu des fonctions et des organisations au sein desquelles elles se positionnent. La méthode de *broadbanding* est celle qui répond le mieux aux besoins de flexibilité car elle offre une assez grande souplesse dans la structure de rémunération qui en découle. Dans ce contexte, les entreprises qui connaissent une évolution rapide – en période de forte croissance ou de restructuration – préfèrent identifier au sens large les compétences-clés dont elles ont besoin et définir les rôles des personnes par rapport à ce référentiel. L'inadaptation et la lourdeur des méthodes traditionnelles d'évaluation conduisent donc les entreprises à orienter leurs réflexions vers les compétences individuelles détenues par les personnes en renforçant notamment les outils d'appréciation : on n'évalue plus ou peu la fonction, on évalue la personne et ses compétences. Certes, on a besoin pour cela de référentiels, mais ils doivent être souples et évolutifs avec une approche de la compétence qui ne se fait plus par le prisme standardisé et stable de la fonction mais par une appréciation des compétences de la personne, individualisée et évolutive.

Se présentent généralement deux cas de figure :

- les entreprises qui structurent leur gestion des compétences à partir de référentiels de compétences-clés et du rôle des personnes évaluées avec des outils d'appréciation du personnel qui ont besoin, dans ces circonstances, d'être renforcés ;
- les entreprises qui, de fait, abandonnent le recours aux évaluations de fonction et aux classifications dans leur politique de rémunération.

Dans le premier cas, des pratiques nouvelles voient le jour, centrées sur des critères de rémunération relatifs aux compétences individuelles, la rémunération, en particulier le salaire, évoluant en fonction de la nature des compétences et de leur progression. Dans le second cas, la politique de rémunération se définit de façon indépendante à toute évolution de fonction :

- la classification découle du niveau de salaire et non l'inverse ;
- le système de rémunération directe (salaire + prime) est déterminé par des critères de rémunération individuels et régulés par le marché interne/externe ;
- l'évaluation des fonctions devient un instrument dont l'usage est uniquement consacré à la gestion des compétences en tant que référentiel de gestion de la mobilité, des carrières et des potentiels.

Le tableau 1.9 fournit un exemple de définition de fonction qui reprend à la fois les caractéristiques de la fonction (missions, responsabilités, environnement) mais aussi les caractéristiques du titulaire (performance, profil, formation) ainsi que les éléments indicatifs du parcours de carrière dans lequel cette fonction s'inscrit (durée d'exercice, évolution de carrière).

Tableau 1.9 – Fonction : conseiller clientèle

MISSIONS • Le conseiller a pour mission d'acquérir des nouveaux clients et d'augmenter le CA de l'agence. • Il est aussi en charge du développement des relations commerciales existantes et sous-exploitées. • Plus généralement, sa mission consiste aussi à vendre aux prospects. • Il démarche les nouvelles relations en proposant toute la gamme des produits et services, il procède à l'ouverture des relations et les adresse au directeur de l'agence qui les affecte dans un portefeuille de gestionnaire. • Il reprend toujours contact avec les nouveaux clients dans les mois qui suivent pour faire le point sur la situation. Le développeur ne suit pas de portefeuille. **Responsabilités particulières :** • *Cross selling* à l'ouverture des comptes. • Sélectivité dans la démarche. • Concours à des actions ponctuelles envers des clients existants. • Participation à des manifestations de relations publiques. • Négociation de partenariats. ENVIRONNEMENT ET MÉTHODES DE TRAVAIL • À l'extérieur de l'agence bien souvent dans le rayon commercial de celle-ci. • Outils techniques : CRM prospects et clients/fichiers locaux/MS Office/PC portable…	**INDICATEURS DE PERFORMANCE** **Objectif quantitatif :** Nombre de nouvelles relations cibles et collecte. **Objectifs qualitatifs :** fixés annuellement tels que par exemple : • qualité opérationnelle des ouvertures de compte ; • cross selling. • Amélioration d'une compétence personnelle. *NB* : les objectifs sont fixés annuellement conformément à la politique et la stratégie. PROFIL ET COMPÉTENCES **Expérience et savoir-faire :** • Pas d'expérience antérieure nécessairement requise mais toute fonction antérieure commerciale est appréciée. • Tempérament commercial. • Bonne connaissance des produits financiers. • Bonne connaissance de l'organisation de l'entreprise en général **Formation :** de type Bac + 2 minimum. CARRIÈRE : Possibilité d'évolution vers un poste de gestionnaire, de directeur d'agence ou chef de produit. CLASSIFICATION : niveau G, H RÉMUNÉRATION • Salaire fixe : entre 30 et 50 K€ selon l'expérience • Part variable : entre 15 et 30 % du salaire fixe selon la performance RATTACHEMENT : directeur de l'agence DURÉE THÉORIQUE D'EXERCICE DE LA FONCTION : de 3 à 5 ans

Le cas suivant décrit un type de réponse développée dans un contexte de forte croissance pour à la fois structurer et hiérarchiser les catégories de fonctions tout en centrant les critères sur les capacités professionnelles des titulaires.

Cas Gemplus

Fondée à la fin des années 1980, Gemplus a connu une très forte croissance pour devenir dix ans plus tard leader mondial de la carte à puce. Elle employait à la fin des années quatre-vingt-dix, quatre mille cent salariés dans le monde dont la moitié en France. Après avoir passé toute cette période à recruter, la direction juge urgent à ce moment-là de structurer la politique de ressources humaines.

En 1997, un nouveau DRH est recruté avec pour mission de définir une politique de classification des cadres en adéquation avec les réalités de l'entreprise. Il s'agit de structurer à la fois l'organisation de l'entreprise, la hiérarchie, de définir les parcours de carrières et enfin de clarifier la politique de rémunération. Jusqu'alors les ingénieurs et cadres avaient l'impression que leurs promotions étaient davantage dues à des opportunités qu'à une politique de ressources humaines organisée. Une plus grande transparence sur les critères, davantage orientés sur les perspectives de carrières est ainsi devenue indispensable pour stabiliser et motiver le personnel concerné. Au départ la direction a voulu classiquement évaluer les postes, mais l'exercice s'est avéré rapidement impraticable. La croissance étant très forte, il n'était pas possible d'évaluer certaines fonctions dont le contenu évoluait d'une année à l'autre. Comment évaluer le poste de directeur de la production quand le nombre de personnel passe en quelques mois de cinq cents à mille cinq cents ? La DRH a alors opté pour un système de classification dans lequel il ne s'agit plus de coter les postes mais d'évaluer la contribution des personnes. Les six cents ingénieurs et cadres français sont alors classés en six rôles :

– *professionals*, et *senior professionals* selon des critères de compétences techniques et de niveau de performance individuelle ;
– *project leaders* et *senior project leaders* qui ont un rôle d'organisation, de coordination et d'animation ;
– *managers* et *senior managers* qui ont une responsabilité en termes de centre de profit et de management d'équipe.

Outre ce critère fonctionnel défini par le rôle, les cadres sont classés en fonction de leur contribution à l'entreprise. Six contributions ont également été identifiées :

– responsabilisation ;

– travail en équipe et en réseau ;
– gestion de la valeur ajoutée ;
– optimisation de l'organisation ;
– innovation ;
– organisation client.

C'est la mise en œuvre de ces niveaux de contribution dans le cadre de leur rôle qui permet aux cadres de progresser professionnellement.

Le système d'appréciation est bâti en cohérence avec ce référentiel. Chaque année, au cours d'un entretien d'évaluation, le responsable hiérarchique doit définir si son subordonné est en phase d'acquisition, de mise en œuvre, d'orientation ou de transformation de son rôle. Dans ce dernier cas, le passage au niveau suivant est envisageable.

La clarification de la structure des salaires avec les fourchettes par rôle et contribution est plus délicate à publier. En effet, la période de fortes embauches sans autre référence que le marché et les circonstances, a débouché sur des différences salariales qui ne s'expliquent pas toutes par les nouveaux critères de classification. Cependant, pendant une période de transition, la structure théorique des salaires est élaborée, évaluée par des enquêtes de rémunération puis appliquée lors des embauches et de la politique salariale annuelle. Au terme de cette période d'ajustement, la structure des salaires est devenue plus mature, plus rationnelle et explicative des niveaux de rémunération. Mais à l'image du système d'évaluation des fonctions mis en place, la structure de salaires est définie de façon souple et évolutive pour laisser une place très importante aux critères de performance individuelle et aux effets exercés par le marché pour certaines fonctions. La structuration des fonctions, comme de la politique salariale n'a plus pour vocation de créer des règles, négociées et stables. Elle a pour objet de fournir des outils de gestion destinés à répondre de façon organisée et cohérente à l'objectif de développement et de motivation des compétences internes. Parmi ces outils, la rémunération devient un instrument de motivation, de progression professionnelle et d'acquisition de nouveaux talents. Elle est en cohérence avec les autres outils développés simultanément, tels que les parcours de développement professionnels tracés par la formalisation des rôles et des contributions ou encore la formation avec la création d'un centre de formation interne destiné à accélérer le développement professionnel des cadres.

La rémunération de la personne

La construction d'un modèle classique de gestion des salaires repose sur trois grandes étapes :

- la définition des besoins de l'organisation par la définition du poste ;
- le regroupement des postes de même niveau ;
- la gestion d'échelles de salaires qui tiennent compte à la fois des normes de marché et des normes réglementaires. Cette manière centralisée et uniforme de gérer les salaires reste à l'œuvre dans la plupart des organisations.

Cependant, en réaction à ce schéma qui fait abstraction de la valeur professionnelle individuelle, les entreprises ont cherché à développer la reconnaissance du talent individuel, d'abord en élargissant les fourchettes de salaires en place, puis en multipliant les exceptions aux règles. Dans la mesure où la notion de poste perd son sens, la classification la perd aussi, d'où l'intérêt d'une rémunération basée sur les compétences.

Le contour des emplois et des postes est de plus en plus évolutif et les changements fréquents d'organisation montrent de façon éclatante que le véritable support de la compétence sur lequel l'entreprise peut investir, c'est l'homme et pas la fonction[1].

L'évolution des organisations, la croissance des qualifications et la spécialisation bousculent et rendent insuffisant le modèle classique fondé sur la fonction exercée. L'individu, acteur ou contributeur, est désormais le chaînon ultime et pertinent de la création de performance. Son rôle ne s'identifie et ne s'évalue plus seulement à travers le prisme stable et standardisé de la fonction exercée par son profil et sa contribution.

Bien que placée au cœur de la plupart des pratiques de GRH, la notion de fonction ou de poste n'est plus suffisante pour appréhender les nouvelles problématiques posées dans la gestion opérationnelle. Si elle reste indispensable pour recruter, classifier, rémunérer, apprécier, gérer les carrières et la mobilité, c'est en tant que référentiel. Définir les fonctions, puis bâtir les classifications en vue de structurer les politiques de rémunération et de gestion est une étape importante lorsqu'il s'agit

1. Zarifian, 1988.

de rationaliser la GRH. Certes, ce processus ne doit s'avérer ni trop lourd, ni disproportionné dans sa mise en œuvre. Mais il est par nature trop standardisé et uniforme dans son approche pour développer une gestion des compétences réellement efficace.

Le modèle structuré sur l'organisation et l'évaluation des fonctions n'est donc pas remis totalement en cause mais il n'est plus suffisant car il fait l'impasse sur un aspect essentiel, c'est-à-dire sur l'efficacité de l'homme dans sa fonction et sa contribution à l'organisation.

L'avènement de l'homme dans la gestion des ressources humaines soulève alors deux questions fondamentales pour la construction des systèmes de rémunération :

- comment déterminer la valeur professionnelle elle-même, c'est-à-dire tout ce que l'on regroupe sous le terme de compétence, terme suffisamment vaste pour qu'il soit clairement défini ?
- comment mesurer la contribution et le résultat obtenu, ce l'on regroupe sous le terme de performance ?

Répondre à ces deux questions revient à définir les mécanismes de détermination des performances et la part du mérite individuel, c'est-à-dire la contribution directe de l'acteur par rapport à celle de l'organisation.

Le tableau 1.10[1] fait apparaître les objets d'évaluation faisant référence respectivement à la personne et au poste.

Tableau 1.10 – Les principaux de la rémunération : la personne et le poste

Objets faisant référence à la personne	Objets faisant référence au poste
Capacités Potentiel (diplôme) Compétence	Poste (fonction ou emploi) Travail exécuté (rémunération à la pièce) Mission (exemple : expert indépendant)

1. Cadin, 2001.

L'émergence de la rémunération des compétences

Rémunérer les compétences n'est certes pas nouveau. Mais cela a souvent pris la forme de filières de progression professionnelle telles qu'on les trouve dans le secteur public et qui peuvent être interprétées comme des systèmes de rémunération des compétences. Il ne s'agit pourtant pas de compétences professionnelles mais de savoir-faire dont certains seront employés dans telle ou telle fonction, mais d'autres non. Derrière le cadre de la fonction reste masquée la nature des différentes capacités professionnelles individuelles.

Les premières expériences sont issues des restructurations industrielles et des bouleversements qu'elles ont entraînés dans l'approche des compétences. C'est dans l'industrie de production d'aluminium chez Pechiney [1] et dans la chimie et la production de pâte à papier [2] que les reconversions en masse de personnel ouvrier ont révélé les différents aspects de la compétence et la nécessité de revoir les critères de reconnaissance.

Autre indicateur de repérage des compétences et de leur identification, les enquêtes et études sur les salaires n'ont abordé qu'avec lenteur la question de l'individualisation sans aborder de front celle des savoir-faire et des compétences. De plus, le recours aux outils d'appréciation malgré des progrès dans la formalisation reste encore peu ou mal utilisés. En 1994, 36 % des entreprises de plus de cinquante salariés disposaient d'un processus formel d'appréciation du personnel. Mais selon une enquête d'Hewitt Associates[3] seulement 11 % des entreprises sondées l'utilisent pour définir les rémunérations individuelles. En 1998, le Cereq constate que sur cent quatre-vingt-deux accords de classification conclus, 25 % seulement prévoient des procédures d'évaluation.

Aux États-Unis ou au Canada, la reconnaissance et la rémunération de la compétence peuvent paraître plus claires et plus évidentes dans la détermination des rémunérations. 60 % des entreprises déclarent la pratiquer, chiffre très au-delà de ce qui est constaté en France même si les chiffres sont probablement minorés pour des raisons culturelles. La rémunération des compétences y serait plutôt le fait d'entreprises en

1. Du Roy, 1996.
2. Brochier, 1993.
3. Citée par Triquet et Conilh de Beyssac, 1994.

croissance forte, dynamique et de toutes les plus grandes firmes. Mais généralement seule une minorité des salariés voit ses compétences considérées et reconnues par ce type de rémunération dans une approche qui demeure très sélective et centrée sur les savoir-faire liés aux métiers principaux.

Les nécessités, liées au marché, aux restructurations et au développement des entreprises ont progressivement mis en évidence la notion de compétence au détriment des filières professionnelles organisées autour des classifications. Pourtant, la compétence est diverse, difficile à appréhender, évolutive. L'identifier, l'évaluer, la qualifier est un exercice difficile mais pourtant indispensable à la fois pour professionnaliser les méthodes de gestion RH en général et pour rationaliser les critères de rémunération en particulier.

L'identification et la qualification de la compétence

Tous les travaux menés depuis une dizaine d'années sur le sujet ont considérablement développé l'approche et la segmentation de la notion de compétence. Gilbert et Parlier[1] la définissent comme un ensemble de connaissances, de capacités d'action et de comportements structurés en fonction d'un but et dans un type donné de situations. Traduisant l'aspect sous-jacent de la compétence, une définition américaine de Spencer et Spencer la qualifie de « caractéristique individuelle sous-jacente en relation causale avec une performance efficace ou supérieure dans un emploi et une situation donnés ». Les approches les plus larges identifient cinq catégories de compétence :

- les aspirations (*motives*), c'est-à-dire les motivations individuelles ;
- les caractéristiques physiologiques ;
- le comportement (*self concept*) ;
- les connaissances et le savoir ;
- le savoir-faire (*skills*), c'est-à-dire la capacité à réaliser une tâche.

Poussant plus loin l'analyse afin de mieux qualifier les différents aspects de la compétence, quatre caractéristiques se dégagent :

- la distinction entre performance et compétence ;

1. Gilbert et Parlier, 1992.

- les compétences requises par l'organisation et les compétences acquises par l'individu ;
- les compétences utilisées ou non ;
- les compétences horizontales, verticales ou en profondeur.

➤ Performance et compétence

La compétence ne garantit pas nécessairement la performance et la rémunérer n'assure pas toujours l'atteinte de résultats[1]. Les résultats découlent d'un ensemble de conditions parmi lesquelles la compétence joue un rôle majeur, mais ils ne sont pourtant pas acquis. En réalité, la rémunération des compétences doit être complétée par la rémunération de la performance. Chaque entreprise, en fonction de ses objectifs, de sa culture donne une part prépondérante à l'un ou l'autre de ses deux critères. Une entreprise à culture technique privilégiera la compétence, le savoir-faire technique par rapport au résultat. Une entreprise commerciale, de distribution par exemple, privilégiera au contraire le résultat obtenu, quel que soit le niveau de compétence reconnu. Mais ces deux critères de rémunération, bien que distincts se complètent : d'une part, la rémunération des compétences incite à acquérir les capacités nécessaires pour atteindre les résultats ; d'autre part, la rémunération des résultats encourage l'application des compétences acquises afin d'atteindre les objectifs.

➤ Compétence requise et compétence acquise

Reconnaître la compétence requise revient à reconnaître la fonction en faisant abstraction des capacités professionnelles de la personne. Les compétences de la personne sont supposées correspondre à celles requises par la fonction. Malgré les progrès apportés aux méthodes d'évaluation des fonctions, ce modèle de gestion n'est plus suffisant ni satisfaisant pour la rémunération et la gestion des carrières. Il fournit une base et des critères, tels que le niveau de responsabilité, l'autonomie, le positionnement dans l'organisation, qui restent indispensables, mais il ne donne pas d'indications pertinentes sur la nature des compétences.

La logique de compétences acquises et démontrées par le salarié a pris forme avec l'accord Cap-2000 signé dans la sidérurgie, où pour la

1. Saint-Onge et Peronne-Dutour, 1998.

première fois, les critères liés à l'organisation et à la structure ont été délaissés au profit de l'expérience individuelle et des connaissances acquises dans les différents métiers, y compris lorsqu'elles ne sont pas utilisées directement dans l'emploi considéré.

➤ Compétence utilisée ou non

En rémunérant la compétence individuelle, et non plus seulement la fonction tenue, l'entreprise est confrontée à un choix. Quelles sont les compétences détenues par le salarié, non utilisées dans sa fonction mais que l'entreprise a intérêt à rémunérer car elles représentent pour elles un capital humain ? Que ce soit un potentiel non exploité, une expérience ou une expertise particulière, ces compétences constituent un capital que l'entreprise détient, capitalise et rémunère indirectement.

➤ Compétences horizontales, verticales ou en profondeur

Dans une typologie des formes de rémunération pour chaque type de compétence visée[1], Lawler distingue trois catégories différentes :

- les compétences horizontales requises par des emplois de même niveau hiérarchique ;
- les compétences verticales requises par des fonctions d'encadrement ;
- les compétences en profondeur correspondant à un approfondissement de la maîtrise de son emploi actuel.

Une politique de rémunération peut ainsi mettre l'accent ou valoriser l'une ou l'autre de ces catégories. Le développement des compétences horizontales est adapté pour une structure qui recherche la polyvalence et la flexibilité. Les compétences verticales sont indispensables aux structures organisées en entités autonomes au sein desquelles les capacités d'encadrement et de management sous tous leurs aspects doivent être développées. Les compétences en profondeur concernent davantage des métiers et des entités où la spécialisation et l'expertise sont des facteurs clés de fonctionnement et de développement.

Cette analyse, par blocs de compétences, est intéressante car sans standardiser l'approche, elle fournit une grille de repérage et d'identification et invite l'entreprise à identifier les types de compétences qu'elle souhaite valoriser et rémunérer.

1. Lawler, 1994.

➤ Le rôle capital de l'appréciation du personnel

Les processus d'appréciation jouent par conséquent un rôle déterminant dans l'identification des compétences et de leur nature. Au-delà de l'outil lui-même et de son usage qui conditionnent l'efficacité de la GRH et, *a fortiori*, celle des décisions prises en matière de rémunération, plusieurs principes sont recommandés pour faire de ces outils un support utile pour fixer les rémunérations :

- *Distinguer l'évaluation des compétences de l'appréciation des performances*

L'évaluation des compétences est un regard longitudinal sur les capacités, l'expérience et la polyvalence. Elle relève de la gestion du capital humain et de son développement.

Elle se déroule idéalement selon un rythme annuel pour l'ensemble du personnel, ou tous les ans pour les cadres, potentiels, managers et experts et tous les deux ans pour les non-cadres.

L'appréciation des performances relève d'un objet différent dans une approche qui est relative à des objectifs définis pour une durée limitée. Il ne s'agit plus d'évaluer un capital humain mais un résultat, une performance dans un cadre limité et qui ne dépend pas seulement des compétences mais d'autres facteurs, la motivation, l'adéquation à la fonction, le management.

Professionnaliser la GRH et les décisions sur les rémunérations passe par cette distinction, car elle permet ensuite une meilleure gestion des critères de rémunération. Les critères de compétence et de performance sont en effet, on l'a vu, très structurants sur les choix faits à la fois dans les orientations du système de rémunération et également dans les décisions individuelles.

- *Centrer l'évaluation sur le développement individuel*

L'évaluation des compétences doit être centrée sur le développement et la dynamique professionnelle individuelle. Il s'agit d'abord d'évaluer la maîtrise de la fonction afin de pouvoir l'améliorer et d'identifier par une analyse des points forts et points faibles et des capacités à évoluer vers une autre fonction. Chaque évaluation de compétence devrait ainsi pouvoir déboucher sur une trajectoire ou une fonction future possible. Sur cette base, les actions destinées à corriger, former, développer et rémunérer peuvent prendre un sens et une portée infiniment plus grande.

L'appréciation des performances en revanche est un acte de management qui fait partie du management par objectifs (MBO), lorsqu'il existe. Elle est instrumentale et factuelle. Elle sert de base de fixation de la rémunération variable et permet d'orienter l'activité individuelle. Dans des objectifs individuels, elle peut contribuer à orienter les actions que la personne met en œuvre non seulement pour atteindre un niveau de résultat opérationnel mais aussi pour développer ses capacités professionnelles. Il est donc utile que les objectifs annuels intègrent un ou plusieurs objectifs de développement professionnel en vue d'accroître, par exemple la polyvalence, certains savoir-faire techniques ou des comportements nouveaux dans le cadre des missions confiées ou par la formation.

La rémunération de la compétence individuelle

Elle s'adresse à trois catégories de compétences et capacités professionnelles :

- la maîtrise de la fonction ;
- la compétence démontrée au-delà de la fonction ;
- l'expérience détenue et le potentiel.

➤ La maîtrise de la fonction

L'exercice d'une fonction suppose une série de prérequis et d'exigences à observer par le titulaire. Lorsque le périmètre de la fonction, l'autonomie qu'elle suppose et sa contribution attendue sont respectés, la fonction est considérée comme maîtrisée. Dans ce cas, l'évaluation de la fonction et l'évaluation du titulaire se confondent parfaitement. On peut donc supposer que l'évolution de la fonction définisse parfaitement l'évolution du salaire du titulaire. En réalité, le niveau de maîtrise de la fonction, son champ de responsabilité, sa contribution et sa productivité sont conditionnés par le titulaire, ses capacités propres et son niveau d'implication.

Le développement de la rémunération au mérite individualisée relève de cette logique. Elle prend plusieurs formes : mesurer les performances, récompenser les meilleurs, motiver les hommes. Quel que soit l'angle d'approche, l'objectif est le même : comment obtenir les meilleures performances avec un minimum de ressources ? Comment les optimiser au mieux et en tirer le meilleur parti ? Par quel moyen dans quel délai ?

La rémunération au mérite apporte une première réponse : la rémunération se fait en fonction de la performance d'une part, et elle encourage le développement des compétences requises en vue d'atteindre le niveau de performance attendu d'autre part.

Elle repose sur trois idées directrices :

- la rémunération de la performance est un levier principal pour optimiser les revenus et améliorer les performances ;
- la personne est le facteur clé sur lequel agir en incitations et en rétributions pour obtenir le niveau de performance optimal ;
- la rémunération s'exerce sur la motivation individuelle et sur un ensemble de capacités professionnelles, c'est-à-dire sur un niveau de compétences qu'il faut optimiser.

À partir de là, les différentes formes de rémunération individuelle sont construites autour de deux grands critères :

- la rémunération des compétences ;
- la rémunération des performances.

L'articulation des deux se présente comme l'une des problématiques majeures en GRH. En effet, les meilleures compétences *a priori* ne sont pas toujours gages des meilleurs résultats. La rémunération fait partie des outils d'optimisation des compétences, mais le concept de compétence est vaste car il regroupe l'ensemble des capacités et des ressources disponibles. Il faut identifier, qualifier, mesurer ces capacités et trouver les instruments de rémunération les mieux adaptés pour en optimiser le rendement.

Tableau 1.11 – Exemple de grille d'évaluation du niveau de maîtrise de la fonction

Compétences requises	En dessous	Proche	Conforme	Au-dessus
Maîtrise des savoir-faire techniques – réglementaires – techniques de gestion – produits et type de clientèle Niveau de réalisation des objectifs et des missions confiées Management/Travail en équipe Capacités à faire évoluer la fonction				

La compétence individuelle s'observe d'abord dans le niveau de maîtrise de la fonction, c'est-à-dire dans un cadre délimité qui prédéfinit sa contribution, son rôle et son niveau de responsabilité.

Les critères de rémunération sont donc directement liés aux caractéristiques de la fonction elle-même et à sa classification. Celle-ci est associée à des fourchettes de salaire de base qui correspondent généralement au cadre de la fonction, le salaire effectif du titulaire évoluant au fur et à mesure qu'il progresse dans la maîtrise de sa fonction et qu'il améliore ses compétences dans les domaines requis.

Si le titulaire, par expérience ou par potentiel, contribue au-delà des exigences de la fonction, il est logique que son niveau de rémunération reflète cette situation.

Le cas se présente en effet très souvent, pour les raisons suivantes :

- soit les exigences de la fonction elle-même sont sensiblement augmentées ou réduites à la suite de modifications d'organisations par exemple. Selon le contexte, un poste de manager, dans une situation de crise avec un niveau d'autonomie élevé, ne requiert pas les mêmes exigences, les mêmes qualités professionnelles que le même poste en situation de gestion d'une activité stable dans une organisation matricielle. La dimension organisationnelle joue donc un rôle déterminant mais impossible à intégrer dans la réflexion salariale à travers le prisme de la fonction. C'est uniquement le profil du titulaire parce qu'il est adapté au contexte organisationnel à un moment donné qui est déterminant dans la valorisation salariale ;
- soit parce que l'expérience et les compétences acquises du titulaire ne sont pas toutes utilisées dans la fonction qu'il occupe, la plupart du temps parce qu'il a un potentiel ou des capacités qui lui permettent de contribuer au-delà des attentes liées à sa fonction. C'est ce que le critère « fait évoluer sa fonction » exprime dans les outils d'appréciation mais cela renvoie à des compétences individuelles que l'organisation, selon les choix souvent implicites qu'elle fait, rémunère ou non.

➤ Les compétences individuelles au-delà de la fonction

Dans l'exercice de son métier, l'individu fait preuve de compétences propres qui vont au-delà du cadre de la fonction et contribuent à en faire évoluer le champ. Dans ce cas, c'est l'individu qui fait la fonction.

Son champ d'intervention, son niveau de responsabilité et de contribution ne sont pas reproductibles d'un titulaire à un autre. Il est alors nécessaire d'identifier ses compétences et caractéristiques propres qui se traduisent logiquement sur le niveau de rémunération. Cet écart entre compétence individuelle et fonction peut s'exprimer bien entendu à l'inverse et en négatif lorsqu'un salarié ne présente pas toutes les capacités requises par sa fonction, ce qui peut néanmoins être accepté par l'organisation en raison de circonstances ou de logiques qui lui sont propres.

• *L'expérience*

La plupart des salariés sont porteurs d'expériences, de capacités inexploitées ou de potentiel d'évolution qui n'entrent pas toujours dans le cadre des fonctions et du champ des responsabilités confiées. Ces capacités indirectement utiles dans l'exercice de la fonction ne sont pas directement ou immédiatement mobilisées. Dans le cas où le salarié demeure au sein d'une même organisation, son salaire est logiquement le reflet des expériences accumulées de leurs valorisations successives. Il est alors logique que le titulaire d'une fonction donnée ait un salaire supérieur au prix de marché d'une fonction uniquement par le fait qu'il a occupé dans le passé des postes dont la cotation ou les pratiques salariales de marché ou de secteur étaient supérieures.

Dans ce cas, de plus en plus fréquent, la logique de compensation individuelle prend le pas sur la logique de fonction et elle renvoie à des critères professionnels plus précis et déterminants du niveau de rémunération.

Dans d'autres situations, il s'agit donc de compétences qui ne peuvent s'exprimer dans la fonction exercée mais qui ont pu l'être ou sont supposées. Ce stock de compétences est un capital disponible pour l'entreprise qu'elle peut être amenée à rémunérer. C'est par exemple le cas de la rémunération d'un jeune diplômé dont le niveau intègre en partie le potentiel supposé par le niveau de formation.

• *Le potentiel*

De même que l'expérience acquise, le potentiel fait partie du capital humain que l'entreprise détecte et développe dans le cadre de la gestion des potentiels. Elle peut à ce titre définir des mesures de rémunération spécifiques pour cette catégorie. Deux types de situations se présentent.

La première renvoie au potentiel comme capacité permettant à l'individu d'évoluer vers une fonction de niveau supérieur et à responsabilités plus larges. Dans ce cas, la rémunération du potentiel consiste à rétribuer des indicateurs de potentiel tels que le niveau du diplôme ou la nature des expériences acquises et qui explique parfois les différenciations salariales observées pour une fonction donnée. C'est le cas en particulier des jeunes diplômés et des jeunes cadres : pour un poste équivalent, un jeune diplômé d'une grande école de commerce perçoit généralement une rémunération supérieure à celle d'un diplômé d'un BTS d'action commerciale. Un contrôleur financier avec trois ans d'expérience acquise dans un grand cabinet d'audit se valorisera mieux qu'un diplômé d'études comptables pour un poste identique et avec une expérience au moins équivalente et souvent supérieure. Dans ces cas, sur le marché, les entreprises sont prêtes à acheter du potentiel signalé, labellisé par des indicateurs tels que les diplômes ou la nature de l'expérience et qui permettent de prédire ou de garantir des compétences particulières.

Dans un autre cas, plus diffus, le potentiel correspond à une extension de la compétence et fait référence à une caractéristique sous-jacente de l'individu qui explique une performance supérieure à la moyenne. Il s'agit de l'approche par le potentiel estimé selon la démarche de Hay Mc-Ber cité par Cadin et Amadieu[1] qui permet de relever de motivations ou de capacités particulières explicatives de performance. Elles se constatent à un moment donné et n'ont pas toujours une valeur prédictive mais elles peuvent faire l'objet d'une rémunération si elles sont identifiées comme capacité utile à l'organisation.

➤ Les conditions de réussite de la rémunération des compétences

L'efficacité de la rémunération des compétences repose sur plusieurs conditions liées à sa conception, à sa mise en place et à son pilotage.

Les conditions de réussite sont d'abord liées à la réflexion préalable qui a pour but de s'interroger sur :

- les types de compétences à identifier et à valoriser (connaissances, expertises particulières, comportements...) ;

1. Cadin, Amadieu, 2000.

- veut-on encourager les salariés à acquérir de nouvelles compétences et lesquelles ?
- veut-on rétribuer l'expérience acquise et quel type d'expérience ?
- veut-on favoriser la polyvalence et par conséquent la mobilité vers d'autres types de compétences ?
- veut-on encourager l'acquisition de compétences horizontales (de même niveau) ou verticales (de niveau supérieur dans le même métier) ?

L'identification des compétences à valoriser exige une bonne compréhension de la problématique de l'entreprise et de sa stratégie. L'évaluation et les processus d'appréciation du personnel y jouent un rôle clé.

Il faut d'abord qu'ils existent et qu'ils mentionnent explicitement les compétences recherchées et à valoriser. Beaucoup d'outils d'appréciation se réfèrent seulement à des compétences génériques, vagues, sans rapport avec le métier ou la fonction exercée. Ces outils doivent donc être régulièrement mis à jour pour mettre en valeur et susciter chez les managers l'identification de talents particuliers chez leurs collaborateurs.

Il est important que l'évaluation soit régulière. Pour les catégories les plus sensibles, cadres, hauts potentiels, personnel mobile, l'évaluation doit être annuelle pour fournir une vision actualisée et pouvoir être véritablement utilisée lors des réflexions salariales individuelles.

Enfin, et nous le verrons plus loin, le lien entre mesure salariale et identification des compétences doit être le mieux perçu possible pour le salarié. Cette perception intervient lors de l'évaluation si les critères sont simples et peu nombreux et au moment des décisions salariales si celles-ci sont définies en liaison directe avec l'appréciation annuelle. Parfois, les entretiens de carrière hors hiérarchie avec un gestionnaire de carrière peuvent contribuer à renforcer ce lien, notamment pour les hauts potentiels.

C'est dans ces conditions que l'incitation à acquérir et développer les compétences et à faire l'effort de la polyvalence et de la mobilité contribue à alimenter un accroissement du capital compétence tant au plan individuel qu'à celui de l'entreprise.

Enfin, quant aux formes de rémunération, nous verrons, qu'en plus du salaire fixe qui traditionnellement rémunère la compétence acquise, des éléments ponctuels et exceptionnels tels que les primes et les bonus viennent compléter la rémunération individuelle. Ils peuvent être utilisés pour récompenser l'acquisition de telle expérience dans le cadre d'un projet, tel remplacement d'un autre collaborateur ayant permis le développement de la polyvalence, une mobilité vers un poste de même niveau ou enfin une formation particulière validée. Ces formes de valorisation ponctuelles, plus flexibles, peuvent également faire l'objet de récompenses non monétaires, faire l'objet de challenges ou de reconnaissances particulières sous forme de récompenses ou de nominations et être intégrées totalement dans le système de reconnaissance de l'entreprise.

La rémunération de la performance

Rémunérer la performance et rémunérer la compétence relèvent de part et d'autre d'approches sensiblement différentes. La compétence correspond à un ensemble de capacités, un capital humain que l'entreprise acquiert, détient et développe. Rémunérer la compétence consiste à rémunérer un stock acquis, difficile à mesurer et à évaluer. Rémunérer la performance revient à l'inverse à rémunérer un flux mesurable mais aléatoire dans sa réalisation.

Rémunérer la compétence fait donc référence aux niveaux de capacités détenues, à leur acquisition sur le marché, leur développement et leur adaptation aux besoins de l'organisation. Sa définition donne une place très importante à l'évaluation des métiers, des fonctions et des profils et à leur prix sur le marché dans le but de les acquérir, les fidéliser et les développer.

Rémunérer la performance fait directement référence au résultat. Or la relation entre compétence et performance est complexe et aléatoire. Les meilleures compétences ne garantissent pas les meilleurs résultats et les rémunérer ne suffit pas non plus à garantir le niveau de performance attendu et correspondant au coût du capital humain mobilisé. Mais la rémunération de la performance n'est pas simplement la rétribution *a posteriori* d'un résultat constaté, elle est l'instrument, le levier, qui incite, motive, agit sur les ressources pour atteindre les résultats prévus. C'est le sens de toutes les formes de management par objectifs qui placent le levier de la rémunération à la performance au centre du processus de management.

La performance regroupe les différentes catégories suivantes :

- les résultats atteints, quantitatifs et qualitatifs par rapport à des objectifs fixés (chiffres d'affaires, clients, délais, coûts, qualité...) ;
- la performance exceptionnelle non prévue dans les objectifs ou liée à une mission particulière ;
- un niveau de progression enregistré par rapport à des niveaux de performance passés ;
- le caractère durable et renouvelable de la performance obtenue ;
- un comportement particulier, la coopération ou l'aptitude au changement.

➤ Les conditions de réussite de la rémunération à la performance

La rémunération à la performance est un levier très efficace pour le développement des incitations et de la motivation. Quelques principes de fond doivent être respectés :

- la rémunération à la performance doit être réellement variable, comme la performance elle-même, pour conserver à la fois le niveau d'incertitude nécessaire à la motivation et contribuer à l'équilibre économique de l'entreprise ;
- la qualité des systèmes de mesure de la performance : les outils de contrôle de gestion doivent être suffisamment pertinents, simples et largement diffusés pour servir de support au management de la performance et de référence incontestable à la rémunération ;
- la performance doit être exprimée par rapport à des objectifs, individuels ou collectifs d'une part pour clarifier le type de performance attendue, d'autre part pour établir un contrat implicite préalable avec les salariés dans lequel l'atteinte de l'objectif entraîne un certain niveau de rémunération à la performance ;
- la mesure, l'évaluation et la rémunération à la performance doivent s'effectuer à des niveaux pertinents selon les fonctions et métiers considérés :
  - niveau individuel,
  - niveau équipe/métier,
  - niveau global de l'entreprise ;

- les différents niveaux se complètent. La rémunération variable d'une personne comporte idéalement une part liée à des critères individuels, une part liée à des critères d'équipe ou de métier et une part liée à la performance générale de l'organisation[1].

L'individualisation et la rémunération au mérite

Alors que la rémunération de la fonction exercée renvoie à l'organisation et à l'entreprise et se définit selon un ensemble de règles, la rémunération de la compétence et de la performance, c'est-à-dire selon le mérite individuel, renvoie directement à l'individu et à la personne.

D'un côté, la rémunération de la fonction est organisée et structurée à partir de la valeur des postes, traduits en termes de classification qui définit de façon homogène et standardisée la valeur du titulaire et son salaire de base. Les évolutions salariales sont ensuite réglées en fonction de l'avancement qui est fonction des changements de postes et de l'ancienneté.

D'un autre côté, la rémunération au mérite individuel regroupe la rémunération de la compétence et de la performance. Elle repose sur l'identification des critères professionnels à rétribuer par l'intermédiaire des processus d'évaluation et les systèmes de mesure de la performance.

La référence au poste n'est pas pour autant complètement évacuée. Si certaines entreprises pratiquent encore le tout uniforme, le tout individuel reste rare. La classification du poste constitue un socle commun dans la rémunération auquel s'ajoute un complément individualisé. Ainsi, la classification du poste et la qualification du titulaire sont disjointes.

Olivier Servais[2] a synthétisé les oppositions de principe entre salaire de base uniforme et le salaire individuel. Le tableau 1.12 s'en inspire.

1. *Mc Kinsey Quaterly Review*, 3, 2005.
2. Servais, 1999.

Tableau 1.12 – Salaire uniforme *versus* salaire individuel

	Salaire uniforme	Salaire individuel
Principe théorique	À travail égal, salaire égal	Le salaire au mérite
Forme générale	Au temps, ancienneté	Compétence et performance
Dépendance	Fonction exercée	Contribution individuelle
Champ d'application	Idem pour tous	Individu
Détermination	*A priori*	*A posteriori*
Variabilité	Nulle	Réelle ou potentielle

L'individualisation correspond donc à une forme de rémunération qui complète le socle uniforme constitué par la fonction exercée[1]. Elle signifie que la définition de la rémunération devient, pour une partie, autonome de la fonction exercée et s'appuie sur une série de facteurs individuels, parfois très nombreux et pas toujours formalisés, qui font référence au mérite. En se développant, l'individualisation tend à inverser les proportions du salaire et de la rémunération globale relevant respectivement de la fonction exercée, de l'entreprise et de la personne. Mais le concept est générique et il se traduit par un très grand nombre de formules de rémunération particulières dans certains cas extrêmes parfois aussi nombreuses qu'il y a d'individus.

Gérard Donnadieu[2] propose parmi la très grande diversité des formules trois grands types cohérents qu'il définit par le couplage entre une variable dite principale et une variable dite secondaire : le système poste/performance ; le système diplôme/ancienneté et le système potentiel/âge.

➤ Le système poste/performance

Le système poste/performance est un bon exemple de la mixité de l'individualisation qui repose à la fois sur des variables uniformes liées à la structure et des variables individuelles. Il intègre la valeur estimée de la fonction exercée et le mérite individuel du salarié, c'est-à-dire ses compétences détenues et démontrées et sa performance constatée.

1. Marbach, 1997.
2. Donnadieu, 1998.

Le poste reste l'élément principal avec une part plus ou moins grande consacrée à l'individu.

Une variante de ce système introduit l'ancienneté dans le poste comme critère supplémentaire qui module l'impact du mérite. Ainsi, à niveau de compétence ou de performance identique, l'ancienneté est discriminante dans la détermination du salaire.

Ce modèle est désormais largement diffusé, à l'exception du secteur public. Son fonctionnement reste cependant conditionné par l'évolution de carrières des individus et les changements de postes qui restent le levier principal de promotion et d'évolution des rémunérations.

➤ Le système diplôme/ancienneté

Le système diplôme/ancienneté est beaucoup plus centré sur l'individu. Le niveau est supposé corrélé avec la capacité prouvée aux expériences et performances passées. L'individu est possesseur d'un diplôme et d'un parcours professionnel qui atteste de ses capacités. C'est le système qui prévaut sur le marché du travail tout comme dans l'approche du potentiel. Il s'apparente à une forme de reconnaissance d'un potentiel ou des capacités accumulées à partir desquelles on estime une performance future.

L'ancienneté est la variable secondaire. Elle a vocation à exprimer, par la durée, à la fois l'expérience acquise dans l'organisation et une notion d'équité interne car elle offre une garantie minimale d'évolution uniforme à l'ensemble des salariés.

L'inconvénient majeur de ce système provient des automatismes qu'il engendre : automatisme de la progression à l'ancienneté et automatisme lié à la reconnaissance des diplômes ou d'un certain type d'expérience. Le secteur public en est le meilleur exemple : on y mesure l'expérience par l'ancienneté, la compétence individuelle n'est pas reconnue si ce n'est par le poste occupé et son niveau, et la performance inconnue dans les critères de rémunération. De nombreuses grandes entreprises en France restent néanmoins encore marquées par ce système notamment par le critère d'ancienneté pour le personnel non cadre et par la reconnaissance diplôme/type d'expérience pour les cadres.

Ce système perd cependant de sa force dès lors que la mobilité professionnelle est importante, que la gestion des RH est centrée sur la gestion des compétences et l'adéquation homme/fonction et que les évolutions des métiers et des organisations sont suffisamment importantes pour réactiver et remettre en avant les critères de compétence et d'efficacité.

➤ **Le système potentiel/âge**

Il s'agit d'une formule intégralement centrée sur la personne, particulièrement pour les cadres. La variable est le potentiel évalué, ce qui permet de placer le salarié sur une trajectoire théorique de carrière et de rémunération sur la durée et en fonction de son âge. Cette appréciation est ensuite corrigée des résultats obtenus et du rythme des évolutions d'une fonction à une autre, mais elle est déterminante tout au moins en début de parcours. Ce système est appliqué explicitement aux populations de jeunes diplômés et aux hauts potentiels et cadres en général.

Dans ces trois formules types, les formes de rémunération privilégient le salaire fixe et sa progression. Viennent s'y ajouter selon le secteur soit des primes liées à la fonction et à la performance (commercial, fonction spécialisée), à l'ancienneté (avantages divers en fonction du nombre d'années d'ancienneté, points de diplômes), soit d'autres avantages, souvent non monétaires lorsqu'il s'agit de hauts potentiels ou de cadres (stock-options, formation).

Malgré une très grande diversité des pratiques, le concept d'individualisation tend à évoluer vers des formules où le salaire fixe évolue de façon totalement individuelle avec cependant le levier du changement de fonction qui reste déterminant dans son évolution. Il s'y ajoute, en fonction de critères également totalement individuels, les bonus ou les primes individuelles variables en fonction des performances enregistrées chaque année.

Ce sont ces deux éléments que Gérard Donnadieu exprime : d'une part, le salaire de qualification qui constitue la somme des éléments relevant à la fois de la fonction et des capacités individuelles de la personne, d'autre part les primes et bonus destinés à reconnaître la performance et qui sont réversibles. Le bonus est remis en jeu à chaque exercice et fait partie des différentes formules de rémunération variable qui seront développées en chapitre 3.

La rémunération individualisée au mérite

Le mérite est une notion relativement floue qui introduit la notion d'individualisation. Le mérite est individuel et il est rémunéré sur de purs critères individuels. Reconnaître le mérite peut donner lieu à des interprétations relativement larges mais pour lui donner une qualification précise. Nous pouvons considérer que le mérite regroupe à la fois la compétence dans toutes ses dimensions et la performance, c'est-à-dire les résultats atteints dans l'absolu par rapport à des objectifs fixés.

La rémunération au mérite repose sur trois types d'objectifs :

- la rémunération au mérite encourage la performance. Il faut pour cela que les performances passées aient été correctement rétribuées. Dans ce cas, un contrat implicite existe et lie la performance future à un niveau estimé de rétribution. Cette hypothèse est celle de la théorie des attentes et des motivations ;
- la rémunération au mérite peut motiver sur un ou plusieurs objectifs de l'entreprise. Il s'agit donc de canaliser, de focaliser ces motivations sur les objectifs prioritaires de l'entreprise et non sur des objectifs secondaires ou détournés. Il s'agit donc d'établir une rémunération qui spécifie l'objet rémunéré préalablement. C'est l'idée de la définition d'objectifs préalables et d'une rémunération centrée sur le niveau de réalisation des objectifs. Un système de rémunération au mérite doit donc être encadré par un système de management par objectifs qui définit à l'avance les objectifs à atteindre et qui établit une incitation claire à les atteindre ;
- la rémunération au mérite développe le sentiment d'équité. Dès qu'un système d'appréciation transparent et accepté par les salariés existe, chaque salarié est en mesure d'établir et de comprendre la relation entre son niveau de rémunération et les critères utilisés. Si la rémunération au mérite est par définition individualisée et différenciée, elle peut s'inscrire dans un système plus collectif dans le sens où il correspond aux objectifs de l'entreprise et, par conséquent, est accepté par les salariés. Dans ce cas, l'adhésion à l'entreprise, à ses objectifs et à ses critères de rémunération, renforce le sentiment d'équité et d'appartenance. Elle permet dans ces conditions de limiter les conséquences habituelles de la perception d'inéquité (absentéisme, revendications, désimplication, départ volontaire). Lawler, cité par Thériault[1], considère même qu'avec un système de rétribution transparent et accepté par la majorité des salariés, ceux qui sont

1. Thériault, 1999.

le moins performants finissent par quitter l'entreprise pour éviter de se soumettre à la pression des objectifs.

Toutes les prescriptions et recommandations ont donc mis l'accent sur la nécessité de rendre visibles et transparentes les décisions en matière de rémunération de telle sorte que chaque salarié comprenne les liens entre les critères utilisés et la décision qui lui est appliquée. Ces principes de feed-back et de transparence qui sont des leviers de motivation communément admis ne sont pas toujours appliqués, parfois pas du tout, ce qui fait perdre son impact à la rémunération au mérite.

Ces conditions d'efficacité de la rémunération au mérite sont en effet loin d'être appliquées correctement par les entreprises. L'ambivalence entre, d'une part, des décisions salariales individualisées et, d'autre part, une gestion des critères qui doit être globale et transparente n'est pas toujours comprise. La clarification des décisions salariales que cela entraîne n'est pas toujours admise par la culture du management parfois davantage habituée à des décisions discrétionnaires qui relèvent davantage du pouvoir hiérarchique que de critères transparents.

Bien qu'étant un précepte managérial très présent dans la littérature et dans le discours, le salaire au mérite est encore assez peu mis réellement en pratique. Il se heurte deux types de résistances internes.

Commençons par la plus paradoxale et la moins avouée. Le management lui-même, non pas pris dans son ensemble, mais au niveau de chaque responsable hiérarchique, rechigne assez souvent à pratiquer des décisions salariales individualisées et fondées sur de seuls critères de compétence et de performance. La rémunération au mérite basée sur des critères explicites et prédéfinis paraît souvent entrer en concurrence avec l'autorité managériale, parce que celle-ci est parfois mal préparée à une gestion plus professionnelle et contractuelle du rapport salarial. Les managers sont ainsi souvent tentés par l'exercice de leur pouvoir discriminant au détriment de décisions plus rationnelles et transparentes fondées sur des critères explicites de rémunération. Au contact permanent avec leur équipe, ils sont également tentés par le maintien d'une relative paix sociale avec leurs collaborateurs et renoncent pour cela à être sélectifs dans leurs propositions salariales. Ce renoncement signifie évidemment à court terme une relative tranquillité pour eux-mêmes dans le management de leur équipe.

Le deuxième type de résistance, plus apparent, renvoie en parallèle à l'acceptation interne d'un certain niveau d'individualisation par le personnel et à la force des équilibres internes tels que la cohésion et le niveau d'équité nécessaires. La culture d'entreprise et son histoire jouent ici un grand rôle mais il ne faut pas négliger la nature de l'activité car elle commande la possibilité d'identifier clairement les contributions individuelles et détermine le niveau de cohésion interne que l'organisation du travail exige pour être efficiente.

Pour ces raisons, le niveau de différenciation reste dans les faits assez limité pour une même fonction. Les véritables décisions salariales discriminantes s'observent surtout aux extrêmes : on sanctionne les salariés qui n'ont pas contribué au niveau attendu, parfois préambule à un licenciement ou une mutation, et on valorise les performances exceptionnelles. En matière d'augmentation de salaires, cela se traduit par des pratiques qui consistent à revoir les salaires par roulement, chacun à tour de rôle, avec des différenciations marginales, ou de recourir au saupoudrage, avec de faibles augmentations mais pour un grand nombre.

Des études récentes[1] ont également permis de préciser encore les apports et les limites de la rémunération au mérite.

En premier lieu, l'individualisation apparaît comme un levier de changement organisationnel et de modernisation de la gestion des ressources humaines. Le développement de nouvelles formes de rémunération entraîne l'abandon ou la neutralisation des grilles de salaires et des systèmes de classification négociés au niveau des branches ou de l'entreprise. En revanche, l'individualisation a conduit à la mise en place d'outils d'appréciation formalisés, de systèmes de management par objectifs et de rationalisation des critères de gestion des RH non seulement en matière de rémunération mais aussi en gestion des carrières et dans l'organisation du travail. En introduisant plus de souplesse dans les décisions salariales, en intégrant de nouveaux critères de rémunération tels que la polyvalence, la mobilité, l'autonomie et l'initiative, l'individualisation libère les possibilités de gestion des RH. On observe ainsi que les organisations qui la pratiquent connaissent une mobilité professionnelle plus grande et une plus grande flexibilité de fonctionnement de leur organisation du travail. Des conséquences positives ont également été constatées dans le développement de la qualité, les processus de certification et, de manière générale, dans le développement des processus transversaux et le développement des compétences.

1. Coutrot, 1994 ; Roussel, 1999.

Concernant la motivation, les recherches menées citées plus haut montrent que l'individualisation des salaires entraîne davantage de satisfaction que la rémunération variable ou les avantages complémentaires et la motivation est davantage le fait des cadres que des non-cadres.

La rémunération fixe reste le déterminant le plus significatif de la motivation et de la satisfaction au travail des salariés interrogés. Elle doit pour cela développer le sentiment d'équité, interne comme externe. L'abandon des grilles de salaires et des règles internes au profit de l'individualisation renforce le besoin d'équité. En abandonnant les règles propres à l'organisation, l'individualisation tend à introduire des références liées au marché et à d'autres entreprises. Le mérite individuel, la compétence et les résultats atteints exigent une rétribution qui ne dépend plus seulement des normes du marché mais aussi de celles observées sur le marché interne et les concurrents.

Mais la motivation est surtout liée à la perception des salariés du lien entre leur contribution et leur rétribution. L'intensité de ce lien varie selon que les contributions peuvent ou non être identifiées et que leur autonomie est réelle ou non. Si la contribution individuelle n'est pas facilement identifiable, la part individuelle doit être moins importante et davantage consacrée à rémunérer le développement des compétences de la personne ou sa capacité à travailler en équipe.

Enfin, les limites qui doivent être considérées et gérés dans les systèmes de rémunération au mérite sont également mises en évidence par ces travaux :

- la trop grande focalisation sur certains objectifs et le manque de souplesse du système de rémunération peut conduire les salariés à ne se concentrer que sur certains objectifs, ceux-ci n'étant plus forcément prioritaires pour l'entreprise. Si l'entreprise connaît des changements rapides, elle peut être retardée par un manque de souplesse ou une trop grande focalisation sur des objectifs dépassés ;
- l'excès d'individualisation favorise la performance quantitative au détriment de la qualité. Elle favorise également la performance à court terme au détriment du long terme. La pondération donnée aux objectifs qualitatifs et le développement de rémunérations variables différées sont adaptés pour corriger ces effets négatifs ;
- les systèmes au mérite peuvent altérer la coopération et la responsabilité de l'individu par rapport à l'organisation. Puisque le salarié est rémunéré en fonction de ses propres compétences et performances, ses intérêts et

sa motivation s'écartent de celles de l'organisation. Ce phénomène s'observe particulièrement pour les organisations dans lesquelles la décentralisation et l'autonomie sont très développées et encouragent des modes de fonctionnement propres à chaque entité et, au niveau individuel, des comportements de type profession libérale. Pour les mêmes raisons, la coopération est affaiblie avec toutes ses conséquences négatives en termes commerciaux et en termes de productivité.

Dans chacun des cas, les réponses à ces limites s'organisent autour des systèmes d'objectifs et d'évaluation qui mettent l'accent sur les critères qualitatifs, la coopération et les systèmes de rémunération collective liant une partie de la rémunération aux résultats de l'organisation prise dans son ensemble. Par ailleurs, au plan technique, les réponses se situent dans le réglage et la conception des systèmes de rémunération, la pondération qu'ils attribuent à chacune des formes utilisées et à leur capacité à évoluer rapidement pour s'adapter à la problématique générale de l'entreprise.

Les critères de la rémunération

Chaque entreprise, en fonction de sa problématique d'activité et de ses contraintes, définit l'équilibre entre les différents critères qui va déterminer son système de rémunération et qu'elle décline ensuite en le modulant pour chaque catégorie de personnel. Elle aboutit à un mix-rémunération qui fait la synthèse des différents critères utilisés, explicitement ou non, de nature et d'origine différentes. Le mix-rémunération global (*mix-policy*) est la base du système de rémunération. Pour chaque métier ou catégorie de personnel selon qu'il s'agit de personnel commercial ou administratif, cadre ou non-cadre, expert ou généraliste, les critères sont modulés pour répondre aux préoccupations et objectifs internes.

Les critères de rémunération peuvent, dans les faits, être très nombreux. Ils peuvent être regroupés en quatre catégories.

Les différents types de critères de rémunération

- *Les critères professionnels* : il s'agit des critères que nous avons détaillés plus haut et qui constituent la contrepartie directe de la rémunération. Ils font référence à la fois au capital humain et à la contribution des salariés. L'entreprise doit faire des choix de pondération entre ses critères pour construire son mix-rémunération.

- *Les critères propres à l'organisation* : les dirigeants, la culture, l'historique et enfin le niveau de vie de l'organisation, c'est-à-dire sa situation et sa performance économiques.
- *Les critères de marché* : la concurrence sur les talents et la pression du marché du travail influencent le niveau et les formes de rémunération.
- *Les critères sociaux et réglementaires* : les équilibres sociaux et le contexte social de l'entreprise, de sa branche d'activité et au niveau national, conditionnent le niveau des règles applicables aux rémunérations et à leur évolution.

L'entreprise doit trouver un équilibre en face de chacun de ces critères. Les critères professionnels représentent la véritable contrepartie de la rémunération et le cœur de sa stratégie dans ce domaine. Les autres catégories de critères correspondent à des données qui s'imposent à elle et auxquelles elle doit s'adapter.

Le tableau 1.13 fait la synthèse des catégories de critères de rémunération, de leurs interdépendances et des équilibres à trouver entre critères professionnels ou transversaux et les critères structurels relatifs à l'organisation elle-même, au marché et au contexte social et réglementaire.

Tableau 1.13 – Critères professionnels et critères structurels : les interdépendances

Critères professionnels	Organisation	Marché	Contexte social, règles
Fonction exercée	Évaluation des fonctions	Prix de la fonction sur le marché	Règles et négociations sur les classifications et les évolutions salariales
Compétence		Prix des compétences sur le marché	
Performance individuelle et d'équipe	Rémunération à la performance-système d'incitation et de récompense		
Participation à la performance économique de l'entreprise	Association des salariés aux résultats de l'entreprise/redistribution de la valeur ajoutée	Attractivité de l'entreprise/concurrents	Négociations sociales sur avantages et rémunérations collectives

Étape importante dans la construction de la politique salariale, la détermination des différents critères de rémunération permet à la fois de rationaliser les décisions salariales, de mieux les expliquer et de les valoriser auprès des intéressés.

La définition des critères s'articule autour de grands types d'objets identifiés plus haut :

- fonction exercée ;
- compétence ;
- performance individuelle ;
- association des salariés à la performance de l'organisation.

La fonction et le métier exercés renvoient d'abord à l'organisation qui en définit le contenu, les contours, le positionnement et le niveau d'autonomie. La valeur de la fonction est déterminée par l'entreprise en fonction de ses besoins dans un espace limité et réglementé par des classifications et des pratiques internes. Dans ce cadre, qui correspond à un marché interne organisé, les évolutions sont généralement lentes et peu significatives parce que peu soumises à des tensions d'offre et de demande. Lorsque la fonction est standardisée avec un contenu repérable et proche d'une entreprise à une autre, sa valorisation et sa reconnaissance sortent du cadre de l'entreprise et deviennent soumises au marché du travail parce qu'elles fournissent une référence sur les compétences du titulaire.

La compétence et la performance renvoient directement à l'individu et au marché. La compétence individuelle est identifiée par le parcours professionnel, la fonction exercée, la formation initiale et le niveau de performance constatée. Par définition, la compétence individuelle est unique et sa valorisation aussi. Signe de ce phénomène, les variations de salaire à l'embauche et la capacité d'adaptation de l'entreprise quand elle est confrontée au marché sont souvent bien plus grandes que lorsqu'elle pratique ses propres révisions salariales internes.

L'association des salariés à la performance de l'entreprise et la redistribution des bénéfices sont directement reliées aux résultats enregistrés par l'entreprise sur ses marchés (bénéfice net, bénéfice fiscal, valeur en bourse). Elles sont établies en fonction du niveau d'association aux résultats et au capital que l'entreprise entend pratiquer, du salarié actionnaire avec l'attribution de stock-options ou d'actions gratuites jusqu'à la redistribution collective dans le cadre d'accords d'intéressement et de participation.

Les facteurs de valorisation des critères professionnels

Pour chacun des critères professionnels, des indicateurs de mesure et de valorisation existent et permettent de situer le niveau de la rémunération correspondante (tableau 1.14).

Tableau 1.14 – Compétence et performance : les indicateurs

Compétence et performance	Indicateurs et évaluations
Évaluation fonction/prix fonction/ marché interne/externe	Évaluation de fonction Enquête de rémunération
Maîtrise de la fonction	Évaluation des compétences
Potentiel et compétences spécifiques	Évaluation des compétences Évaluation de potentiel
Performance	Résultats chiffrés et tableaux de bord Évaluation annuelle
Performance par rapport aux objectifs	Évaluation annuelle : objectifs individuels et mesure des réalisations
Association aux résultats de l'entreprise	Résultats et valorisation de l'entreprise

➤ La valorisation de la fonction exercée

Bien que soumis à des évaluations internes propres à l'organisation, le niveau de valorisation de la fonction exercée est fortement influencé par des références extérieures, caractéristiques du secteur d'activité et du marché du travail.

La fonction constitue une référence et un standard identifiable sur le marché et permet les comparaisons. Les enquêtes de rémunération fournissent des fourchettes de prix de marché par comparaison entre fonctions identiques. La pertinence des données est soumise à de nombreux critères tels que le secteur, la taille, le niveau de responsabilité et le profil du titulaire.

Le même exercice peut s'effectuer sur le marché interne, c'est-à-dire au sein même de l'organisation pour des fonctions identiques et, naturellement, avec des degrés de pertinence beaucoup plus élevés. Cet exercice vise à améliorer le niveau d'équité interne du système de rémunération, sa légitimité et son efficacité sur la motivation et la cohésion interne.

Les marchés du travail externes – avec leurs répercussions sur l'interne – connaissent des phases de tension et des cycles qui influencent les niveaux de rémunération. Ces phénomènes sont d'autant plus marqués qu'ils touchent des marchés étroits et spécifiques. Ils viennent toutefois perturber par réaction les équilibres internes dès lors que les niveaux de rémunérations pratiqués à l'embauche déclenchent, généralement sur une période assez longue, des adaptations internes sur la structure des rémunérations. Ces décalages provoquent souvent d'assez grandes perturbations sur la gestion des ressources humaines des entreprises qui sont les plus exposées à ces phénomènes de marché. Bien que cela soit évident, il est toujours utile de rappeler que le premier décalage tient aux différences de nature et de fonctionnement des marchés du travail externes et internes. Le premier connaît par nature des cycles à la hausse mais aussi à la baisse des salaires alors que le marché interne ne connaît que la hausse. Le décloisonnement entre ces deux marchés et la place de plus en plus importante que représente le recours au marché du travail dans la gestion de certaines entreprises, génèrent des surcoûts salariaux qui peuvent devenir rédhibitoires pour certaines entreprises ou activités sur une moyenne période.

➤ La valorisation de la compétence

Détaillons les différents éléments de la compétence donnant lieu à rémunération (tableau 1.15) :

- la maîtrise de la fonction :
  - savoir-faire opérationnel,
  - savoir commercial et comportemental,
  - savoir-faire managérial et de travail en équipe ;
- le profil professionnel au-delà de la fonction :
  - capacité d'adaptation,
  - expérience acquise,
  - potentiel d'évolution.

Chaque élément formant la compétence donne lieu à une forme de rétribution.

Tableau 1.15 – Type de compétence et formes de rémunération

Type de savoir-faire	Critère et forme rémunération
Savoir-faire opérationnel	Expertise et maîtrise de la fonction (salaire)
Savoir-faire commercial et comportemental	Performance (prime, bonus)
Savoir-faire managérial	Développement et optimisation d'équipe (salaire, carrière)
Capacité d'adaptation	Flexibilité, polyvalence (salaire, bonus)
Expérience acquise	Compétences et expertises spécifiques (salaire)
Potentiel d'évolution	Capacité à évoluer vers une autre fonction (carrière)

Le marché des compétences et des salaires est segmenté en fonction des métiers et des caractéristiques professionnelles qui limitent les zones de concurrence sur le marché.

Parmi les principaux critères de valorisation sur le marché du travail :

- métier et spécialité ;
- type de produits/technologie ;
- type de clientèle ;
- type de profil (expérience, âge, parcours) ;
- performance espérée à court terme (clients, réalisation de projets...).

Quelles formes de rémunération pour quels critères ?

Après avoir déterminé le mix-rémunération et le poids de chacun des critères, une série de choix doit être faite pour aboutir à la définition des formes de rémunération à mettre en œuvre en face de chaque critère.

➤ Le choix du degré d'individualisation

Le premier choix est celui de l'équilibre entre les parts respectives de l'individuel et du collectif. Le choix de l'individualisation est cohérent avec l'importance accordée au critère de compétence par rapport à la fonction donnée et avec une volonté de s'adapter au marché du travail.

Le choix de la compétence comme critère principal correspond également à un niveau de qualification ou d'expertise relativement élevé. Toujours par cohérence, ce choix s'applique particulièrement à des métiers ou des catégories pour lesquels le facteur humain est un avantage compétitif et un facteur de concurrence sur le marché du travail.

En outre, le choix de l'individualisation correspond également à un mode de gestion des RH particulier dans lequel la personne, sa compétence mais aussi sa motivation sont considérées comme le facteur principal de performance. Individualiser la rétribution et la récompense consiste à optimiser les capacités d'incitation et de mobilisation en utilisant le levier individuel dont on sait qu'il est le plus puissant dans le domaine.

Tout système ne pouvant être complètement individualisé, le choix de la rémunération collective devra être effectué entre des formes classiques de redistribution et de garantie de pouvoir d'achat telles que les augmentations collectives ou des formes collectives reliées à la performance globale de l'organisation comme la participation, l'intéressement, l'épargne salariale et l'actionnariat salarié.

➤ Le choix de la rémunération variable

Le choix d'un niveau de rémunération variable correspond directement à la volonté d'indexer, globalement et jusqu'au niveau individuel une partie de la rémunération sur le niveau de résultat et de performance atteint. La notion de performance prend un contenu différent selon qu'il s'agit de l'atteinte de chiffres de vente qui déterminent le niveau de rémunération variable d'un commercial ou l'évolution du titre en bourse qui valorise les plans d'actionnariat et concerner l'ensemble du personnel. C'est à ce niveau que sont définis les différents critères de performance et les formes de rémunérations qui leur sont appropriées, immédiates, à moyen terme, optionnelles et différées.

Deux préoccupations principales apparaissent avec le choix de la rémunération variable, en particulier lorsqu'elle atteint 15 % à 20 % de la masse salariale :

- la première préoccupation est la volonté d'intéresser et donc de motiver le personnel concerné sur des objectifs similaires à ceux de l'entreprise. En faisant le choix de développer ses parts variables, l'entreprise fait le choix de l'incitation *a priori* plutôt que celui de la récompense classique *a posteriori*. En y associant des processus d'évaluation de management par objectifs, elle renforce les contrats implicites de performance et les mécanismes d'incitation en vue d'atteindre les objectifs préalablement fixés ;

- la seconde préoccupation consiste à introduire un régulateur dans le système de rémunération en développant la flexibilité des coûts globaux de personnel en fonction des résultats et de la situation économique de l'entreprise. Nous verrons plus loin que ces deux préoccupations ne se conjuguent pas toujours bien, notamment lorsqu'une flexibilité à la baisse durable annule les effets incitatifs et doit être suppléée par d'autres techniques de motivation et de rétention.

➤ Choix des critères et des formes de rémunération

La figure 1.2 répartit les différentes formes de rémunérations en fonction de la gamme de choix possibles pour l'organisation entre individuel et collectif et entre rémunération variable et rémunération fixe.

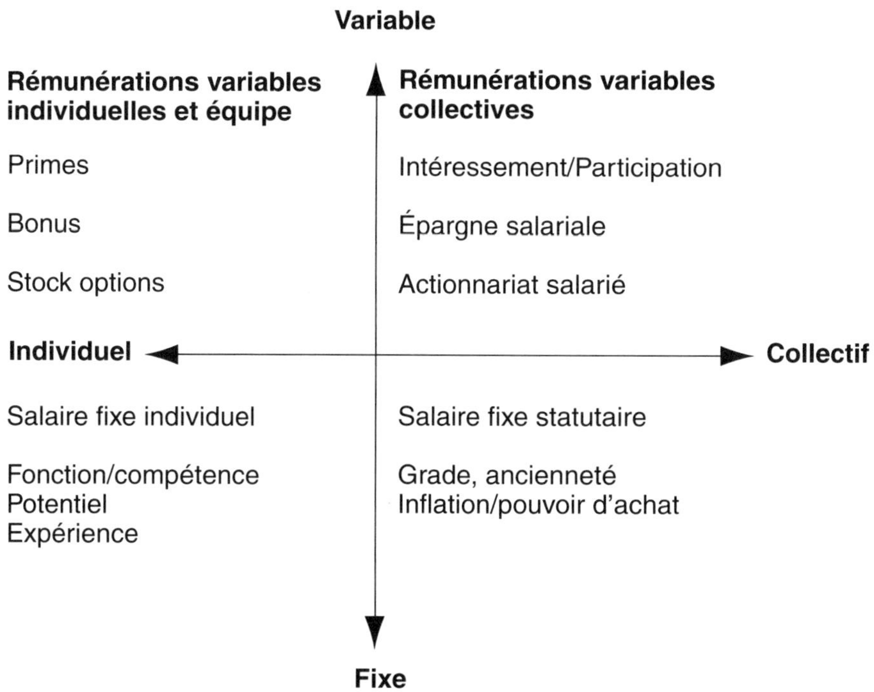

Figure 1.2 – Les choix et les équilibres du système de rémunération

Selon qu'elle rémunère plutôt la compétence ou plutôt la performance, la rémunération prend logiquement des formes adaptées à l'objet rémunéré.

Le salaire fixe et les augmentations de salaire viennent logiquement rémunérer les facteurs de compétence et leurs évolutions dans le temps. Les primes, bonus et autres rémunérations variables rémunèrent, en revanche les résultats et performances enregistrés (tableau 1.16).

Tableau 1.16 – Critères de rémunération et formes appropriées

Critères/formes de rémunération	Augmentation de salaire	Primes et bonus
	Prix fonction/marché interne/externe	Résultats quantitatifs
	Maîtrise de la fonction	Niveau de réalisation des objectifs
	Potentiel et compétences spécifiques	Résultats ou performance exceptionnelle
	Appartenance à la structure	Performance d'équipe ou collective

En ce qui concerne les rémunérations collectives, définies en fonction des résultats de l'entreprise ou de sa situation économique, une représentation analogue peut être utilisée répartissant ces éléments de rémunération selon les critères individuels ou collectifs, fixes ou variables.

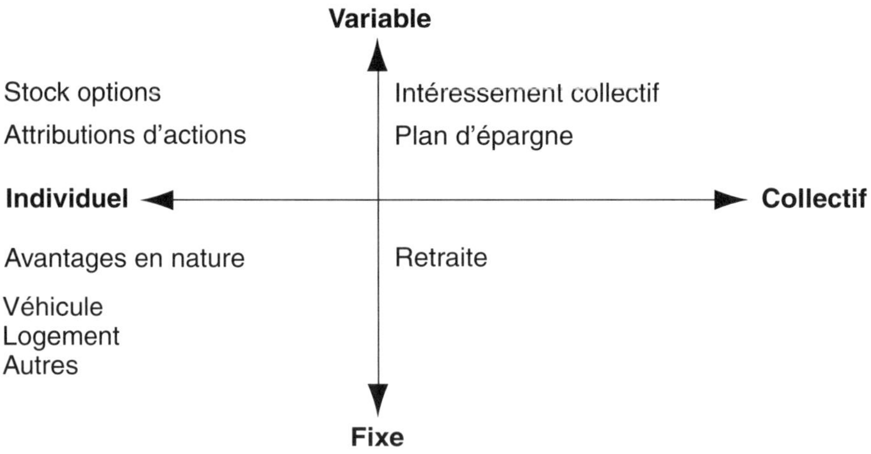

Figure 1.3 – Formes et de rémunération et critères de détermination

Les instruments de gestion des rémunérations

Au sein d'entreprises confrontées en permanence aux fluctuations du marché, le pilotage des rémunérations est un instrument déterminant, non seulement pour des raisons budgétaires mais aussi et surtout pour les anticipations qu'il permet de faire dans l'adaptation des systèmes de rémunération. Ce pilotage implique de disposer d'instruments destinés à fournir des informations fiables sur les rémunérations pratiquées sur le marché, chez les concurrents directs et pour les fonctions les mieux identifiées et les plus sensibles. Plusieurs questions se posent alors concernant la pertinence des prix de marché, la cohérence des comparaisons et les périmètres à étudier. La notion de salaire de marché doit être utilisée avec précaution pour être pertinente. L'utilisation des enquêtes de rémunération, ainsi que la méthodologie utilisée nécessitent également que soient respectés quelques principes essentiels.

Les enquêtes de rémunération : apports et biais

Les préoccupations de stabilisation et de fidélisation des compétences conduisent les entreprises à rapprocher leurs pratiques de celles pratiquées sur le marché et chez leurs principaux concurrents. Obtenir de façon rationnelle une meilleure connaissance des rémunérations pratiquées sur le marché passe le plus souvent par le recours à des enquêtes de rémunération. Ces enquêtes sont souvent suscitées par des situations de déséquilibre consécutives à un fort turn-over d'une catégorie de personnel, des tensions salariales sur des compétences-clés faisant craindre des démissions ou le souhait de remettre à plat la hiérarchie des rémunérations.

L'enquête de salaires est un exercice de comparaison dont la méthodologie et la rigueur sont fondamentales pour la fiabilité des données collectées. La comparaison des fonctions observées, l'analyse détaillée des différents composants de la rémunération globale, la pertinence des champs étudiés sont des étapes indispensables à cet exercice. Les données les plus fiables et utilisables sont celles qui sont obtenues lorsque l'enquête est réalisée sur mesure pour une entreprise qui définit avec rigueur les données qu'elle souhaite obtenir chez ses principaux concurrents. Les enquêtes qui, à l'inverse, fournissent des données générales dans le cadre d'un abonnement annuel sont indicatives et utiles mais ne peuvent être réellement utilisées pour apporter des réponses efficaces à des déséquilibres.

Ainsi, sauf pour des marchés du travail particuliers, il est préférable pour une entreprise de réaliser une enquête sur-mesure et approfondie sur une période de deux à trois ans plutôt que de disposer d'informations seulement indicatives selon un rythme annuel.

À défaut d'enquête, des entreprises peuvent avoir recours à des informations provenant du marché pour définir les décisions salariales. Le recours à des cabinets de recrutement par exemple pour connaître rapidement le prix de telle ou telle fonction est une pratique répandue, mais relativement inflationniste. D'abord, parce que ces informations sont souvent établies sur les salaires pratiqués lors des recrutements et non sur la base du personnel en poste. Ensuite, en raison des tensions temporaires qui peuvent exister sur certains marchés du travail spécifiques, les données obtenues dans ces conditions peuvent se situer facilement à 20-30 % au-dessus des prix de marché.

Enfin, l'écart de salaire peut servir d'alibi facile pour justifier une démission qui repose parfois sur d'autres motifs. Il est plus facile d'arguer pour le démissionnaire qu'il n'a pu résister à une proposition très supérieure, de même qu'il sera parfois plus simple pour l'entreprise de se convaincre qu'il s'agit du seul motif de départ.

La notion de prix de marché

Cette notion doit en permanence être précisée dès lors qu'il s'agit d'effectuer des comparaisons salariales.

Il existe tout d'abord un écart souvent très significatif en cas de tensions sur le marché, entre le prix de compétences en poste et le niveau auxquels les recrutements se réalisent. Une autre source d'écart réside dans l'usage parfois inapproprié des moyennes et des extrêmes. On peut imaginer par exemple les interrogations que peut susciter l'écart entre une moyenne observée pour le titulaire en place d'une fonction donnée et la fourchette haute des dernières transactions pratiquées sur le marché pour cette même fonction.

Les autres distorsions sont liées à des problèmes de comparaison d'une organisation à une autre, une même fonction malgré un intitulé identique peut en effet regrouper des contenus et des niveaux de responsabilité très différents.

L'approche transnationale pose également de nombreux problèmes de comparaison dans la mesure où toute une série d'éléments devra être prise en considération : coût de la vie, fiscalité, risque… Ces problèmes sont classiques lorsqu'il s'agit de gérer l'expatriation, mais on les retrouve également dans des enquêtes de salaire sur des fonctions délocalisées et pour lesquelles le prix d'un marché de référence tend à s'appliquer à d'autres marchés nationaux voisins. Cela peut être le cas, pour utiliser des cas extrêmes, des analystes financiers, fonction pour laquelle une enquête de salaire effectuée à Londres ferait apparaître des salaires sensiblement supérieurs aux pays voisins, mais sans intégrer les autres variables nationales, notamment celles relatives aux indemnisations en cas de perte d'emploi. À l'autre extrémité, les prix du marché polonais pour des informaticiens font, pour d'autres raisons, apparaître un écart négatif. Au moment où les organisations, au moins pour certaines fonctions, sont intégrées et verticalisées à une échelle mondiale ou européenne, ces questions de comparaison se posent avec une très grande acuité.

Le marché mondial des salaires

Doit-on, par conséquent, considérer un marché mondial des salaires ? Oui, assurément pour un nombre grandissant de fonctions et de métiers. Cependant, comme la plupart des marchés, le marché du travail est très différencié et segmenté, spécifique ou très large, local ou global.

Pour certaines fonctions, le marché du travail peut être approché à l'échelle globale mais celle-ci comporte de nombreuses limites liées aux critères propres aux zones géographiques, aux métiers eux-mêmes et à la mobilité réelle des ressources. De plus, quelle que soit la globalité de l'approche, les salaires de marché au niveau international sont largement prédéterminés par les niveaux pratiqués sur le marché du travail d'origine des compétences concernées.

Une vue générale des rémunérations internationales peut être livrée par trois critères principaux :

➤ Le secteur d'activité et le métier

Il faut distinguer à ce niveau le secteur ou le métier dont le contenu technique ou commercial présente une grande homogénéité à l'échelle internationale, des autres métiers plus marqués par les spécificités locales.

Certains secteurs sont caractérisés par une technologie, des processus et des produits standardisés, reproductibles et homogènes à l'échelle mondiale. Dans ce cas, les compétences requises sont elles aussi homogènes et interchangeables à cette même échelle.

À l'inverse, d'autres métiers sont caractérisés par la spécificité des processus de production, de distribution et par les caractéristiques de la clientèle. Moins standardisés, ils comportent une dimension de service ou une dimension culturelle plus forte. Dans ce cas, les compétences locales sont déterminantes dans la valeur ajoutée et sont moins interchangeables car elles ont un apport spécifique.

➤ Le type d'acquisition et de gestion des RH

Le type de gestion des RH, de flexibilité, de mobilité et de normes sociales est également un critère déterminant des niveaux de salaires observés :

- présence ou non de compétences et de dispositifs de formation locaux ;
- normes et contraintes sociales (salaires, flexibilité, coût de rupture du contrat de travail...) ;
- pratiques de gestion des RH.

➤ Le niveau de vie

Le niveau des salaires doit, pour être comparé, être corrigé des effets liés au contexte local, en termes de coût de la vie et de fiscalité. Doivent donc être considérés :

- les principales variables du coût de la vie (logement, éducation, coût de la vie, évolution du taux de change) ;
- la protection sociale (distorsions relatives aux avantages procurés par les systèmes de protection sociale ;
- la fiscalité (distorsions de revenu net liées à la fiscalité) ;
- le contexte économique local (inflation, croissance, chômage...).

Les enquêtes de rémunération internationales s'appuient sur une cartographie des métiers et de familles d'emploi identiques pour tous les pays. Elles regroupent des éléments de contexte afin d'aboutir à la fois à une approche globale des rémunérations entre pays et à la mise en évidence des caractéristiques majeures de la rémunération dans chacun d'entre eux.

Sont notamment considérés :

- les principaux indicateurs économiques locaux ;
- le marché des compétences et des rémunérations ;
- la composition des packages de rémunération globale ;
- les évolutions salariales observées et prévues ;
- les pratiques en termes de *benefits* (avantages sociaux).

Ces éléments aboutissent à une vision des pratiques de marché pour une fonction donnée.

Tableau 1.17 – Familles de métiers et fonctions sélectionnées (Exemple)

Engineering	
Environnement, santé et sécurité	
Finance et comptabilité	Manager General Accounting
Ressources humaines	
IT et Telecoms	
Distribution	

Tableau 1.18 – Vue générale du marché des rémunérations pour la fonction sélectionnée (en dollars US) (Exemple)

Quartiles et déciles	Salaire de base	Rémunération espèces
90th	62 617	63 881
75th	55 600	57 018
50th	48 444	48 700
25th	39 600	39 700
10th	32 000	32 000
Moyenne	47 525	48 421
Nombre de salariés	1 481	1 481
Nombre de compagnies	389	389

Les outils et méthodes de gestion de la masse salariale

L'enjeu des stratégies de rémunération est également financier. Dans la plupart des secteurs d'activité, les frais de personnel représentent l'essentiel des coûts et constituent une variable majeure dans la performance économique de l'entreprise. À ce titre, l'efficacité de la politique de rémunération, se traduit dans sa capacité à optimiser l'équilibre entre, d'une part, des rémunérations de nature à attirer, motiver et fidéliser les meilleures compétences pour l'activité et, d'autre part, un montant global de frais de personnel le plus faible possible. Cet optimum n'est pas impossible mais il passe par des choix de GRH et par une stratégie de rémunération qui réussit la cohérence entre les compétences et les performances rémunérées et les formes de rémunération mises en place.

La conduite des rémunérations exige donc une gestion et un pilotage particuliers. Les frais de personnel sont, par nature, des frais fixes. Mises à part les rémunérations variables, dont une partie seulement est réellement variable à la baisse, les rémunérations ne peuvent pas être un levier de réduction des frais de personnel en cas de nécessité. Engager une baisse sensible ne peut s'envisager qu'à travers une réduction des effectifs, qui est en réalité la variable principale d'ajustement à court terme des frais de personnel. La rémunération constitue, certes, une variable déterminante, mais elle est structurelle car elle est la résultante de politiques de rémunération et de pratiques issues de plusieurs années de gestion antérieure. Agir à court terme ne peut donc s'envisager réellement en utilisant le levier des rémunérations.

La structure des frais de personnel s'établit sur une série de composantes dont il faut bien comprendre la nature et les logiques d'évolution pour à la fois prévoir correctement les budgets et identifier les véritables leviers de gestion.

Ces composantes sont, soit des multiplicateurs de l'effectif considéré (salaire moyen, charges sociales...), soit des budgets classiques ayant leur propre logique de détermination.

➤ La masse des salaires

La masse des salaires constitue l'élément déterminant de tout budget de frais de personnel. Elle est le produit de la multiplication de l'effectif par le salaire moyen : le produit de ces deux données aboutit à la masse des salaires. Pour déterminer un budget annuel, effectif et salaire moyen doivent donc être considérés en moyenne annuelle et non pas en fin ou en début d'exercice.

Plusieurs moyens d'actions ou variables interviennent dans la masse des salaires :

- l'effectif : variable principale, l'effectif moyen peut donner lieu à plusieurs types d'actions visant à réduire ou maîtriser les frais de personnel ;
- les délais de pourvoi des postes : décaler le recrutement de trois mois par exemple, permet d'alléger d'un quart environ les frais de personnel liés aux nouvelles embauches, ce qui peut être très significatif en situation de turn-over important. À l'inverse, pourvoir les postes en doublons, c'est-à-dire avant la fin des préavis du personnel sortant, peut représenter un coût très important, toujours en situation de turn-over élevé.

À condition d'anticiper correctement ses besoins et de ne pas remplacer systématiquement le personnel sortant, une entreprise dispose d'un levier important pour piloter ses frais de personnel en agissant sur le niveau et le rythme du recrutement.

Les entreprises qui gèrent de façon rigoureuse leurs ressources disposent souvent d'environ 5 % de postes à pourvoir en permanence sur leur effectif, même en situation de croissance faible ou modérée.

➤ Le salaire moyen

Variable essentielle des coûts de personnel et en même temps reflet de la politique de rémunération, le salaire moyen est aussi une donnée sur laquelle les possibilités d'action à court terme sont très limitées. Sauf action particulière, et hors turn-over, le salaire moyen a une tendance naturelle à augmenter sous l'effet des augmentations collectives lorsqu'elles existent mais aussi sous l'effet des mécanismes autrefois appelés GVT, c'est-à-dire l'avancement automatique lié à l'ancienneté, à l'expérience dans le poste et à la promotion interne. Tous ces mécanismes, réglementés ou non, aboutissent à une hausse tendancielle du salaire moyen.

Le budget d'augmentations de salaires, individuelles ou collectives, constitue le second impact directement apparent, parce que non automatique et généralement bien maîtrisé. Enfin, moins apparent, mais avec un impact bien supérieur aux deux premiers, l'effet de noria est un levier intrinsèque très important dans toute gestion de masse salariale. Dans une entreprise à turn-over classique, soit 15 % de l'effectif annuel, un décalage de 20 % entre le niveau de salaire des entrants par rapport aux sortants de l'effectif a un effet mécanique direct sur la masse des salaires. Dans l'exemple cité, l'augmentation mécanique en année pleine liée à l'effet de noria atteint 3 %, soit un niveau équivalent à l'ensemble des augmentations de salaires pratiquées dans la politique salariale de l'exercice.

Le pilotage des salaires dans le cadre d'un budget annuel est également soumis aux effets de moyenne. Ils sont de deux ordres :

- *le salaire moyen au cours de l'année* : les concepts d'augmentation en masse et en niveau qui prévalent au niveau des négociations salariales s'exercent également au niveau de la gestion des coûts. L'impact d'augmentations générales collectives des salaires de 2 %, qui prend effet le 1er janvier se traduit à 100 % dans le budget des frais de personnel, toutes choses égales par ailleurs. Les mêmes augmentations de salaire avec effet au 1er avril reportent un coût annuel inférieur de 0,5 % de la masse des salaires ;
- *l'effectif moyen* : il s'agit de l'effectif exprimé en équivalent temps plein (*full time equivalent*), correspondant à la part qui donne lieu à rémunération. Cette définition exclut par conséquent toutes les formes de suspension de contrat ou de périodes sans solde ainsi que la part non travaillée des salariés à temps partiel. La moyenne est obtenue par la moyenne arithmétique de l'effectif constaté à la fin de chaque mois (chaque jour serait évidemment plus précis mais probablement difficile à suivre pour un faible gain de précision).

La multiplication de ces données aboutit à la masse des salaires. Il s'y ajoute les rémunérations variables et les bonus.

➤ Rémunérations variables et bonus

• *Les bonus*

Leur évolution est en réalité assez peu sensible au niveau des performances et au niveau des effectifs. Les montants effectivement versés correspondent souvent aux budgets prévus sauf en cas de circonstances exceptionnelles, de gestion ou de résultats exceptionnels, au-delà des attentes.

En cas de réductions budgétaires, la réduction des bonus n'intervient généralement qu'en tout dernier lieu après avoir épuisé toutes les possibilités de réduction d'effectif. Dans ce cas, les meilleures compétences sont préservées et fidélisées par un maintien du niveau des bonus. De même, la réduction d'effectif lorsqu'elle s'opère, n'entraîne pas de baisse mécanique du montant global des bonus. Les effectifs sortants sont généralement les moins performants et ceux dont le bonus a déjà été réduit et arbitré en faveur de meilleures compétences que l'entreprise souhaite conserver.

- *Les target-bonus*

Axés sur les objectifs et leur réalisation, les target-bonus évoluent à la baisse en cas de performance non atteinte. Ils sont cependant encadrés et au-delà d'une réduction de 20 % à 25 % des target-bonus, d'autres formes viennent s'y substituer pour répondre à d'autres logiques, par exemple la rétention des talents.

- *Les variables et les commissions*

Leur niveau suit mécaniquement celui des résultats. Dans une approche budgétaire à court terme, ils peuvent être corrélés avec le niveau des résultats.

➤ Les indemnités imposables

On regroupe généralement ici les éléments complémentaires de la rémunération qui ne sont pas directement liés aux salaires et aux effectifs et qui ne relèvent pas du salaire fixe :

- les heures supplémentaires ;
- les primes diverses (astreintes, primes de travail de week-end) ;
- les indemnités diverses (indemnité de fin de CDD…) ;
- les indemnités journalières (économie de frais de personnel liée aux absences).

➤ La masse salariale imposable ou brut imposable

L'ensemble des rémunérations versées constitue la masse salariale brute (ou brut imposable) qui, par nature, est soumise à charges sociales.

Le second multiplicateur de toute masse salariale relie donc le brut imposable au taux de charges sociales pour représenter la masse salariale et le coût complet des rémunérations directes.

➤ Les charges sociales

Regroupant l'ensemble des cotisations sociales et des taxes assises sur les salaires, le niveau des charges sociales dépend du niveau de la protection sociale de base, et surtout complémentaire, qui varie d'un secteur à un autre. Nous retrouvons là, nous le verrons, une forme de rémunération différée et complémentaire, dont le coût est très significatif.

Compte tenu des besoins grandissant d'une part, et des déséquilibres des systèmes de protection sociale d'autre part, le taux de charges sociales a une tendance naturelle à augmenter, même si ces dernières années, la progression a été limitée et les besoins en financements supplémentaires en partie reportés sur la CSG, c'est-à-dire sur les charges du salarié. Lorsque les régimes de protection sociale complémentaires sont développés comme c'est le cas dans les grandes entreprises, le taux de charges sociales peut approcher 60 % du brut imposable.

➤ Les autres frais de personnel

À la masse salariale proprement dite, s'ajoute une série de coûts qui correspondent à des compléments de rémunération ou à des indemnités :

- les compléments de rémunération :
  - intéressement,
  - participation,
  - plan d'épargne (abondement et frais de gestion) ;
- les *benefits* : avantages en nature, restauration, dotation du CE.
- les indemnités :
  - indemnités de licenciement,
  - autres indemnités non imposables.

Le tableau 1.19 fait la synthèse des frais de personnel.

Tableau 1.19 – Tableau analytique des frais de personnel

Masse salariale		Réel 2004	Prévision 2005	Budget 2006
EFF	Effectifs fin d'année FTE			
EFF MOY	Effectifs moyens FTE			
SAL MOY	Salaire moyen			
Salaires fixes	Rem. brutes			
	Étudiants			
	Remboursement IJSS			
	Rem. refacturées			
	Total			
Variable	Rem. variables			
Bonus et primes	Bonus			
	Heures supp. et provisions pour congés			
	Autres primes et indemnités			
	Stock option plan			
	Total bonus et autres primes			
Total rémunérations brutes	Total			
Charges	Urssaf et autres charges obligatoires			
	Charges complémentaires			
	Caisses de retraites			
	Dotation CE			
	Transport			
	Frais médicaux			
	Formation			
	Taxe formation			
	Total charges			
	Taux de charges			
Total rémunérations brutes + Charges				

Autres frais de personnel		Réel 2004	Prévision 2005	Budget 2006
Intérim	Intérim			
Intéressement & Participation	Intéressement/ Participation			
Exceptionnel	Except. licenciements			
Total rémunérations				
	Charges locatives expatriés			
	Crédit bail mobilier			
	Frais divers de personnel			
	Frais cantine			
	Frais de conférence débats			
	Honoraires (recrutement, avocats)			
	Gestion plan épargne entreprise			
	Total autres frais DRH			
Total général				

- *Fiscalité et des coûts des différentes formes de rémunération*

La documentation et la littérature sur les questions relatives à la fiscalité des rémunérations sont suffisamment vastes pour que nous nous limitions ici à quelques pistes utiles pour tout gestionnaire de système de rémunération.

La figure 1.4 reprend, selon la même présentation les formes dont la fiscalité est réduite et dont le coût total est avantageux pour l'entreprise comme pour le salarié, ce qui revient à augmenter les rétributions nettes pour un coût équivalent. Lorsque l'avantage fiscal s'exerce pleinement, la rémunération nette peut en effet être multipliée par deux, compte tenu des économies de charges sociales employeur et salarié et de l'impact fiscal pour le salarié.

Les avantages fiscaux sont conditionnés le plus souvent à des critères particuliers :

- avantages en nature liés à la fonction ou purement distinctifs (voiture, logement, prises en charge diverses) ;
- les rémunérations différées liées à retraite ou la prévoyance ;
- l'épargne salariale bloquée (abondement au plan d'épargne) ;
- l'actionnariat salarié (plan d'actionnariat et stock-options) ;
- la rémunération collective en fonction des résultats (participation, intéressement) ;
- le mix coût/formes de rémunération : les différentes formes de rémunération à coût réduit car comportant un avantage fiscal.

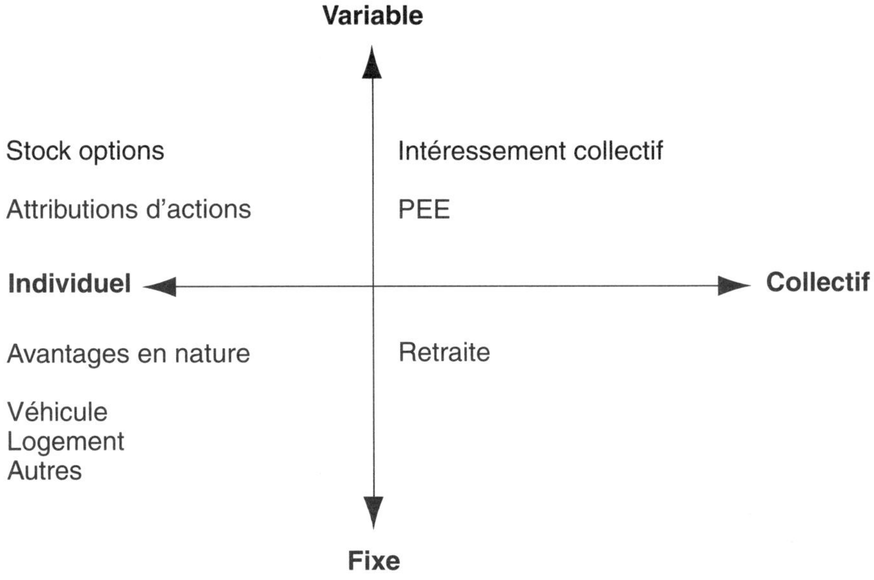

Figure 1.4 – Formes de rémunération à fiscalité avantageuse, par nature

La construction du système de rémunération doit donc intégrer des formes dont la fiscalité permet d'optimiser le rapport coût/avantage, chacune d'elles présentant par ailleurs un intérêt en fonction des critères de rémunération recherchés.

Les formes concernées comportent cependant toutes d'autres caractéristiques et un autre intérêt que le pur avantage fiscal. Il s'agit donc idéalement de coupler les deux et d'utiliser les formes en question tout en répondant à des objectifs spécifiques. Le meilleur exemple est donné par les rémunérations collectives avec l'intéressement/participation et plan d'épargne. Au moment où les augmentations collectives sont de moins en moins pratiquées parce qu'elles ne correspondent plus réellement aux critères de rémunération au mérite, de prix de marché et de recherche de flexibilité, les rémunérations collectives deviennent un outil privilégié. Elles permettent en effet de développer à la fois une dimension collective pour une partie de la rémunération et de la relier aux résultats globaux de l'entreprise avec des effets bénéfiques en termes d'appartenance et de motivation, et enfin de conserver une flexibilité importante.

L'organisation de la politique salariale annuelle

Dans toute entreprise la politique salariale annuelle est un moment fort de mise en œuvre des orientations et d'application de mesures individuelles. C'est à la fois un processus de négociation, d'orientation du système de rémunération, de gestion budgétaire, de décision et, enfin, de traduction au plan des rémunérations individuelles de critères de GRH.

➤ La négociation salariale annuelle

L'article L. 132.27 du Code du travail prévoit une négociation salariale annuelle sur les salaires (et d'autres sujets relatifs aux conditions de travail notamment). C'est le point de rencontre principal en termes de relations sociales entre direction de l'entreprise et organisations syndicales puisque la question des rémunérations reste, et de loin, le principal point de négociation sociale. Elle aboutit en principe à un accord salarial, mais malheureusement de plus en plus à un constat de désaccord. Lorsqu'il y a accord, il est le plus souvent consacré aux augmentations de salaire et en particulier aux augmentations collectives. Ce thème étant parfois le seul objet de négociation considéré par les organisations syndicales, il devient mécaniquement l'unique motif de désaccord si l'entreprise n'a pas l'intention de pratiquer d'augmentation générale et si les organisations syndicales ne souhaitent pas aborder d'autres thèmes que celui-ci. Le texte d'un accord salarial définit les budgets d'augmentations, les populations concernées et des mesures complémentaires salariales éventuelles. Il peut également, selon l'entreprise et la nature des relations sociales, être étendu aux systèmes d'appréciation et à d'autres formes telles que les rémunérations variables ou l'épargne salariale.

➤ Préparation et pilotage de la politique salariale annuelle

La préparation de la politique salariale est pilotée par la DRH qui organise auprès de l'ensemble de la hiérarchie le déroulement du processus de proposition et de décisions salariales. Deux phases sont généralement distinguées. La première au cours de laquelle, les budgets, les principes et les critères de décision applicables à la politique salariale de l'année sont exprimés et diffusées auprès de la hiérarchie concernée. La seconde au cours de laquelle les propositions recueillies sont mises en cohérence, validées et mises en application.

➤ Budgets et critères de la politique salariale

Les budgets globaux sont exprimés en pourcentage de la masse salariale concernée et en masse. Ils sont répartis en augmentations et comparés aux années précédentes. Les budgets globaux sont ensuite répartis selon les préoccupations de l'entreprise en sous-catégories, cadres, jeunes diplômés, salariés de tel ou tel métier. Un budget global peut par exemple prévoir une enveloppe d'augmentations individuelles de 2,5 % de la masse des salaires avec 10 % pour la catégorie des potentiels. Ces budgets sont ensuite, selon ces critères et les pondérations relatives aux populations concernées, répartis vers les différentes unités.

Quel est le bon niveau de décision et de décentralisation ? La réponse est dans ce domaine claire, évidente, mais pas toujours parfaitement pratiquée : le niveau $n + 1$ de chaque collaborateur, soit le responsable direct qui effectue notamment les entretiens annuels est le niveau pertinent pour effectuer les propositions selon les principes émis par la fonction RH du métier ou de l'entreprise.

Les critères d'attribution sont ensuite déclinés et orientés selon les préoccupations et les objectifs généraux des métiers. L'accent est généralement mis sur les performances enregistrées par les activités, les réalisations commerciales, les résultats, la productivité, la maîtrise des coûts comme critères généraux et repères principaux de répartition.

Au niveau individuel, les principes définis au point X peuvent être rappelés :

- en augmentation de salaire : progression ou élargissement des compétences ;
- en primes et bonus : performance de l'année, atteinte des objectifs ou performances exceptionnelles.

En ce qui concerne les propositions elles-mêmes, les principes de répartition et de différenciation doivent être explicités et normés pour encadrer les propositions, surtout dans un contexte décentralisé :

- une augmentation de salaire peut représenter environ 6 % et 15 % du salaire et peut concerner environ un quart du personnel compte tenu de l'enveloppe considérée et des populations identifiées pour lesquelles ces proportions ainsi que les enveloppes sont modulées :
  - potentiels,
  - jeunes diplômés,
  - jeunes cadres,
  - seniors,
  - experts et compétences clés (*key-people*),
  - populations particulières (reconversions, mobilité...) ;
- définir les propositions salariales en cohérence avec l'évolution et la progression des carrières ;
- pas de prime individuelle ou de bonus inférieur à 8 % du salaire fixe ou à 1 500 euros ;
- au total, augmentations et primes peuvent concerner entre 50 % et 70 % du personnel concerné, à moduler selon les résultats enregistrés par le métier ou la structure ;
- veiller à la situation des personnes n'ayant pas eu d'augmentation ou de prime depuis plus de trois ans ;
- toute mesure proposée doit être accompagnée d'une évaluation annuelle.

➤ Calendrier de la politique salariale

- Envoi des budgets et des documents budgétaires : décembre.
- Évaluations annuelles : décembre et janvier.

- Réunions de préparation avec la DRH : fin décembre-fin janvier.
- Présentation finale + propositions DRH : fin janvier.
- Validation décisions et budgets : fin janvier.
- Application : lettres, feed-back individuels et paiement en février.

La préparation des décisions salariales individuelles doit se fonder sur une série de questions relatives à ce que l'on rémunère – compétences et performance – et aux critères majeurs qui permettent d'en identifier les évolutions significatives. Cette clarification est nécessaire pour aider le travail des managers opérationnels à réfléchir sur les propositions salariales et assurer la cohérence avec les évaluations qui se déroulent dans la même période.

Le tableau 1.20 est un exemple de présentation utilisée pour aider le management dans cet exercice.

Tableau 1.20 – Que rémunère-t-on ?

	Salaire fixe	Rémunération variable	Intéressement	PEE/ retraite	Stock-options
Performance					
Individuelle		X			
Collective		X	X		
Compétence					
Fonction	X				
Maîtrise de la fonction	X				
Potentiel	X				
Marché du travail					
Interne	X				
Externe	X	X			
Fidélisation/appartenance				X	X

➤ L'importance du feed-back auprès des collaborateurs

Enfin, dernière étape essentielle, le feed-back auprès des collaborateurs doit être systématiquement effectué lors de la remise des courriers individuels et de l'annonce de ces décisions. Il doit s'effectuer dans le cadre d'un entretien individuel – différent de l'évaluation annuelle – au cours duquel le responsable direct doit expliquer ce que la décision est destinée à rémunérer chez le collaborateur. Ce feed-back est essentiel à la fois pour valoriser la décision prise et développer la motivation future mais aussi pour resituer le collaborateur dans une trajectoire d'amélioration de ses compétences et de ses performances. Il va de soi, enfin, même si cela est loin d'être pratiqué systématiquement, que cet entretien doit aussi être mené, pour les mêmes raisons, avec les personnes qui n'ont pas bénéficié d'une mesure salariale.

CHAPITRE 2

Définir une stratégie de rémunération globale

Rationalisée, recentrée sur des critères plus individuels et professionnels, en ligne directe avec les performances et les résultats, la rémunération prend une dimension stratégique. Si le système de rémunération a une répercussion directe sur la performance de l'organisation et des acteurs qui la composent, alors il s'agit véritablement d'un levier d'action majeur dans la boîte à outils du manager. Ses mécanismes, ses formes et son usage doivent, dans ces conditions, être analysés et suffisamment formalisés pour les rendre applicables.

Construire une stratégie de rémunération : quelle problématique ?

Nombreuses sont les situations qui conduisent à intervenir sur la politique de rémunération. Il y a les situations dans lesquelles la gestion des ressources humaines, doit, pour des questions de taille, de contexte de croissance forte ou de transformation, être structurée ou profondément revue. Dans d'autres situations, des déséquilibres ou des insuffisances sont apparues progressivement dans les pratiques de rémunération. Dans un tel cas, la politique salariale annuelle n'est pas basée sur un véritable système d'appréciation et les décisions salariales ne paraissent pas suffisamment rationnelles ou comprises. Dans tel autre, la performance ne paraît pas suffisamment encouragée, les incitations trop faibles pour atteindre les objectifs. Dans certains cas, enfin, la redéfinition de la politique salariale est un levier de mise en place d'un processus de transformation de l'organisation.

Quelles que soient ces situations, la problématique de définition de la politique salariale, consiste à répondre à une série de questions relatives aux objectifs, aux systèmes de reconnaissance et d'incitation que l'on souhaite établir, aux instruments dont on dispose et aux contraintes enfin qui s'imposent.

La problématique d'un système de rémunération s'articule autour des axes suivants :

- acquérir et fidéliser les compétences :
  - prix de marché, attractivité, concurrence,
  - perspectives et gestion des carrières,
  - selon le type de gestion : recours au marché ou développement des ressources ;
- développer un système de rétribution et de reconnaissance permettant d'optimiser les ressources humaines et la motivation ;
- orienter la stratégie et assurer la cohérence avec la culture d'entreprise ;
- définir les critères de rémunération et les objectifs assignés à la rémunération, c'est-à-dire faire des choix :
  - rémunérer la fonction ?
  - rémunérer la personne ?
  - rémunérer la compétence, la performance, individuelle, collective ?
  - rémunérer la compétence technique, la compétence commerciale, les résultats obtenus, la qualité du travail, la loyauté vis-à-vis de l'entreprise et de la hiérarchie ?
  - rémunérer la compétence démontrée ou le potentiel ?
  - fidéliser, associer aux résultats de l'entreprise, développer l'actionnariat salarié ?

- faire les choix de pondération et d'équilibre du système de rémunération :
  - rémunération fixe et variable,
  - rémunération individuelle, par équipe et collective,
  - rémunération à court terme, immédiate ou à long terme et différée,
  - pondération entre incitation et rétribution ;
- quelles différenciations entre catégories.
- avec quel type de gestion ?
- quelle flexibilité-coût ?
- quelle mode et fréquence d'adaptation et de négociation salariale ?
- quel processus de décision, centralisé ou décentralisé ?
- quelles contraintes réglementaires, fiscales ?

Partant de ces choix préalables, le système de rémunération peut être défini et élaboré.

Le système de rémunération globale

Dans un premier temps, la rémunération doit être approchée de façon globale en tant que système cohérent et orienté vers les objectifs que l'organisation s'est fixés. Ces choix relèvent en grande partie des modèles RH des métiers et des structures concernés. Des choix différents, selon que l'on souhaite attirer ou fidéliser les ressources ou les gérer avec une assez grande flexibilité. Des choix également concernant le type d'incitation et d'optimisation des RH envisagé par l'organisation. Approché globalement en tant que système régulant à la fois les ressources, leur coût et leur motivation, la rémunération fait partie des outils de pilotage stratégique disponibles. Le rôle de la stratégie des rémunérations dans le modèle RH, puis dans la stratégie tout court, peut alors être éclairé dans ses mécanismes et la typologie de ses applications.

➤ La rémunération globale : modes de gestion et optimisation

- *Globaliser la rémunération pour mieux la piloter*

Parmi les évolutions les plus représentatives sur les questions de rémunération, l'approche globale et systémique est sans doute la plus significative. Devenue instrument de management majeur, la rémunération ne peut plus en effet être approchée de façon segmentée ou partielle. Les formes de rémunération ne sont plus que des instruments appartenant à un système plus vaste dont l'objet, le coût et l'efficacité ne peuvent être appréhendés que globalement par rapport aux objectifs et aux attentes de l'organisation. C'est une évolution récente qui succède à une période où l'émergence de nouvelles formes de rétribution et les phénomènes de mode avaient souvent conduit les entreprises à superposer les outils sans réflexion d'ensemble. Cette approche désormais davantage centrée sur l'objet rétribué plutôt que sur les formes utilisées est un instrument d'optimisation de l'ensemble des formes de rémunérations pratiquées. Ses enjeux se situent par conséquent à plusieurs niveaux :

- le coût et la flexibilité du système de rémunération ;
- l'optimisation du système de rémunération ;
- la rémunération comme levier de motivation et d'efficacité.

- *L'enjeu du coût global de la rémunération*

Compte tenu du niveau que représentent les frais de personnel dans les coûts d'exploitation de la plupart des secteurs d'activité, l'approche globale des coûts de personnel est indispensable. En premier lieu, elle permet d'analyser et de mettre en perspective le coût global de chacun des postes de dépenses, fixes et variables, leur flexibilité à court terme, les mécanismes d'évolution et le coût fiscal de chacune des formes employées.

Mis en évidence, le coût global peut être optimisé, piloté avec une plus grande efficacité, faire l'objet d'optimisation, d'arbitrages et d'options.

- *Le pilotage de la rémunération globale : la maîtrise des coûts de personnel et leur allocation optimale*

La maîtrise de la croissance et de l'optimisation de la masse salariale constitue l'enjeu essentiel. La multiplication et la diversification des formes rendent plus difficile la visibilité des masses attribuées au personnel, tant d'un point de vue global que catégoriel. Tout en intégrant les contraintes de l'environnement en cette matière – existence du SMIC, grilles de salaires minima des conventions collectives, concurrence sur le marché du travail – elles offrent aux directions d'entreprises une possibilité d'agir par des incitations dont certaines s'inscrivent dans l'espace du collectif alors que d'autres s'inscrivent dans un cadre individuel dans le face à face entre salarié et hiérarchie.

La flexibilité des coûts est le second enjeu. Le rapport coûts fixes/variables est le premier indicateur de flexibilité. Deux types de politiques, qui peuvent être menées conjointement, sont susceptibles d'abaisser ce ratio. La première consiste à privilégier le développement des rémunérations variables. C'est une préoccupation majeure, sur l'utilité de laquelle les analyses des macro-économistes et des gestionnaires convergent. La seconde politique consiste à minimiser les coûts fixes par la gestion du mix-rémunération tout en maintenant le niveau de satisfaction et d'efficacité.

- *La flexibilité par la rémunération variable à la performance*

Parmi les éléments variables immédiats (à court terme < 1 an), les plus fréquemment utilisés sont les primes et bonus à la performance et les systèmes de participation et d'intéressement. La recherche de flexibilité rejoint ici la préoccupation d'efficacité des rémunérations. En développant une part variable importante, les entreprises conjuguent à la fois la préoccupation de la flexibilité avec la recherche d'une plus grande motivation.

Dans la poursuite de la maîtrise des coûts salariaux, l'individualisation comme l'intéressement s'offrent alors comme deux formes susceptibles d'articuler la valorisation du travail collectif apprécié comme le résultat du travail de coopération et de cohésion qui s'opère entre les individus et les équipes qu'ils forment. L'opération de mise en valeur, si elle repose sur la construction d'outils de gestion, ouvre alors sur la recherche d'une connaissance approfondie des capacités de travail des individus qui composent ces collectifs, tout autant que sur une connaissance des rapports qui structurent leur coopération. De façon générale, on peut lire un tel processus comme relevant de la mise en rapport de choix touchant aux modes alternatifs de rémunération avec des choix de sélection et d'orientation des personnels relevant de la gestion prévisionnelle de l'emploi et/ou des options de management.

La gestion de la masse salariale ne peut s'effectuer ainsi sans une approche globale permettant d'évaluer tous les coûts, notamment indirects, des décisions de gestion prises. De nombreuses imprécisions ou erreurs de prévision sont dues à cette insuffisance de raisonnement et d'une approche exhaustive des coûts qui se traduisent par une mauvaise analyse des coûts indirects et différés. L'impact de l'effet de noria sur l'évolution des frais de personnel est ainsi souvent minoré ou ignoré par insuffisance d'analyse. Ainsi, le coût d'une politique de mobilité externe par rapport à la mobilité interne est rarement évalué correctement et reste assez souvent méconnu. Il en est de même lors de l'évaluation des coûts de restructuration ou de transformation qui sont généralement sous-évalués parce que traités en charges exceptionnelles et non intégrés aux présentations de résultats économiques. Cela est notamment le cas des coûts de portage, c'est-à-dire les frais de personnel correspondant aux périodes de transition ou de sous-emploi des ressources et qui ne sont pas toujours considérés dans les calculs financiers.

La flexibilité des frais de personnel s'apprécie également dans le cadre d'une approche globale mettant en lumière les éléments véritablement variables et les marges de manœuvre possibles dans la gestion de ces coûts. C'est ce type d'analyse qui montre généralement la faible flexibilité des rémunérations et de leurs coûts directs et indirects. L'absence ou la trop faible flexibilité des rémunérations à court terme entraîne généralement des actions qui visent à utiliser la réduction des effectifs comme levier unique pour réduire les coûts de personnel.

- *L'optimisation du système de rémunération*

Dès lors qu'elle est globalisée, la rémunération offre un large éventail de formes de gestion et d'allocation.

Du point de vue de la gestion, le regroupement et la valorisation de toutes les formes de rétribution permettent de dégager les grands traits caractéristiques du système analysé : son coût, les proportions consacrées à chaque forme, la part fixe et variable, certaine et aléatoire, immédiate et différée, les parts respectives de l'individuel et du collectif. Il est également possible dans certains cas d'intégrer des éléments extrinsèques et non monétaires. Ce type d'approche (voir *supra*) a plusieurs avantages.

Un système de rémunération est le plus souvent le résultat d'une accumulation de formes ou de systèmes créés ou développés à des périodes différentes pour répondre aux préoccupations du moment, qui se complètent et parfois se compensent entre elles. Il y a donc, dans tout système, des doubles emplois, des formes dont l'objet a disparu et parfois des mécanismes encore en vigueur qui développent des incitations contraires à l'objectif recherché parce que celui-ci a évolué sans qu'aucune modification soit intervenue sur le système de rémunération globale.

Il est donc essentiel de gérer de façon active, c'est-à-dire faire évoluer, d'arbitrer les instruments de rémunération, d'adapter les formes à ce que l'on souhaite rétribuer et encourager. Ce qui est valable pour les formes de rémunération l'est aussi pour les parts respectives, fixes et variables, individuelles ou collectives, immédiates et différées qu'il est nécessaire de régler et de moduler selon les objectifs du moment et pour chaque catégorie de personnel. Il est fréquent, par exemple, de trouver dans les systèmes de rémunération des formes de rémunération individuelle basée sur des performances quantitatives qui donnent lieu après leur mise en place à des compensations qui viennent atténuer les effets quantitatifs et individuels. Grand classique du genre, ces adaptations donnent lieu à des suppléments de rémunération par équipe extensibles parfois à des catégories qui n'étaient pas concernées puis à un renforcement des critères qualitatifs et discrétionnaires qui viennent corriger les effets de l'individualisation. Il va de soi que ces adaptations ont quasiment toujours pour conséquence d'augmenter le montant des rémunérations sans pour autant créer plus de satisfaction ou rétribuer des objectifs précis.

Le système de rémunération doit donc être géré activement pour être optimisé à la fois dans son coût et son efficacité. Il doit pour cela être réexaminé chaque année en confrontant chaque forme et chaque choix aux véritables objectifs de l'organisation.

L'approche globale de la rémunération élargit en outre le champ de la négociation sociale en y incluant la rémunération indirecte ou différée. Elle valorise certaines formes de rémunération périphériques ou réservés à certains salariés. Dans la mesure où toutes les entreprises ne peuvent plus attribuer des augmentations salariales importantes, en particulier collectives, elles cherchent à mettre en valeur d'autres éléments auprès des salariés tels que la participation, l'intéressement, l'épargne salariale et les systèmes de prévoyance et de retraite. Elles versent d'ailleurs des sommes souvent très importantes au titre de la prévoyance retraite ou santé, des abondements à l'épargne salariale ainsi que d'autres avantages sociaux qui bénéficient à tous les salariés et non plus aux seuls cadres. En globalisant, les enjeux de la négociation sociale, des arbitrages et des recherches de contreparties sont alors possibles. Il s'agira par exemple d'arbitrer des augmentations de salaires collectives classiques contre un accroissement d'avantages non salariaux ou indirects dont la fiscalité et le coût total sont avantageux.

Cette approche permet de développer des outils de communication directe sur la rémunération individuelle perçue auprès des salariés. L'intégration de tous les éléments de rémunération dans un même package permet de valoriser le contenu du package de rémunération et introduit la possibilité d'en diversifier les formes. Elle offre ainsi au salarié la possibilité d'arbitrer, pour un montant donné, entre différents éléments de rémunération (salaire, avantages en nature, protection santé) en fonction de ses intérêts du moment. Cette possibilité d'arbitrage, telle qu'on la trouve dans les cafétéria-plans, introduit la notion de rémunération choisie, bien que limitée en montant, et offre un moyen pour le salarié d'optimiser ses avantages en formulant des choix adaptés à ses besoins et à son profil. Ces formules pré-établies, avec un menu dans le cadre duquel le salarié choisit une formule individuelle de rémunération, se sont beaucoup développées aux États-Unis avec une assez grande satisfaction pour les salariés. En France, ces formules sont souvent limitées par les contraintes réglementaires et fiscales et des dispositifs collectifs qui ne peuvent pas toujours être individualisés et faire l'objet d'options.

La communication globale sur la rémunération, via les bilans sociaux individualisés proposés par certaines entreprises à leurs salariés, induit une grande transparence sur la rémunération attribuée et devient un élément de motivation et de fidélisation supplémentaire. Se substituant, enfin, à une problématique d'accroissement régulier de la rémunération, la possibilité de choix est un facteur de maîtrise et de régulation du niveau de global de rémunération tout en valorisant le caractère choisi et adaptable de la rémunération au cycle de vie et aux attentes de salarié.

➤ La rémunération globale, levier de motivation et d'efficacité

La rémunération globale introduit le concept de mix-rémunération à partir d'une double prise de conscience :

- l'évolution des techniques de management qui passent l'établissement de liens directs et cohérents entre les stratégies d'incitation et de récompense avec les objectifs de l'organisation ;

- chaque forme de rémunération a un impact différent sur la motivation et le comportement individuel ou collectif (motivation, travail en équipe, implication, fidélisation…).

Lorsque la stratégie vise à l'accroissement du niveau de flexibilité, deux angles d'approche peuvent être privilégiés :

- le premier est celui de la flexibilité par les comportements. Il aborde de façon directe ou indirecte le problème de la mise en œuvre des choix par la motivation et l'adhésion au changement ;
- le second aborde la flexibilité par les coûts salariaux et par l'optimisation du coût du mix-rémunération.

Puisque les enjeux d'une politique de rétribution sont ceux d'une modification des comportements, alors les mix-rémunérations doivent être différents selon l'objectif poursuivi. Selon que l'on recherche de la fidélisation, de la motivation, de l'implication ou de l'adhésion à un changement, les formes employées, leur équilibre et leurs proportions seront différentes.

La difficulté vient également du fait que ces objectifs peuvent être combinés entre eux et évoluer très vite, au même rythme que les organisations et le contenu des fonctions et des missions confiées. Dès lors, la problématique de la rémunération et de son adaptation aux caractéristiques et aux objectifs individuels est fondamentale.

Deux approches abordent cette question de la relation entre la rémunération et les comportements au travail : l'une développée par des économistes n'est encore qu'assez peu développée dans les sciences de gestion ; l'autre s'appuie sur les apports de la psychologie du travail.

- *L'approche économique des comportements au travail*

Dans la recherche économique, la relation entre rémunération et comportement au travail connaît aujourd'hui des développements qui gravitent autour de la recherche d'un salaire d'efficience.

Les théories relatives à la recherche d'un salaire d'efficience ont connu plusieurs développements. Les premiers, qui n'intègrent pas les aspects informationnels, ont pris en compte le coût de la rotation de la main-d'œuvre et les rapports entre salaire et niveau d'effort au travail. La rotation du personnel ayant un coût pour l'entreprise, le problème de la fidélisation est abordé par l'étude du niveau de salaire comparativement à celui du marché. L'entreprise a un arbitrage à faire entre une situation où elle abaisse le coût direct du travail par un salaire inférieur à celui du marché mais supporte un coût de rotation élevé, et une situation où elle minimise le coût de rotation par un salaire supérieur à celui du marché. Cette approche permet de montrer que la recherche d'un salaire efficient par l'entreprise n'est pas compatible avec une situation dans laquelle on recherche un salaire qui assurerait le plein emploi.

Un autre développement de cette théorie a été proposé par G. Akerlof[1]. Il part du postulat que l'efficacité d'un salarié provient de son sentiment d'être bien rétribué. Dans ces conditions, dès lors que les conditions de satisfaction sont établies et que la nature de l'échange paraît favorable du point de vue du salarié, l'employeur a intérêt à optimiser la prestation et le niveau de performance du salarié.

Ces théories du salaire d'efficience introduisent une variable relative à l'effort produit par les salariés. Il en découle une hypothèse centrale selon laquelle le salaire détermine la performance des salariés et donc de l'entreprise.

Cette approche économique parce qu'elle relie la performance à l'effort apparaît au gestionnaire tout à fait pertinente. Cependant, elle n'est pas très utile lorsqu'il s'agit de prendre des décisions salariales. La théorie qui lie l'effort au travail au niveau du salaire n'est pas réellement validée. D'abord, parce les mécanismes de la motivation au travail restent mal connus. De plus, le salaire n'est pas la seule variable active sur la motivation. Or, en matière de motivation au travail, les perspectives et le futur restent plus motivants que le passé, autrement dit que l'espérance d'un gain supplémentaire est décisive dans la motivation alors qu'un salaire garanti ne motive plus réellement, même s'il engage. Par ailleurs, les instruments de mesure ne sont pas toujours suffisamment évolués pour déterminer le rôle de l'effort individuel. Celui-ci peut dépendre, en outre, d'autres facteurs périphériques tels que le rôle de l'individu dans l'organisation, de son aptitude à occuper le poste et de variables exogènes à l'entreprise qui influent sur le niveau de performance atteint.

La théorie des incitations[2] contribue à mieux expliquer ces mécanismes dès qu'il s'agit d'objectifs à réaliser et de contributions à mesurer.

1. Akerlof, 1984.
2. Laffont, 1993.

Elle est pertinente pour expliquer les comportements et préciser le rôle et le champ d'application des instruments de rémunération à caractère incitatif. Les gestionnaires attendent souvent de ces outils un accroissement mécanique du niveau de motivation dans le cadre d'une rémunération incitative à la performance individuelle. Il faut pour cela éviter les écueils qui peuvent mettre en échec ce type de stratégie si un certain niveau d'équité n'est pas respecté ou si la performance individuelle se réalise au détriment d'objectifs collectifs. Le type d'organisation est à ce niveau déterminant dans la mesure où la mise en place de processus incitatifs individuels avec leurs systèmes de mesure associés, tende à développer l'autonomie et la responsabilité individuelle. Mais elle doit aussi s'accompagner d'un contrôle strict et renouvelé des conditions de réalisation des performances obtenues et d'ajustements fréquents du système de rémunération correspondant. Le rythme d'évolution rapide des organisations et la mobilité des contrôles traditionnels renforcent cette nécessité. Le système de rémunération doit donc être considéré comme un élément indissociable de l'organisation. Il en est en quelque sorte le facteur dynamique via les incitations qu'il produit. L'organisation évoluant rapidement, et son fonctionnement étant davantage conditionné par les compétences et les acteurs que par les structures, les rémunérations doivent elles aussi faire l'objet d'adaptations et de réglages cohérents avec ces évolutions. À défaut, le système de rémunération peut, en devenant autonome des objectifs de l'organisation, produire des incitations et des effets qui leur sont inverses.

La théorie des incitations met également en évidence les situations d'asymétrie d'information et d'intérêt entre les acteurs, en particulier entre collaborateur et hiérarchie. Lorsque l'un des deux maîtrise une information sur les conditions futures de réalisation de la performance envisagée, tout le processus de détermination des objectifs, d'évaluation et de rémunération peut se trouver biaisé et ses effets neutralisés. Ce type de phénomène a débouché sur plusieurs principes importants dans la conception et la mise en place de formes de rémunération destinées à agir sur les comportements. Le premier est l'exigence de procédures de détermination d'objectifs et d'entretiens annuels suffisamment rigoureux et cohérents avec les objectifs globaux de l'organisation. À défaut, la question se pose de l'opportunité de développer de véritables instruments incitatifs. De même, les développer et leur donner une dimension stratégique pour accélérer un développement, par exemple, exige la mise en place préalable de procédures d'appréciation rigoureuses et contrôlées.

Enfin, la neutralisation des biais passe par la possibilité de neutraliser en cours d'exercice tel ou tel objectif parce que les conditions de marché ou le retard de lancement d'un produit le rendent soit irréalisable, soit trop facilement atteignable. Ceci n'est cependant pas possible en présence de biais individuels. Dans ce dernier cas, c'est la rigueur et le contrôle sur les conditions de réalisation des entretiens qui rendront compte des situations de dysfonctionnement dans la fixation des objectifs, situations qui peuvent s'observer également dans les résultats atteints eux-mêmes.

- *L'approche psychologique des comportements au travail*

L'analyse du concept de participation des salariés à l'entreprise[1] montre que l'attente commune des différentes formes de participation (au résultat, au capital, à la décision, à la culture, à l'organisation) est celle du lien moral entre le salarié et l'organisation qui l'emploie. Celui-ci serait d'autant plus productif qu'il appartient à une communauté dont il partage les valeurs et les objectifs, dont il sent qu'elle le traite comme l'un de ses membres, et qu'il est valorisé comme tel. Les théories de l'implication et de la motivation au travail éclairent ces mécanismes, certes complexes, mais déterminants dans la recherche de résultats et de performance.

- *L'approche par les théories de l'implication au travail*

Les problèmes soulevés par un mauvais fonctionnement des processus de fixation d'objectifs et de mesure passent souvent au second plan lorsque le salarié a un niveau d'implication élevé vis-à-vis de l'organisation. Cela signifie que le salarié adhère aux buts et aux principes de fonctionnement de l'entreprise et qu'il consacre ses efforts et sa motivation à l'atteinte des objectifs de l'organisation. Ce qui est bon pour l'organisation est bon pour lui : il y a un intérêt commun et un partage implicite. L'implication organisationnelle assez tôt mise en évidence dans la littérature comme étant la volonté de mettre en œuvre des efforts importants au profit de l'organisation dans le cadre d'une relation durable[2] suscite un intérêt grandissant au moment où les liens entre l'organisa-

1. Rojot, 1992.
2. Porter, Mowday, Steers, 1979.

tion et le salarié sont de plus en plus désimpliqués. Les travaux menés sur la question conduisent à recommander la recherche de la cohérence dans les buts et le développement de la socialisation des membres de l'organisation. Traduits en termes de pratiques de rémunération, ces principes conduisent à considérer que :

- le système de rémunération contribue à l'implication dans la mesure où il favorise l'adhésion aux objectifs en intégrant la culture interne, les attentes et les valeurs des salariés ;
- les différentes composantes et règles qui organisent la rémunération globale doivent absolument être cohérentes entre elles et ne pas se neutraliser. C'est particulièrement le cas des systèmes de fixation d'objectifs, de mesure, de calcul et de répartition des primes. C'est le cas également lorsque l'organisation affiche clairement un but ou un objectif, même temporaire, mais qu'elle ne rétribue pas ceux de ses membres qui contribuent à l'atteindre. Un exemple courant est de voir la polyvalence et la mobilité interne recherchées par l'organisation lorsqu'il s'agit de reconvertir du personnel ou redéployer l'organisation sans pour autant qu'elle soit rétribuée, parfois par manque de souplesse des critères de rémunération. Sans l'incitation nécessaire, ce type d'orientation est, dans la plupart des cas, voué à l'échec ;
- cohérence des règles et des outils, développement et adhésion aux buts de l'entreprise sont les conditions de réussite d'une politique de rémunération équilibrée. Toutefois, pour être atteintes, ces conditions ont besoin de transparence et de continuité dans les principes et d'un sentiment d'équité collectif[1].

- *L'approche par les théories de la motivation*

Bien que n'étant pas la seule source de motivation au travail, la rémunération en est bien un facteur prépondérant. Elle génère un niveau de satisfaction dynamique qui conditionne le niveau de motivation pour la période suivante. Les recherches sur la motivation au travail sont nombreuses et anciennes. Les plus fécondes et les plus utiles aux gestionnaires sont celles qui se fondent sur une approche dynamique. Ce sont les théories dites du processus et leurs mécanismes peuvent être représentés de la façon suivante[2].

1. Reynaud, 1992.
2. Louart, 1992.

La figure 2.1[1] fournit une représentation qui met en évidence un cycle de motivation avec l'importance du feed-back généré sur la motivation.

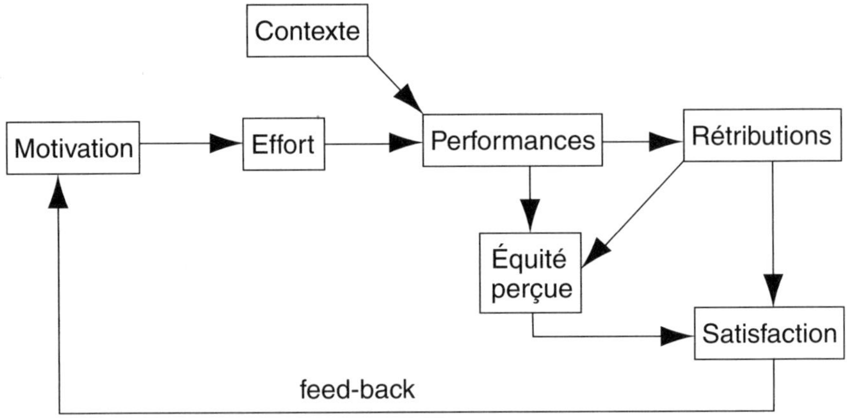

Figure 2.1 – Le processus de motivation au travail

Pour définir une stratégie de rémunération efficace, plusieurs points doivent susciter une attention particulière :

- la satisfaction des attentes, en ce qui concerne la rétribution des résultats et des performances ;
- la perception d'équité du point de vue des conditions de réalisation de la performance ;
- la perception d'équité sur le plan de l'évaluation ;
- la valeur de la rétribution allouée et sa proportionnalité avec les résultats obtenus.

Ce dernier point suggère qu'une même performance peut être associée à plusieurs types de rémunération, leur valeur variant d'un individu à un autre. On peut ainsi considérer que la rémunération globale est un ensemble où des formes sont substituables entre elles et dans lequel la faiblesse d'une forme de rémunération peut être compensée par le niveau élevé d'une autre. Différentes combinaisons du mix de rémunération globale aboutissent au même niveau de motivation ou une combinaison identique aboutit à des résultats différents d'une organisa-

1. Proposée par Sire, 1998.

tion à une autre, d'un individu à un autre. L'idée de la recherche d'une combinaison optimale devient alors évidente d'autant qu'elle intéresse aussi bien l'efficience de la rémunération que son coût.

Toutefois, l'individualisation, telle qu'elle est pratiquée généralement sous forme d'augmentations de salaire individuelles, ne produit pas toujours les effets escomptés sur la motivation. Les mécanismes de la motivation tels que décrits plus haut permettent d'en tirer deux enseignements :

- le premier est lié à l'existence d'un lien direct, explicite, entre la rétribution et ce qu'elle est censée reconnaître. L'existence de ce lien direct est nécessaire pour atteindre le but escompté. Ceci signifie que la fixation d'objectifs et la transparence sur les principes d'attribution des rétributions sont bien en effet des prérequis pour établir ce type de relation. En outre, la relation contribution/rétribution a d'autant plus de facilité à s'établir que la confiance dans le management et la continuité des principes des rémunérations sont fortes ;
- en second lieu, la rémunération est explicative de la motivation au travail dans la mesure où elle n'est pas acquise. La théorie des attentes et l'expérience nous enseignent que l'on motive sur un futur ou sur une perspective, hypothétiques par nature, et non sur un passé. La rétribution fixe, parce qu'elle est garantie par une négociation passée, n'aurait pas d'action sur le niveau de motivation et d'effort qui en résulte.

La pratique de l'individualisation des augmentations de salaire n'est donc motivante que dans la mesure où celles-ci ne sont pas encore accordées et à condition que le lien avec l'objet rémunéré soit perçu directement par le salarié. En revanche, la figure 2.1 nous invite à retenir le caractère plus motivant des rémunérations variables directement reliées à des objectifs réalisés que les augmentations de salaire fixes car elles se situent toujours dans une perspective et non dans un acquis.

La rémunération globale : formes et mise en œuvre

➤ Typologie des différentes formes de rémunération

L'approche globale de la rémunération invite à une analyse et à une typologie des formes employées selon les critères et leviers d'actions recherchés.

Les analyses classiques de la rémunération se sont attachées à faire l'inventaire, déjà dans le cadre d'une vision globale, et à répertorier les différentes formes de rémunération utilisées, selon une logique descriptive.

La plus significative de ces représentations est la pyramide de Donnadieu[1].

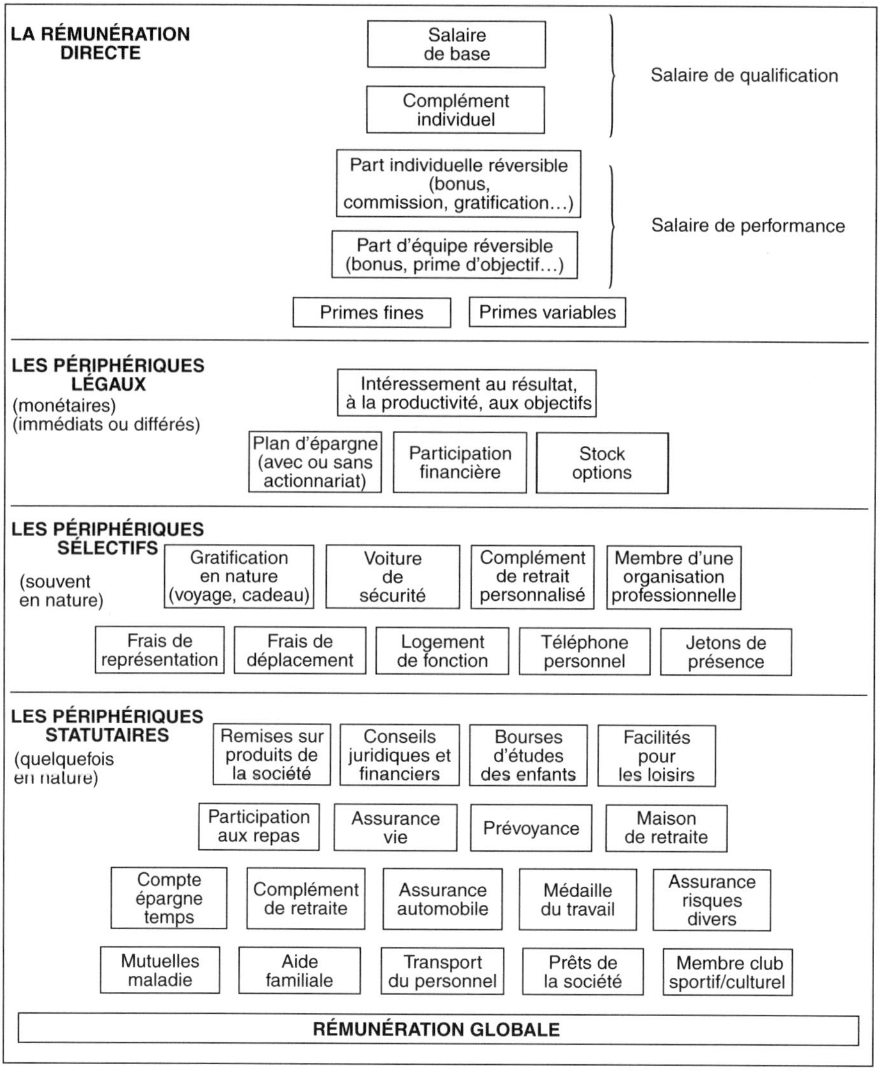

Figure 2.2 – La pyramide des rémunérations

1. Donnadieu, 1998.

La figure 2.2 a l'avantage de proposer une vision complète des catégories de rémunération et de faire apparaître les différents niveaux de rémunération périphériques qui peuvent être attribués au-delà de la rémunération de base qui est le salaire.

Cette représentation de la rémunération globale est fondée sur une hiérarchie des formes de rémunération qui, par construction, part du salaire fixe et se complète avec une série de compléments qui sont distingués selon qu'ils sont obligatoires car légaux, individualisés, statutaires ou liés à l'organisation. Toutefois, avant d'en aborder les différentes composantes, il est intéressant de les resituer dans une approche plus orientée vers les critères qui fondent la rémunération, c'est-à-dire vers la contrepartie de la rémunération versée. Il s'agit de savoir ce que chaque catégorie de rémunération est destinée à rétribuer. Une telle représentation doit avoir pour but de donner une vision immédiate du poids donné à chacun des critères, les sommes consacrées à chacun d'entre eux, la diversité des instruments utilisés, et enfin les équilibres ou déséquilibres du système considéré. Ce type de représentation est aussi un outil d'analyse d'un système donné et une étape importante pour établir les liens de cohérence et d'efficacité entre objectifs stratégiques et système de rémunération.

• *La rémunération globale et ses critères*

Cette approche privilégie la question de l'organisation des différentes formes en fonction des différents critères identifiés. Ces critères, plus utiles à l'analyse et à l'action, renvoient aux questions posées lors de l'élaboration d'une stratégie de rémunération.

Il est utile de l'approcher non plus à partir des critères descriptifs mais en fonction des leviers disponibles pour construire un système efficace et cohérent :

- que rémunère-t-on ?
- quel niveau de flexibilité et d'évolution du système ?
- quel niveau d'incitation ?

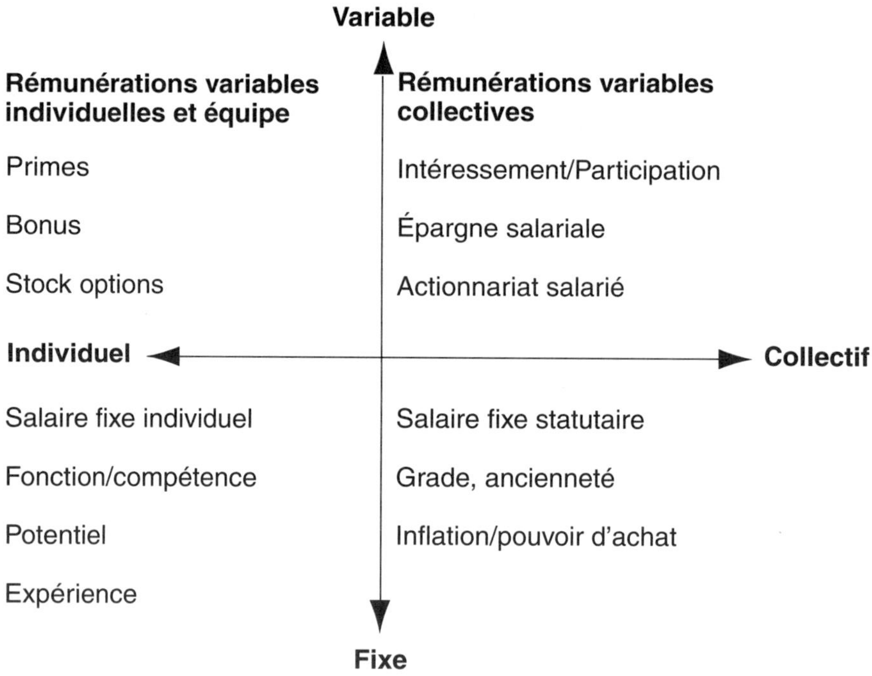

Figure 2.3 – Cartographie et équilibre du système de rémunération

La figure 2.3 s'organise autour de quatre critères principaux, les quatre points cardinaux du système de rémunération qui expriment le double équilibre entre rémunération variable/fixe et rémunération individuelle/collective.

• *La rémunération fixe statutaire*

Elle fait référence à ce que Gérard Donnadieu désigne par le salaire de qualification. Il s'agit du salaire de base et de ses différents compléments. Il correspond à la classification de l'emploi occupé, c'est-à-dire la fonction, qui attribue un nombre de points ou un niveau de salaire équivalent selon les conventions collectives. À ce salaire de base s'ajoutent les éléments salariaux individuels liés à l'ancienneté, les diplômes et d'autres avantages individuels acquis. Ce type de salaire a pour caractéristique d'être directement lié aux classifications et règles de détermination en vigueur dans l'organisation et parfois au sein d'un même secteur d'activité. Il s'agit de règles qui déterminent le salaire de base en fonction de la classification de la fonction et de caractéristiques individuelles telles que l'ancienneté ou les diplômes.

L'évolution du salaire statutaire est ainsi réglementée et s'effectue soit individuellement au rythme de l'évolution de la classification en fonction des minima par catégorie ou de l'ancienneté par niveau, soit en fonction d'une mesure générale ou catégorielle de nature collective.

La rémunération fixe statutaire fait directement référence aux problématiques de pouvoir d'achat et de partage de la valeur ajoutée. Elle représente à ce titre l'articulation et le point de tension entre le système de rémunération interne basé sur des logiques de résultats et de compétences et une dimension macroéconomique et collective.

Elle doit enfin être distinguée du salaire au mérite qui fait référence à la compétence et à ses différentes composantes.

- *La rémunération fixe individuelle de compétence*

Le salaire fixe n'est pas en totalité soumis à des règles qui définissent son niveau et son évolution. Il dépend ce que l'on appelle le mérite qui évoque toutes les formes de qualités professionnelles individuelles qui sont regroupées sous les concepts de compétence et de performance.

Mais le mérite est en principe indépendant du marché, lequel est pourtant déterminant dans la formation du salaire individuel. Il l'est au moment de l'embauche, naturellement, mais aussi par répercussion des salaires pratiqués à l'embauche d'autres générations de salariés qui poussent à l'harmonisation des salaires de l'ensemble de l'organisation. Il l'est enfin tout au long de la vie professionnelle dès que des tensions sur le marché du travail viennent influencer les révisions de salaire pour les salariés que l'entreprise souhaite conserver ou pour toute circonstance qui placerait le salarié en position de force face à son employeur.

Mais la compétence n'est pas un indicateur de marché : elle s'apprécie, s'évalue et s'accumule d'abord dans l'entreprise et non sur le marché[1]. Sa rémunération est donc d'abord intrinsèque : elle est le reflet des besoins de l'entreprise et de sa volonté de rémunérer le capital humain qu'elle détient, même celui qu'elle sous-utilise ou n'utilise pas du tout mais qu'elle met en réserve pour répondre à des besoins futurs.

1. Cappelli, 1999.

Le marché, en revanche, ne produit pas la compétence mais il en permet l'échange et la valorisation. Dans ces conditions, le prix de marché peut, parfois temporairement, s'écarter significativement du prix intrinsèque des compétences acquises et effectives. Dans ce cas, le marché peut donner une représentation fausse des critères de rémunérations et provoquer de l'extérieur, par de nouvelles embauches à des niveaux de salaires hors normes, un brouillage des représentations internes de la hiérarchie des compétences dans l'organisation. En bousculant la hiérarchie et les critères internes, le prix de marché entraîne des remises à niveaux internes qui peu à peu s'étendent aux catégories concernées et remettent en cause l'équilibre interne de la politique de rémunération. C'est un phénomène que les *Compensation and Benefits Managers* et DRH doivent intégrer dans la gestion et les adaptations permanentes qu'elle exige.

- *La rémunération variable individuelle*

Le domaine de la rémunération variable individuelle est suffisamment vaste pour qu'un chapitre entier lui soit consacré (chapitre 3). C'est le domaine qui fait l'objet de la plus grande diversité de formes au niveau individuel ou d'une équipe. Il s'agit de rémunérer la performance, c'est-à-dire le résultat obtenu quelle que soit l'unité de mesure ou la période considérée (bonus annuel ou bonus moyen terme) obtenu dans l'absolu ou par rapport à un objectif. Ces formes de rémunérations – primes ou bonus – sont variables et réversibles par nature, en tout cas en partie. Elles complètent le salaire individuel et ont un rôle clairement incitatif, centré sur la réalisation de tâches et l'obtention de résultats. En ce sens, elles sont aussi soumises à une autre forme de marché, celui dans lequel l'entreprise évolue et qui définit les conditions plus ou moins favorables dans lesquelles ces résultats sont obtenus. Un autre équilibre est alors à gérer pour ce type de rémunération entre les incitations d'une part, qui ont besoin d'un environnement stable pour pouvoir s'exercer, et les effets du marché d'autre part qui modifient les conditions de réalisation de la performance et perturbent les mécanismes d'incitation.

- *La rémunération variable collective*

Lorsqu'elle est développée au niveau collectif, la rémunération variable tient généralement deux rôles distincts. Le premier consiste à introduire à ce niveau un lien direct entre les résultats de l'organisation et les primes collectives. L'intéressement et la participation sont les deux instruments principaux utilisés et, des entreprises, sans doute trop peu nombreuses encore, ont bien compris l'intérêt qu'il y avait à définir à un niveau collectif une relation mécanique entre bénéfice et rémunération variable. Si ces dispositifs jouissent d'avantages fiscaux essentiels, leur intérêt se situe aussi à un autre niveau. Les problématiques de partage de la valeur ajoutée ou du bénéfice de même que celle relative au pouvoir d'achat ne sont jamais durablement absentes des discussions salariales et les entreprises ont quelque intérêt à traiter cette question par la rémunération variable plutôt que par les augmentations collectives ou les rattrapages individuels.

Mais la rémunération variable a d'autres atouts. Lorsqu'elle est communiquée clairement et simplement, elle joue incontestablement un rôle essentiel dans la motivation et l'implication avec une cohésion qui en amplifie les effets.

Le second intérêt de la rémunération variable est en effet de créer l'implication, l'adhésion donc l'attachement et la fidélisation des salariés. Les formes qui relèvent de l'épargne salariale et du patrimoine salarial n'ont, nous le verrons qu'un rapport lointain avec la performance. En revanche, elles créent les conditions d'un investissement à moyen terme propice à une implication forte et à l'adhésion aux évolutions de l'entreprise.

Au-delà de la vision globale qu'elle fournit, l'intérêt majeur de cette représentation est d'introduire l'idée que la rémunération est à la fois composée d'éléments rémunérant le travail, c'est-à-dire les compétences et la performance, mais aussi un ensemble d'avantages collectifs et statutaires qui ne rémunère pas la contribution professionnelle mais l'appartenance à une entreprise ou à un secteur d'activité en fonction du niveau de vie de ce dernier ou de l'historique des avantages collectifs octroyés. Il y a donc clairement une partie de la rémunération qui se trouve soumise à des forces de marché ou de rapports de forces et une autre partie plus indirecte, moins apparente qui se trouve produite par des effets de structure et d'organisation.

Une distinction de ce type aboutit à une deuxième typologie. Elle distingue ce qui relève de la rémunération du travail et résulte d'un échange soumis aux effets de marché ou d'une négociation individuelle dans le cadre du contrat de travail et ce qui résulte d'une négociation collective et relève de la structure et de son niveau de vie.

Tableau 2.1 – Critères de marché et criteres internes de l'organisation

Marché	Organisation
Salaire individuel Compétence Potentiel Bonus/prime individuelle Stock-options, actionnariat Intéressement/participation	Salaire statutaire Épargne salariale Avantages sociaux collectifs (retraite/santé : autres)

Cette typologie montre que toute ou partie de la rémunération, mal appréhendée, peu valorisée et mal maîtrisée bien que coûteuse, échappe à l'échange entre salarié et entreprise et donc à la négociation permanente.

Les tentatives de globalisation de la rémunération consistent à réintroduire ce pan entier des coûts de personnel inhérents à la structure dans le champ des rétributions qui relèvent de critères professionnels et de marché.

Trois variables en jeu dans la définition de la rémunération globale

Autour de ces principaux enjeux trois couples de variables peuvent être distingués. Leur mise en jeu éclaire les stratégies et les choix qui conduisent à la formulation et à la construction de la stratégie des rémunérations :

- le couple individuel/collectif constitue la première de ces trois variables. Dans la rémunération et son évolution, quelle part accorder à l'apport de chacune de ces dimensions et sous quelles formes ? Comment tenir le collectif de travail et stimuler l'activité de chacun ? Autour de ces questions toutes simples, les types d'arbitrages peuvent être nombreux et contrastés ;
- le couple fixe/variable en constitue un autre. Il existe dans tout type de rémunération des contraintes qui imposent l'existence d'une part incompressible du salaire. Mais au-delà, le choix d'introduire des compléments liés à des données aléatoires et qui ne s'intègrent pas au salaire de base s'ouvre sur un espace de relations dont la nature est par définition instable ;
- le couple organisation/marché fonde également une ligne de choix profonde et évolutive. L'entreprise est plus ou moins contrainte par

sa situation sur le marché, sur le marché du travail et enfin, par des règles propres à son organisation, certaines spécifiques et d'autres imposées de l'extérieur.

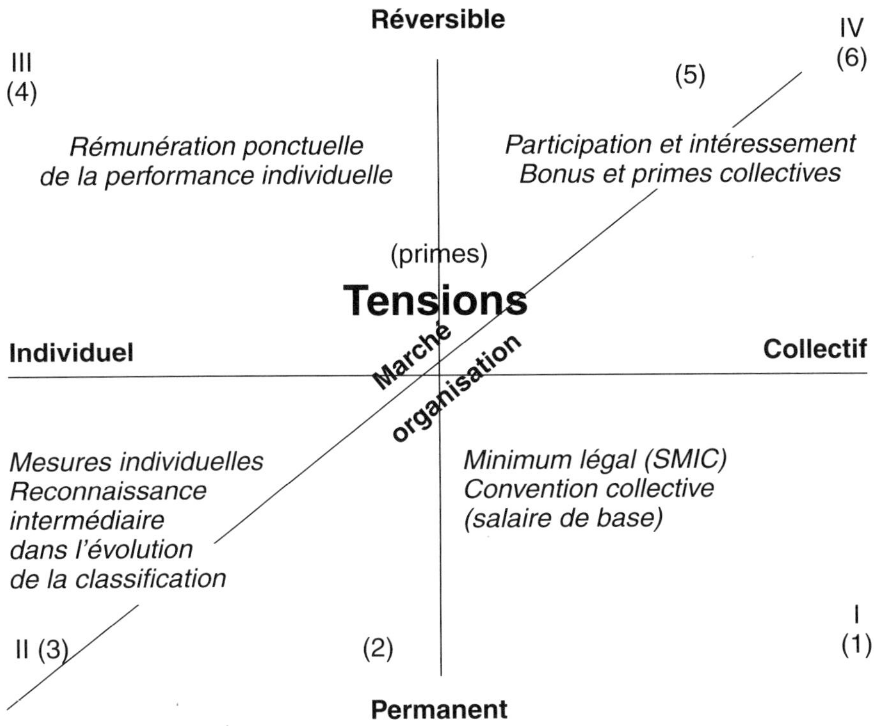

Figure 2.4 – Enjeux et variables déterminantes de la rémunération globale

À partir des couples de variables identifiés, on peut ébaucher le système de rémunération et ses différentes zones et critères décrits plus haut.

Formes de rémunération et rétribution individuelle

Une autre représentation fournie par le tableau 2.2 établit la pertinence des principales formes de rémunération pour chacune des préoccupations rencontrées en matière de rémunération individuelle.

Tableau 2.2 – Critères individuels et formes de rémunération appropriées

	Compétence/ capital humain	Performance	Incitation	Individua-lisation	Attractivité/ fidélisation
Salaire fixe	Oui	Oui	Oui	Oui	Oui
Primes, bonus Individuels		Oui	Oui	Oui	Oui
Primes, bonus par équipe		Oui	Oui		
Participation et intéressement		Oui			Oui
Avantages en nature – cafétéria-plans				Oui	Oui
Actionnariat, stock-options, PEE	Oui (stock-options)	Oui	Oui (stock-options)	Oui	Oui
Retraite/ Prévoyance					Oui

Les arbitrages au sein du système de rémunération globale

Dans le cadre de la gestion globale de la rémunération, plusieurs types d'arbitrages et de substitutions sont mis progressivement en œuvre pour répondre à des critères nouveaux et à des tendances de fond des systèmes de rémunération.

➤ Le transfert de la rémunération collective en salaire fixe vers les systèmes collectifs variables

Malgré un regain récent, les augmentations générales sont peu à peu abandonnées, en même temps que la dimension macro-économique de la rémunération. Le mouvement se fait au profit d'un développement de rémunérations variables individuelles liées directement (intéressement et participation) ou indirectement (épargne salariale ou actionnariat salarié) aux performances de l'entreprise et sa valeur actionnariale.

➤ De la rémunération déterminée par l'organisation à la rémunération définie par le marché

L'ouverture au marché des systèmes de rémunération se traduit par une substitution progressive des formes statutaires, réglementées et collectives définies par l'organisation ou les règles conventionnelles aux formes ouvertes déterminées par des mécanismes et des effets de marché ; le marché du travail, tout d'abord, comme lieu d'échange et déterminant de la rémunération contractuelle ; le marché en général lorsqu'il intervient dans la détermination de certaines de formes de rémunération liées à la performance, aux résultats collectifs et à la valeur actionnariale.

➤ Le transfert du collectif vers l'individuel

La recherche d'une plus grande efficacité des formes employées sur la motivation a été à l'origine d'une plus grande individualisation. Bien qu'ancienne désormais, cette tendance n'est pas achevée ; elle se poursuit et reste à l'œuvre dans la sophistication des formes employées, leur caractère temporaire ou lié à des conditions de travail ou à des réalisations spécifiques. La première étape a consisté à rémunérer la personne et ses qualités professionnelles au détriment de la rémunération de la fonction devenue moins pertinente. La deuxième étape consiste à détailler l'approche sur le salaire fixe dont la détermination, quel que soit son niveau d'objectivation est une synthèse mêlant des éléments liés certes à la fonction, mais aussi au marché, aux circonstances puis aux différents rapports de force qui continuent de s'exercer de façon permanente tout au long de la relation salariale. En d'autres termes, les effets de marché sont amplifiés par les circonstances et tendent, lorsqu'il s'agit d'expertises ou de compétences indispensables à un moment donné à soumettre régulièrement le rapport salarial à des rapports de forces et à des renégociations.

Par ailleurs, et dans un autre registre, le développement et l'extension de la rémunération variable contribuent à définir des niveaux de rémunération fixe atypiques et déterminés en fonction d'un package global. Cela peut être le cas pour des commerciaux dont la rémunération variable est développée, ou plus ponctuellement, lorsqu'il s'agit d'adapter la rémunération globale de certains salariés dont les qualifications rares ou spécifiques sont recherchées sur le marché.

➤ Le développement et la diversification de la rémunération variable individuelle

L'une des tendances les plus marquantes concerne des pratiques de rémunération et la très forte diversification des formes de rémunérations en particulier des rémunérations variables et des avantages individuels.

Le chapitre consacré aux formes de rémunérations reprend en détail leurs caractéristiques et leurs usages. Le phénomène a considérablement renforcé l'individualisation en même temps que le caractère temporaire et ponctuel de la rémunération car lié à une fonction, une mission ou une période d'activité.

➤ L'équilibre et la cohérence du système de rémunération

L'équilibre du système de rémunération relève du poids relatif donné à chaque dimension et critère. À tout moment, un excès ou une insuffisance peut apparaître dans le système, mettre en péril son efficacité ou comporter des surcoûts. Le système est soumis en outre à des variables extérieures qui peuvent à un moment donné conduire à un déséquilibre. Le développement de l'individualisation et la multiplication de ses formes peuvent s'effectuer avec des excès conduisant à négliger ou à faire disparaître toute dimension collective. Ce type de déséquilibre a plusieurs inconvénients majeurs. Il développe les incitations et les comportements purement individuels au détriment de la cohésion interne, la coopération, les synergies et parfois de l'intérêt général de l'entreprise. Une caractéristique forte du système de rémunération – nous le verrons plus loin – n'est pas sans impact sur la culture et le fonctionnement de l'entreprise. Il contribue à la façonner et à l'instituer non seulement dans les règles mais aussi dans les comportements.

Parfois associé aux rémunérations variables, l'excès d'individualisation débouche sur un déséquilibre dès lors que les rémunérations variables subissent une variation significative qui modifie brusquement les mécanismes d'incitations. Il est pour cette raison indispensable que le système de rémunération soit équilibré par d'autres formes plus stables destinées à le réguler en cas de modifications importantes de l'environnement.

L'exemple inverse est aussi largement observable lorsque les formes de rémunération, prisonnières de règles collectives déconnectées des critères économiques, ont non seulement perdu toute faculté de régulation mais ont également fabriqué des incitations qui deviennent avec le temps décalées et parfois contraires aux problématiques d'activité.

À travers ces exemples apparaît donc l'utilité de développer selon la représentation employée plus haut un équilibre entre les formes employées par l'intervention de mécanismes de stabilité ou de flexibilité permettant au système de se réguler et d'évoluer.

Enfin, la recherche de cohérence doit conduire aussi à maintenir le système et à renouveler régulièrement ses formes. Celles-ci ont en effet une tendance, qui s'est développée avec la diversification, à s'accumuler et à devenir redondantes. Dans ce cas, c'est le rapport coût/efficacité qui se trouve dégradé. La pratique consiste à renouveler ces formes anciennes pour y substituer d'autres outils de rémunération définis et réorientés vers la création de techniques nouvelles adaptées aux nouveaux problèmes d'incitation.

➤ La flexibilité et la capacité d'évolution

Nous l'avons vu, la capacité d'évolution des montants consacrés à la rémunération doit s'apprécier au niveau des flux, c'est-à-dire des attributions annuelles. Naturellement, la part de la rémunération variable est déterminante dans le niveau de flexibilité du système et elle constitue la marge de manœuvre essentielle pour piloter, au moins par les coûts, la rémunération globale.

Au-delà des rémunérations variables, la marge de manœuvre se situe essentiellement dans le taux d'évolution des salaires – en augmentations collectives et en augmentations individuelles.

Les autres formes de rémunération sont à l'inverse relativement stables et évoluent en fonction des effectifs et des salaires. Le développement des rémunérations variables a, par conséquent, non seulement permis de répondre à une volonté d'individualisation et d'indexation de la rémunération sur les performances mais aussi à la volonté d'accroître la flexibilité des coûts.

Quant à la flexibilité des formes et leur évolution, elle dépend à la fois du dispositif réglementaire qui les organise et de la qualité du pilotage du système et des innovations qui peuvent y être apportées régulièrement. Il faut également préciser qu'une relative stabilité, tout au moins sur les critères et les montants, est aussi une garantie d'efficacité car elle rend visible aux yeux des acteurs les incitations et, par conséquent, favorise les anticipations et la motivation en direction des objectifs de l'entreprise. Un changement fort dans le modèle d'incitation et de motivation signifierait une remise en cause ou une rupture qui nécessiterait une préparation et une remise à plat préalable des critères de rémunération.

➤ Le niveau d'incitation

La plupart des études et des analyses montrent que l'individualisation est le levier majeur des mécanismes d'incitations. Précisons que cela concerne les incitations centrées sur la réalisation des tâches et des objectifs qui s'appliquent de plus en plus à l'individu. L'organisation du travail et le développement de l'autonomie, l'élévation de la qualification, les techniques de management par objectifs contribuent à faire de l'individu l'acteur principal de la performance. Certes, les contraintes de l'organisation, l'existence de leviers collectifs au niveau de l'équipe ou de la structure limitent ou modèrent cette tendance. Il n'en reste pas moins que l'individu est devenu progressivement dans la plupart des organisations la variable d'action essentielle et le levier principal du management. Les mécanismes et formes d'incitations lui consacrent donc un rôle central. Par conséquent le premier signe du caractère incitatif d'un système de rémunération est donné par l'importance de la rémunération individuelle.

Le deuxième levier de l'incitation est fourni par l'espérance de gain implicite ou explicite, généralement individuelle mais qui peut aussi s'exercer sur un plan collectif au niveau de l'équipe. Or l'espérance correspond aux flux de rémunérations nouvelles, à l'augmentation enregistrée d'une année sur l'autre et renvoie donc, dans un très grand nombre de cas, à la rémunération variable.

La recherche des incitations les plus puissantes possibles est l'une des raisons principales du développement des formes individualisées et variables. C'est dans ce développement que se trouvent également les excès ou les pertes de contrôles des mécanismes incitatifs. Ils conduisent parfois à rechercher un rééquilibrage ou à créer des contre-incitations destinées à en corriger les effets pervers mais celles-ci viennent le plus souvent se cumuler avec les formes existantes.

La rémunération, levier de la stratégie

La stratégie RH au sein de la stratégie tout court

La définition et la mise en œuvre de la stratégie reposent sur la conception d'un modèle RH interne qui fournit à l'organisation les ressources humaines et le modèle d'optimisation apte à soutenir le déploiement de la stratégie.

Une vision clarifiée et structurée de la stratégie RH peut être représentée selon deux grands axes et missions de la gestion des ressources humaines :

- l'acquisition et le développement des compétences ;
- le management de la performance.

Le premier axe regroupe l'ensemble des politiques et techniques destinées à acquérir et développer les ressources pour les transformer en compétences. C'est la gestion du capital humain à partir duquel l'entreprise construit son développement et sa continuité. Les politiques de recrutement, de gestion des compétences, de mobilité de développement des talents et des potentiels et de formation relèvent de cette logique.

Le développement des pratiques destinées à convertir les compétences en performances constitue le second axe de la GRH et du modèle de management interne. Les meilleures compétences ne sont pas en effet toujours en mesure d'atteindre les meilleures performances. Le modèle d'incitation, de motivation et de mobilisation des ressources vers les objectifs fixés dépend des techniques et systèmes RH qui lui permettent de fonctionner et d'optimiser les ressources disponibles. Ces mécanismes sont déterminants sur les résultats de l'organisation mais ils sont complexes et contingents.

Le système de rémunération globale tient donc une place centrale dans l'efficacité de l'organisation. Parce qu'il organise les incitations et le système de reconnaissance interne, il est à la fois le moteur et le régulateur des mécanismes de motivation et d'optimisation des ressources humaines. Ainsi définis, les deux axes majeurs de la GRH sont organisés en fonction de la stratégie et du modèle sur lequel elle repose. Parmi les variables déterminantes, le niveau de flexibilité exigé par l'environnement ainsi que les perturbations que subit le modèle RH face aux changements de stratégie sont sans doute les élément principaux qui fondent le choix de stratégie de ressources humaines. Comment en effet acquérir et développer les compétences, c'est-à-dire le capital humain de l'entreprise, dans un contexte où besoins et ressources sont soumis à de fortes fluctuations ? La politique de flexibilité et un recours beaucoup plus grand que par le passé au marché du travail constituent les réponses les plus fréquentes et les plus largement pratiquées, mais elles entraînent des déséquilibres et des problèmes nouveaux de gestion et de développement du capital humain[1].

La flexibilité, parce qu'elle perturbe les constructions et les perspectives à moyen terme, remet en cause les modèles classiques de développement des RH et de management de la performance. Le schéma habituel de la motivation basé sur les perspectives, la reconnaissance à moyen terme et les parcours réguliers de carrière deviennent inefficients. Les opportunités et la visibilité professionnelle ne sont plus données par l'organisation mais par le marché[2]. Le système de rémunération voit son rôle se renforcer car il devient le seul levier disponible pour agir sur les mécanismes de motivation et d'optimisation. En d'autres termes, les stratégies RH étant désormais organisées autour des logiques de marché, elles s'organisent et s'instrumentent de plus en plus autour des questions de prix et de salaires.

➤ La rémunération globale, moteur de la gestion des RH

Loin des schémas classiques qui déterminaient la rémunération, selon des règles de classification et d'avancement issues des conventions collectives, les pratiques de rémunération sont profondément transformées progressivement sous la force des mécanismes de marché. L'ouverture du marché du travail et les exigences permanentes de flexibilité transforment les politiques de rémunération qui passent d'une logique réglementée, collective et négociée à une logique de marché.

➤ Deux grandes formes d'évolution peuvent être dégagées

La première est liée à la place prépondérante que prend le marché du travail pour la gestion RH de catégories de plus en plus importantes de personnels. Le marché du travail joue alors un rôle de régulateur et de lieu d'échange et la politique RH l'utilise comme tel, c'est-à-dire comme un

1. Cappelli, 1999.
2. Cappelli, 1999 ; Cadin, Bender, de Saint Giniez, 2003.

instrument de gestion. Dans ces conditions, la gestion RH recours davantage à une gestion « in/out » de ses ressources au détriment du développement interne. Elle considère implicitement que le coût du recours au marché du travail qui se matérialise par des salaires moyens plus élevés est inférieur aux coûts de fidélisation et développement des ressources. Le contrat de travail à long terme devient donc une exception de même que l'évolution régulière de la rémunération. Dans cette logique de marché, les questions de prix, donc de rémunération, deviennent cruciales. Les ressources s'échangent désormais sur le marché selon le rapport de force classique, bien qu'individuel, entre offre et demande. Le prix d'équilibre, donc la rémunération, exprime ses tensions et ses déséquilibres. La rémunération n'est donc plus seulement le niveau de rétribution et d'incitation juste, équitable et nécessaire d'une prestation salariée. Elle est devenue également le niveau d'équilibre régulièrement revu à la hausse comme à la baisse auquel l'échange s'effectue et les contrats de travail s'établissent, et selon une fréquence de plus en plus élevée.

La deuxième est liée aux mécanismes de motivation et d'incitation, puisque le contrat de travail est de plus en plus soumis aux forces du marché, c'est tout le contrat implicite de la motivation à moyen terme qui se trouve remis en cause.

L'équilibre fondé sur l'implication du salarié en échange d'une relation à moyen/long terme basée sur une évolution de carrière et une progression régulière de la rémunération est rompu. L'échange entre une forte implication immédiate et une espérance d'engagement ou de gain ne fonctionne plus sans engagement implicite et confiant.

L'abandon de la relation à long terme et du contrat implicite fondé sur l'engagement et l'espérance de gain à terme exige désormais une contrepartie immédiate plus claire et plus objective.

De la même façon, la difficulté d'établir une relation de confiance à moyen terme affaiblit le leadership du management et sa capacité à mobiliser les ressources dans un environnement fluctuant. Dans ces conditions, la rémunération sous toutes ses formes, directe ou dérivée, immédiate ou à terme, détient la réponse à un très grand nombre de questions de management et de mobilisation des ressources[1]. La diversification et l'extension des formes de rémunération sont le signe d'un

1. Bellier, 1995.

besoin accru en techniques adaptées et innovantes pour répondre à des situations à la fois spécifiques, évolutives en fonction des options stratégiques et d'équilibre à trouver entre part collective et part individuelle d'une part, entre incitation et rétribution d'autre part.

De la stratégie RH à la stratégie de rémunération

La rémunération instrumentalise la stratégie RH et la positionne au cœur du système d'objectifs et de contraintes de l'organisation. Les systèmes de rémunération s'élaborent sur la base d'une analyse de l'environnement, interne et externe, et du comportement des salariés, comme le résume la figure 2.5.

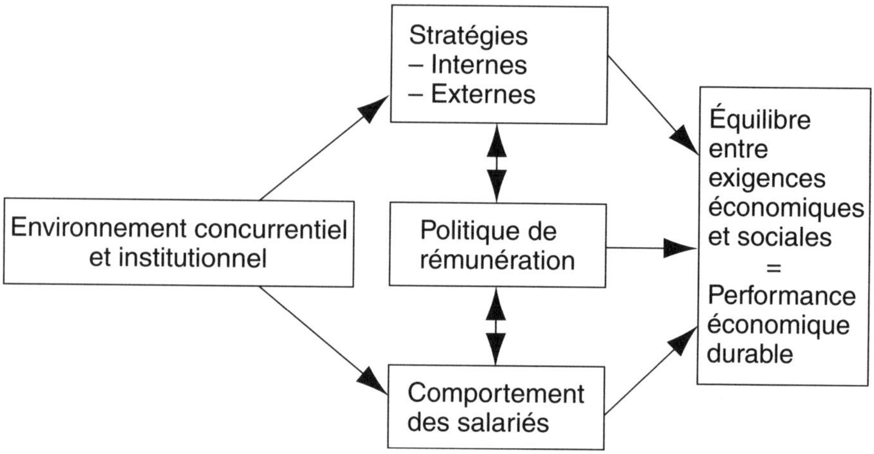

Figure 2.5 – Environnement, stratégie et politique de rémunération

La stratégie des rémunérations se situe entre deux types d'équilibres, qu'elle doit définir, puis optimiser :

- l'équilibre entre deux objectifs contradictoires : le couple optimisation du capital humain/coût-flexibilité ;
- l'équilibre entre deux contraintes opposées : le couple concurrence et marché/équilibre collectif et cohésion.

La figure 2.6 fait apparaître les tensions qui apparaissent entre objectifs et contraintes de l'entreprise et les exemples de techniques de rémunération permettant de les concilier.

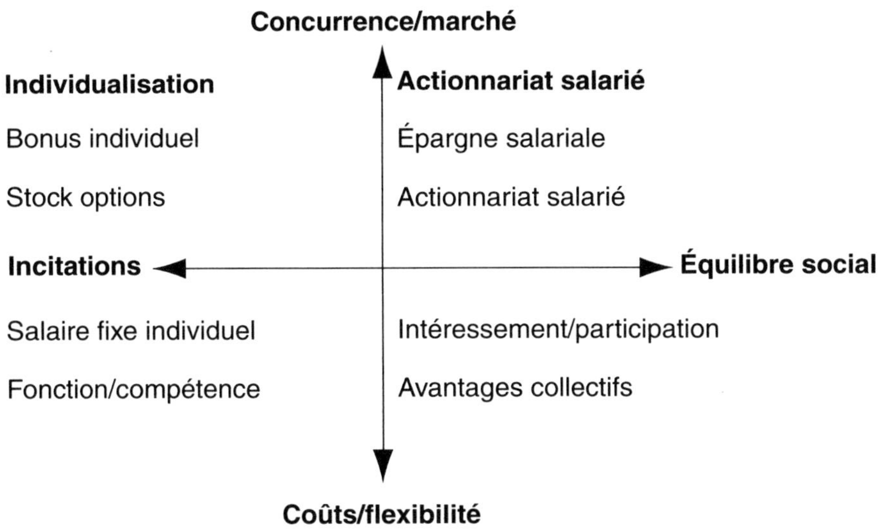

Figure 2.6 – Objectifs de l'entreprise et techniques de rémunération

Deux chercheurs, Bamberger et Meshoulam[1] ont élaboré un modèle stratégique qui établit les liens entre stratégie d'activité et systèmes de rémunération.

Selon eux, il est possible de définir une stratégie RH selon deux dimensions :

- une dimension gestion des ressources humaines :
  – type acquisition de ressources sur le marché (*buy*) ;
  – type développement de ressources existantes (*make*) ;
- une dimension optimisation du processus RH :
  – contrôle sur les méthodes et les processus de fonctionnement ;
  – contrôle sur les résultats et non sur les processus.

À partir de là, ces deux auteurs ont identifié ce qu'ils appellent des stratégies RH dominantes. Le croisement des deux dimensions ci-dessus aboutit à quatre types de stratégies.

1. Bamberger, Meshoulam, 2000.

Tableau 2.3 – Les dfférents types de stratégie des Ressources Humaines

	Développement (*make*)	**Marché (*buy*)**
Résultats	Engagement	Agent libre
Processus	Paternaliste	Secondaire

La première stratégie dite de l'engagement (*commitment*) est celle prise par l'entreprise qui choisit de développer son personnel et de le contrôler par les résultats.

La deuxième dite de l'agent libre (*free agent*) consiste à acquérir les ressources nécessaires sur le marché en fonction des besoins et laisse à ce personnel une large autonomie en le contrôlant sur ses résultats.

La troisième, appelée paternalisme (*paternalistic*), ressemble au modèle traditionnel dans lequel le contrôle des méthodes et du fonctionnement interne à tous les niveaux, associé à une GRH fondée sur les règles, va de pair avec une relation durable et des garanties d'emploi.

La quatrième stratégie dite secondaire (*secondary*) fait référence au marché du travail secondaire car elle met l'accent sur du personnel auquel on recourt en fonction des besoins, fait appel aux formes périphériques d'emploi, et contrôle strictement les processus en raison de la faible qualification des ressources sur lesquelles on n'investit pas ou peu, en formation par exemple.

Ces stratégies RH expriment en réalité la finalité attribuée à la GRH par les dirigeants et la culture de l'entreprise selon la vision et les objectifs attendus des ressources humaines. Quatre objectifs sont déclinés :

- la contribution attendue des RH ;
- sa composition ;
- sa compétence ;
- son engagement.

La stratégie RH déterminée, la stratégie de rémunération peut être établie. Des choix stratégiques de rémunération sont alors formulés pour chaque stratégie RH.

Quatre critères de détermination sont identifiés :

- les *basic choices*, les choix fondamentaux ;
- les choix d'équité interne ;

- les choix d'équité externe ;
- les choix d'équité individuelle.

Les choix fondamentaux concernent les principaux leviers de la stratégie de rémunération :

- le choix de privilégier l'équité interne ou l'équité externe ;
- le niveau de partage du risque de coût entre l'entreprise et le salarié et l'équilibre entre rémunération fixe et variable ;
- l'accent mis sur la rémunération tangible ou intangible ;
- le type de gestion des rémunérations, centralisée/décentralisée, transparence ou non, lien explicite ou non avec les critères de rémunération.

Les choix d'équité interne font référence aux critères généraux du système de rémunération :

- poids donné à la rémunération de la fonction ou de la compétence individuelle ;
- dispersion des niveaux de salaires : nombre, niveaux et type de hiérarchie des salaires.

Par ailleurs, les choix d'équité externe sont relatifs à la volonté ou à la nécessité d'adapter les rémunérations aux pratiques du marché. Ces choix sont souvent conditionnés par des options plus générales. Si l'entreprise suit une stratégie de type *buy*, elle aura beaucoup de difficultés à pratiquer des salaires en dessous du marché, car sa politique d'embauche ne pourrait se réaliser dans des conditions normales. Son choix de positionnement par rapport au marché en termes de rémunération s'accompagne donc d'autres choix relatifs à sa politique de GRH.

Il y a enfin les choix relatifs au type de rémunération individuelle :

- le critère de reconnaissance : égalité, ancienneté, compétence, performance ;
- le niveau de reconnaissance : l'individu ou le groupe ;
- le cycle de reconnaissance : court ou long terme ;
- le type de reconnaissance : montant forfaitaire ou proportionnel, salaire ou prime ;
- la sélectivité : large ou restreinte.

Après avoir défini la politique RH et ses objectifs, la firme, selon Bamberger et Meshoulan, construit son système de rémunération après s'être positionnée sur l'ensemble des critères de choix formulés ci-dessus.

Le principe de mesure de l'efficacité est d'évaluer les liens entre les produits du système et ses options stratégiques. L'efficacité doit être appréciée de façon relative en tenant compte des contraintes de tout système de rémunération : contraintes légales, avantages acquis, vitesse de transformation d'un système en place…

La modélisation proposée par Bamberger et Meshoulan est une avancée majeure dans un domaine où la dimension stratégique des rémunérations n'était pas, jusqu'à présent, véritablement identifiée.

➤ Modèles stratégiques et modèles de rémunération

Dès lors qu'il est un rouage du modèle stratégique, le système de rémunération se définit et évolue en fonction des choix de métiers et de la stratégie de la firme.

Trois critères déterminants du modèle de fonctionnement peuvent être dégagés :

- le type de développement et de marché :
  - stratégie de croissance/conquête,
  - stratégie de consolidation,
  - redressement/redéploiement ;
- positionnement :
  - spécialisation,
  - innovation,
  - prix ;
- le type de métier/client/produit :
  - produits à maturité,
  - métiers d'expertise/masse,
  - type de métier/produit.

➤ Le type de développement et de marché

Selon son type de développement et de marché, l'entreprise définit des critères et par conséquent des techniques de rémunération propres. Les différents stades de croissance et d'évolution d'une entreprise relèvent de cette logique : à chaque étape de son développement la rémunération est réorientée sur des critères propres à la problématique dans laquelle l'entreprise est engagée. Le tableau 2.4 exprime les correspondances entre phases de développement et formes de rémunération.

Tableau 2.4 – Développement, croissance et système de rémunération

Type de développement/ croissance	Objet rémunéré	Critères	Incitations	Pondération individuel/ collectif
Lancement et Croissance	Vente Performance commerciale	CA Nombre de nouveaux clients	Part variable individuelle élevée Commissionnement	Individualisation forte
Consolidation	Bénéfice net Maîtrise des coûts	Résultat net Marge Revenus/tête	Variables collectifs/équipe Bonus sur résultats atteints	Intéressement collectif Bonus sélectifs
Redressement/ Redéploiement	Réduction des coûts Rétention/ clients Vente nouveaux produits	Niveau de baisse des coûts Nombre de clients	Variable individuels et équipe différenciés Par métiers sur base d'objectifs individuels	Bonus sélectifs Différenciation entre métiers
Acquisition/ Cession/ Restructuration	Rétention clients	Nombre de clients/volume	Variable sur objectifs individuels de rétention de clientèle	Bonus sélectifs Packages de rétention à moyen terme

➤ Positionnement stratégique et rémunérations des compétences

Le positionnement stratégique est déterminant des priorités données à la politique de rémunération : attirer et fidéliser un type donné de compétences, développer des incitations cohérentes avec les objectifs propres à l'entreprise.

La spécialisation va de pair avec un renforcement des compétences techniques spécialisées, le développement de prestations à haute valeur ajoutée et la qualité de la relation clientèle, des produits et des services. Les incitations sont clairement orientées vers la compétence et la qualité. La reconnaissance de ses critères s'effectue d'abord au plan individuel et selon une logique sélective.

Les stratégies d'innovation et de différenciation par rapport à la concurrence reposent également sur des compétences techniques de haut niveau. Mais elles doivent surtout reposer sur le niveau des compétences marketing et sur les capacités commerciales. Dans ce type de stratégie, les dosages entre la rémunération de la compétence d'une part et la performance commerciale d'autre part sont essentiels. La rémunération attractive et incitatrice pour les compétences doit être complétée par de fortes incitations pour atteindre les objectifs commerciaux. Ici le différentiel des formes utilisées entre les catégories – experts, commerciaux, managers – est un des enjeux principaux.

Enfin, les stratégies de volume et de prix doivent mettre l'accent sur l'efficacité interne et les types de compétences et de performance qui y contribuent. Pour les compétences, une forte orientation sera donnée à la qualité du management – management des hommes et qualité de la gestion, en particulier des coûts, des unités concernées – et à la polyvalence pour les autres catégories de personnel. Pour la performance, la productivité et la performance chiffrée sont le critère majeur.

Le tableau 2.5 résume pour chaque type de stratégie les caractéristiques principales de la rémunération.

Tableau 2.5 – Positionnement strategique et systeme de rémunération

Positionnement stratégique	Objet	Critères	Incitations/ Formes	Pondération individuel/ collectif
Spécialisation	Expertise	Compétences techniques Maîtrise de la fonction Relation clientèle et qualité	Salaire fixe au marché Valorisation des spécialistes/ experts Développement des compétences internes	Individuel
Innovation/ Différenciation	Lancement de nouveaux produits Marketing	Compétences produits Marketing Réactivité/ délais	Bonus et variables sur campagnes commerciales	Individuel sur postes clés et campagnes commerciales Collectif sur croissance de l'activité
Prix/Volume	Prix de revient Organisation des processus Management et organisation	Niveau des coûts Productivité Management	Bonus sur postes clés et management Bonus pool importants en cas de réussite	Individuels sur postes clés Enveloppe collective

➤ Modèles d'activité et modèles de rémunération

Chaque métier a son propre modèle RH, lié à son activité, ses produits, le type de clients, le niveau d'expertise requis et l'importance du management sur l'efficacité du business-model. Les critères de rémunération sont une partie significative du modèle et sont différenciés d'un métier à un autre. L'exemple ci-dessous montre qu'au sein d'une même organisation, pour chacun de ses métiers, en fonction du stade de développement de chacun d'entre eux, un modèle RH est développé avec, pour levier, un système de rémunération qui lui est propre.

Un exemple : différences de modèles RH et critères de rémunération au sein d'une banque

	Métier banque de détail	Métier banque d'investissement
Expertise	Faible ⇓ Produits	Élevé ⇓ Solutions complexes et sur-mesure
Client Relation	Traitement de masse et à distance	Haut niveau de relation, proximité
Organisation	Important et déterminant dans la performance	Peu important
Management	Important et déterminant dans la performance	Management direct Peu important
Critères de rémunération	Management, volumes, carrières et salaires, performance chiffrée	Expertise, bonus

➤ Politiques de rémunération et déploiement de stratégies externes

La politique de rémunération est un instrument dont la portée stratégique peut s'exercer sur trois types de marchés, les marchés financiers, le marché des produits et services, et enfin, le marché du travail. Dès lors que la firme déploie une stratégie particulière sur ces marchés, la politique de rémunération devient un instrument décisif d'accélération de la stratégie.

- *Stratégies sur le marché financier et rémunération*

Deux types de relations s'exercent entre marché financier et rémunération. Le premier parce que l'entreprise, via son système de rémunération, produit un message à l'adresse des marchés financiers. La maîtrise et la flexibilité des coûts salariaux, la part de l'actionnariat-salarié, la rémunération des dirigeants sont autant de thèmes différents mais dont les caractéristiques internes sont lisibles du point de vue des marchés financiers. Ils fournissent une grille d'analyse quant à la gestion interne et à la stratégie de l'entreprise.

Le second, en sens inverse, montre que la structure du capital – actionnariat éclaté, dominant ou contrôle par le management – produit des formes de rémunération logiquement différentes. Des études empiriques ont montré que dans les firmes contrôlées par le management, la rémunération des dirigeants est fortement corrélée à la taille. Avec un actionnaire dominant, c'est la performance de l'entreprise qui détermine la rémunération des dirigeants. La structure de contrôle peut constituer un déterminant pour l'ensemble du personnel à la suite d'un alignement des principes de rémunération des collaborateurs sur ceux retenus pour les dirigeants. Dans certaines structures avec actionnariat familial, il a été observé un fort développement des formes d'intéressement aux résultats et d'actionnariat, tendant à instaurer un système mixte dans lequel rémunération d'actionnaire et rémunération de salarié tendent, au moins dans les principes, à se confondre. Dans d'autres structures, enfin, avec un actionnariat éclaté, le développement de l'actionnariat salarié au sein du système de rémunération n'a pas toujours pour seul but d'associer l'ensemble des collaborateurs au capital, mais bien de stabiliser l'actionnariat et développer une certaine forme d'auto-contrôle.

La stratégie financière imprime donc sa marque au système de rémunération, mais elle n'a cependant qu'un impact limité ou propre à des sociétés marquées par des stratégies financières qui sont ou ont été atypiques.

- *Stratégies sur les marchés des produits et services et rémunération*

Considérant sa stratégie sur son marché d'activité, l'entreprise peut utiliser son système de rémunération comme levier de développement de son activité ou d'orientation vers tel ou tel type de produits. La question se pose de savoir quelle peut être l'efficacité de ce levier ? Des études ont également été réalisées sur ce point autour de deux approches :

- la première considère que sur un marché donné, certaines pratiques de rémunération sont de toute façon efficaces, quelle que soit la stratégie déployée ;

- la seconde approche, au contraire, établit un lien direct entre type de stratégie et type de pratiques de rémunération, ces dernières n'étant efficaces que dans un cadre stratégique donné.

Concernant la première approche, des observations empiriques tendent à montrer en effet que l'efficacité de certaines pratiques est indépendante du contexte. Par exemple, le développement de la rémunération variable à la performance est efficace quel que soit le contexte[1].

De même, d'autres études[2] ont montré qu'une augmentation de 10 % à 20 % des primes de performance et un élargissement de la population concernée par une rémunération incitative à court terme comme à long terme étaient toujours associés à une amélioration du retour sur investissement. Tous les travaux développés sur ce thème aboutissent aux mêmes conclusions : la rémunération variable, individuelle ou collective, quelle que soit sa forme, lorsqu'elle est développée et renforcée, est toujours associée à un développement de l'efficacité économique de l'entreprise et, dans la plupart des cas, à un développement.

Concernant le lien avec la stratégie, l'existence et la nature des relations sont cependant plus difficiles à mettre en évidence, ne serait-ce que par l'objectivation de la stratégie elle-même. Plusieurs enseignements ressortent néanmoins des études qui ont pu surmonter ces problèmes méthodologiques.

Il apparaît par exemple que les entreprises qui poursuivent une stratégie de consolidation, de réduction des coûts et de recentrage, aboutissent à des packages salariaux globaux plus faibles que le marché. Cela signifie, dans leur cas, qu'un turn-over plus important en raison d'une plus faible compétitivité salariale est mieux supporté car moins coûteux dans ce type de stratégie. Arthur et Montemayor[3] montrent également dans leurs études respectives que les entreprises qui mènent une stratégie de réduction de coûts ont un système de rémunération inverse de celles qui font le choix d'une différenciation. Le caractère incitatif des formes de rémunération employées sera plus faible, et plus individualisé dans le premier cas.

1. Chenevert, 1999.
2. Gerhart et Milkovitch, 1990.
3. Arthur, 1992 ; Montemayor, 1996.

Du point de vue de l'analyse stratégique globale, la plupart des auteurs mettent en évidence l'impact stratégique de la rémunération. Ses différentes dimensions, – coût, mobilisation des ressources, attractivité, délégation/contrôle – contribuent à déployer les orientations stratégiques de l'entreprise. Cependant, beaucoup d'études raisonnent en termes d'alignement de la politique de rémunération dans une logique *a posteriori*, alors qu'à l'évidence le levier rémunération agit en début de période ou de cycle. C'est particulièrement le cas en situation de réorientation stratégique, de changement rapide ou tout simplement de développement commercial. La question se pose moins de savoir si de bons résultats commerciaux ont été accompagnés de rémunérations variables en hausse que de savoir si préalablement à ces résultats, un système d'objectifs mettant en perspective le niveau de rémunération envisageable avait été communiqué ou non. C'est sur ce point crucial que la vérification empirique devrait, semble-t-il, se focaliser. Car il est clair en effet, et la théorie des attentes abordée plus haut le montre, que la dimension incitative est fondamentale et qu'une même pratique de rémunération variable selon qu'elle est ou non associée de façon transparente à la réalisation d'objectifs, n'a absolument pas le même pouvoir incitatif.

• *Stratégie sur le marché du travail et rémunération*

Les situations de sous-emploi font parfois perdre de vue que le marché du travail, extrêmement segmenté, fonctionne et réagit en liaison avec le marché des produits et suit des cycles analogues.

Il y a tout d'abord dans ce domaine une très forte contingence. Au sein d'une même entreprise, chaque catégorie de compétences est soumise à des tensions de marché différentes, l'enjeu des systèmes de rémunération étant de trouver un équilibre, à rétablir sans cesse, entre des exigences et des problématiques différenciées.

En premier lieu, il y a pour l'entreprise, à faire le choix qui consiste à accepter ou non la référence au marché externe dans ses pratiques de rémunération. *A minima*, elle est soumise au prix de marché au moment de l'embauche, mais son exposition dépend alors de sa politique de GRH et d'embauche, selon qu'elle est centrée sur des jeunes diplômés et des jeunes cadres ou si elle s'appuie sur des compétences expérimentées et spécialisées. En somme, si l'entreprise fait le choix du marché comme instrument de gestion et d'acquisition de ces ressources, alors elle doit s'y soumettre en termes de rémunération. Dès lors qu'elle s'y soumet largement, par exemple pour toutes ses fonctions commerciales et spécialisées, celles pour lesquelles elle ne peut supporter un turn-over trop important, alors mécaniquement l'ensemble de ses rémunérations se trouve indirectement soumis au marché. En effet, marché externe et interne ne peuvent dans les faits être cloisonnés. L'équité interne, l'alignement des rémunérations du personnel en place par rapport à celui qui vient d'être embauché contribuent à diffuser l'impact du salaire de marché à l'ensemble des rémunérations avec une intensité qui varie selon les catégories et les fonctions. Or cette logique de diffusion, on l'a vu, ne peut fonctionner qu'à la hausse.

Il est donc particulièrement difficile pour une entreprise de définir le bon niveau d'acceptation du marché et d'en évaluer les conséquences indirectes sur ses rémunérations et ses coûts. Le critère de marché comme argument, à l'embauche ou lors des révisions de salaires ne fonctionne qu'à la hausse. Le risque est alors très grand que la pression du marché aboutisse à des rémunérations moyennes structurellement plus élevées que le marché. Ce phénomène apparaît avec d'autant plus d'acuité lorsque le marché se retourne car il entraîne mécaniquement une chute du turn-over dans la mesure où les salariés qui bénéficient d'un salaire plus élevé que le marché sont plus nombreux et n'ont plus aucun intérêt à quitter l'entreprise.

Intervient alors une situation paradoxale dans laquelle les entreprises qui ont le plus adapté leurs pratiques sont également celles qui prennent le plus de risque de réduire à néant leur flexibilité salariale. C'est le paradoxe, avec ces ravages, que produit la référence au marché externe lorsqu'elle est appliquée à des logiques de marché internes. Le marché externe produit des hausses et des baisses de salaire, limitées dans le temps et en nombre mais qui se diffusent et perdent toute flexibilité en s'appliquant aux mécanismes du marché interne. En effet, l'impact du marché externe ne fonctionne qu'à la hausse. L'impossibilité d'ajustement à la baisse des salaires sur le marché interne, pour des raisons réglementaires, aboutit alors à des surcoûts puis à des rigidités salariales aggravées par la chute du turn-over. Dans certains cas extrêmes, des coûts de licenciements viennent même s'ajouter aux surcoûts salariaux dans la mesure où ces situations finissent par se résoudre par des licenciements ou une restructuration. La référence au marché externe doit donc être utilisée avec prudence tout particulièrement sur des marchés très segmentés ou sensibles aux effets de cycle. La confrontation des marchés externe et interne aboutit logiquement dans la plupart des cas à des déséquilibres et à des surcoûts structurels pour l'entreprise.

Dernière contradiction : dans ce type de situation, l'entreprise, démunie pour agir sur ses rémunérations n'a plus d'autre choix pour en sortir que d'agir sur ses effectifs. Dès lors, à défaut de flexibilité sur les rémunérations, une flexibilité de l'emploi et des effectifs devient indispensable. De même, si elle veut sortir de cette situation par le haut, c'est-à-dire par une relance de sa croissance, sa marge de manœuvre se trouve extrêmement réduite en raison du niveau déjà élevé de ses rémunérations moyennes.

La stratégie d'activité et la stratégie RH qui l'accompagne, peuvent donc avoir des répercussions majeures sur le système de rémunération, surtout lorsque les mécanismes qui les produisent ne sont pas parfaitement maîtrisés. Et ils le sont rarement.

Le tableau 2.6 met en parallèle les différences de fonctionnement des marchés externe et interne des salaires.

Tableau 2.6 – Mécanismes des marchés externe et interne des salaires

Type de marché/ Critères de fonctionnement	Marché externe	Marché interne
Critères	Offre et demande	Compétence et performance
Niveau	Individuel	Collectif
Variations	Hausse et baisse	Hausse
Confrontation entre offre et Demande	Embauche	Permanente ou chaque année

L'organisation, la structure et le système de rémunération

Dans sa mise en œuvre opérationnelle de la stratégie, l'entreprise est amenée à faire des choix organisationnels pour assurer son efficience interne, sa compétitivité et sa flexibilité face à l'environnement. Le système de rémunération fait partie des choix qui assurent la cohérence entre les principaux facteurs internes[1].

1. Gomez-Mejia, 1988 ; Osterman, 1994 ; Kochan, 1994.

Parmi ces facteurs, la culture d'entreprise est souvent considérée comme un facteur de performance de l'organisation. En tant que système de valeur, elle influence les acteurs dans leurs comportements au sein de l'organisation et dans leur travail. Or le système de rémunération constitue également un levier d'action et d'influence sur les comportements. Il définit une part essentielle du système de reconnaissance de l'organisation. À ce titre, il conditionne considérablement la culture interne. Bien entendu, il est toujours possible que le système de rémunération soit le reflet et la conséquence de la culture. Mais il est cependant évident qu'agissant pour mettre en œuvre un nouveau système de rémunération avec des objectifs d'efficacité, l'entreprise cherche à intervenir sur sa culture. Nous verrons comment la rémunération est un levier de changement et de transformation de la culture interne. Les travaux sur le sujet sont rares, mais les expériences relatées sont assez nombreuses pour montrer comment selon le type de culture, technique ou commerciale par exemple, la structure des rémunérations favorise certaines fonctions par rapport à d'autres, certaines formations par rapport à d'autres ou encore certains métiers, indépendamment des critères de résultat.

Kerr et Slocum[1] ont démontré que dans une culture de type clanique et bureaucratique, les critères servant à définir les augmentations de salaire se font sur des critères qualitatifs et le privilège est donné à l'ancienneté et à la loyauté. Selon les auteurs, la structure clanique exige un fort besoin de cohésion auquel les classifications et les fourchettes de salaire apportent une réponse parce qu'elles encadrent le processus d'évolution selon l'ancienneté. Le critère de loyauté est rémunéré à travers une évolution régulière en quelque sorte garantie au sein d'organisations classiques peu soumises aux tensions du marché. Dans des organisations soumises au marché, et dont l'organisation est plus flexible, la loyauté envers l'organisation est souvent remplacée par la loyauté envers la hiérarchie. Elle est alors rémunérée par des bonus discrétionnaires fondés sur les critères qualitatifs qui intègrent des critères tels que l'implication, loyauté ou l'allégeance.

On observe ainsi dans les organisations de type bureaucratique, un nombre élevé de grades, de niveaux et d'échelons pour différencier les rémunérations individuelles. Pour les organisations à culture de

1. Kerr, Slocum, 1987.

marché, c'est la référence au benchmark de marché, aux comparaisons et à l'équité interne qui prédomine.

L'organisation du travail entretient également un lien direct et réciproque avec la rémunération. Les questions de répartition des fonctions et des tâches, le niveau d'autonomie et de responsabilité, le type de compétences en œuvre conditionnent également les pratiques de rémunérations et celles-ci, selon leur pertinence, garantiront ou non la performance de l'organisation.

La simplification des organisations, la recomposition des tâches, la diminution du nombre d'échelons hiérarchiques, le développement du travail en projets contribuent à faire disparaître la référence à l'emploi et recentrent les critères de rémunération autour de la compétence individuelle. Celle-ci ne fait pas référence qu'à des savoir-faire mais aussi à des comportements mettant en valeur la dimension collective de l'organisation. Le passage d'organisations fortement hiérarchisées dans lesquelles la responsabilité et la prise de décision sont centralisées à des structures flexibles dans lesquelles l'autonomie et la responsabilité individuelle sont plus largement développées se traduit par un renforcement à la fois de l'individualisation et des critères de rémunération centrés sur la compétence et la performance. Certes, le travail en équipes autonomes et en groupes projets tend parfois à rendre moins apparentes les contributions individuelles, mais le développement de l'autonomie et de la responsabilité individuelle impose une logique de reconnaissance qui tient compte des mérites individuels et rend indispensables et très réguliers les processus d'évaluation individuelle des compétences et des performances. L'organisation et la structure tout comme l'évaluation des postes ne peuvent plus ici jouer leur rôle de référent que l'évaluation individuelle avec ses difficultés propres doit à présent assurer. Toute la problématique consistant à adopter les techniques de rémunération les plus efficaces pour une stratégie donnée porte par conséquent sur des systèmes d'évaluation et d'incitation qui produisent les comportements favorables aux objectifs de l'organisation. Il s'agit alors de gérer l'équilibre entre des objectifs parfois contradictoires, trouver les pondérations adaptées, définir le bon niveau d'incitation pour un objectif prioritaire. La plupart des systèmes de rémunération à vocation commerciale connaissent cette problématique dans laquelle un niveau d'incitation suffisant doit être trouvé au plan individuel pour inciter la démarche client, l'acquisition de nouveaux clients par exemple, alors qu'il est nécessaire de rétribuer par ailleurs la qualité des prestations et la fidélisation de la clientèle plutôt que la conquête.

La cohérence entre politique de rémunération et stratégie

Bien qu'ayant profondément évolué dans leurs pratiques, les politiques de rémunération restent encore, dans les faits, perçues comme une contrainte plutôt qu'un levier, une variable de coûts, un ensemble de règles immuables et en définitive de mécanismes éloignés et peu cohérents avec les objectifs généraux de l'organisation.

L'observation des pratiques en entreprise montre que le renforcement et l'adaptation de cette cohérence d'ensemble doivent être sans cesse recherchés car celle-ci conditionne l'efficacité globale de la politique de rémunération.

Nous avons recensé six types de liens ou chaînons qui doivent en permanence être assurés pour établir la continuité et la cohérence entre les objectifs et la mise en œuvre du système de rémunération :

- *la cohérence avec les objectifs, objectifs exprimés (stratégie), objectifs à court terme (efficacité opérationnelle), objectifs implicites (culture)* : en face de la gamme d'objectifs assignés à l'organisation, le système de rémunération doit disposer de formes destinées à orienter les ressources vers chacun d'entre eux. De la même manière, les formes de rémunération établies en vue d'objectifs antérieurs, secondaires contraires ou non recherchés doivent être neutralisées ou redéfinies ;
- *la capacité d'adaptation et la flexibilité du système* : toutes les formes de flexibilité abordées plus haut ont toutes pour but d'assurer la cohérence entre les buts et les formes de rémunération et d'assurer la régulation et l'adaptation du système à moyen terme ;
- *le niveau de corrélation avec le marché du travail* : l'entreprise est confrontée au marché dans son recrutement et par le turn-over qu'elle subit. Même limitée à certaines catégories de personnel, l'ouverture au marché du travail et la nécessité de s'y adapter sont une garantie pour l'entreprise de ne pas se laisser créer d'écart irrémédiable entre ses marchés interne et externe. C'est ainsi disposer de la faculté de pouvoir attirer et retenir les meilleures compétences

avec les rémunérations correspondantes sans pour autant déstructurer le système de rémunération en place ;

- *la corrélation en système d'évaluation et système de rémunération :* c'est l'un des points clés, tellement évident sur le papier et pourtant si éloigné dans les faits. Les critères d'évaluation doivent avoir un lien direct avec les mesures de rémunération. Ce lien doit être quasi mécanique en particulier pour ce qui concerne la rémunération de la performance. Non seulement cette corrélation est essentielle dans le lien qu'elle assure avec les objectifs et les critères de rémunération, mais elle l'est également dans le feed-back que le management est amené à effectuer dans le cadre de l'évaluation. Or ce feed-back est lui-même déterminant sur la motivation et les mesures d'amélioration que le salarié pourra entreprendre pour développer ses compétences et ses résultats ;
- *la capacité interne de mise en œuvre et de gestion :* l'application et l'exécution satisfaisante du système de rémunération ne doivent pas être négligées pour assurer jusqu'au bout son fonctionnement. Elles se réalisent à deux niveaux :
  - le management et sa capacité à faire fonctionner les outils d'évaluation, à relayer et à démultiplier les incitations et la motivation,
  - le processus de décision sur les rémunérations, son niveau de décentralisation, les procédures et outils d'aide à la décision ;
- *la capacité de négociation salariale* : enfin, la capacité de l'entreprise à négocier avec ses acteurs internes, représentants du personnel, catégories de personnel, acteurs individuels, le contenu de sa politique de rémunération est un chaînon déterminant. Négociation salariale et communication sont les deux axes que l'entreprise peut développer pour disposer d'une capacité de négociation suffisamment évoluée pour adapter et optimiser son système de rémunération.

L'efficacité du système de rémunération

Compte tenu de ses enjeux, l'efficacité du dispositif de rémunération doit être mesurée et faire l'objet de diagnostics réguliers pour être adaptée et réorientée en fonction des attentes de l'organisation. Cette efficacité s'évalue et se vérifie à travers une série de critères détaillés ci-dessous.

Qu'est-ce qu'un système de rémunération efficace ?

A priori, l'efficience d'un système de rémunération se mesure par les ressources qu'il utilise et son coût par rapport à l'utilité qu'il procure, en l'occurrence la satisfaction des salariés et son impact sur les performances de l'organisation.

Il s'agit donc d'une logique complexe, faite d'équilibres et de tensions dont l'optimum est difficile à atteindre et à évaluer. Par ailleurs, l'efficience ne peut se mesurer au niveau de chaque technique utilisée mais au niveau d'un système global et en fonction des objectifs qui lui ont été assignés en cohérence avec la stratégie.

Son positionnement peut s'analyser de manière absolue ou relative (voir figure 2.7).

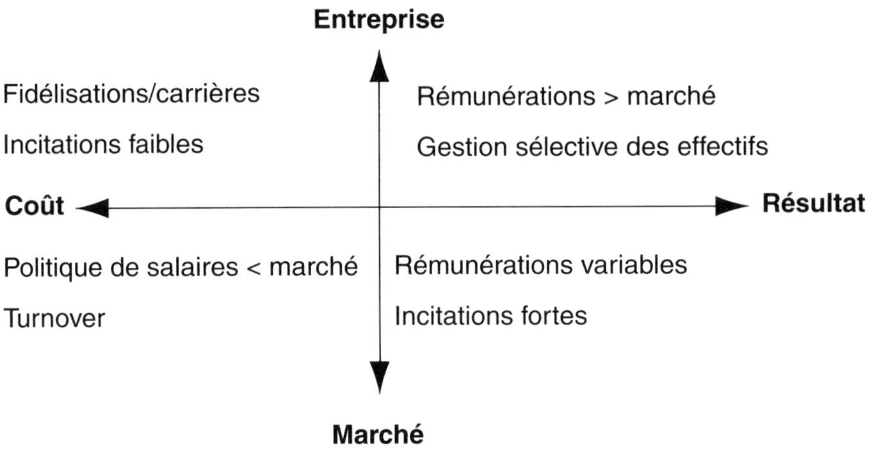

Figure 2.7 – Les choix de l'entreprise face à son environnement

Bien que non exhaustive, la représentation de la figure 2.7 montre que selon les choix de l'entreprise, conscients ou non, le système de rémunération prend des formes différentes mais cohérentes entre elles. Selon qu'elle répond à des logiques de marché ou à des logiques qui lui sont propres, selon qu'elle est préoccupée par une problématique de coût ou de performance, l'entreprise adopte un type de système donné dont l'efficacité doit être appréciée par rapport aux choix et aux préoccupations préalables. En somme, l'efficacité est relative car elle doit être mesurée par rapport aux objectifs stratégiques. Aucun des éléments du système de rémunération n'est efficace dans l'absolu, il ne l'est que par rapport à des objectifs désignés.

Les difficultés d'évaluation proviennent également de la multitude d'objectifs. C'est pourquoi il est nécessaire de raisonner en termes de stratégie, c'est-à-dire sur un ensemble de programmes d'actions cohérents entre eux. Illustrons-le : le choix fait par une entreprise de revoir les rémunérations d'une certaine catégorie de personnel pour les adapter au niveau du marché (ses vendeurs par exemple), entraîne une tension sur l'ensemble de la structure des rémunérations de l'organisation. Dans ce cas, la recherche d'une meilleure équité externe met en cause l'équilibre interne entre catégories. Si l'objectif est d'attirer, retenir et motiver cette catégorie, car de sa performance dépend la performance de l'organisation, alors le système choisi est efficace, car il met la priorité sur ce point permettant d'obtenir une rentabilité *a priori* supérieure au coût entraîné par les déséquilibres internes.

D'autres difficultés sont liées à la méconnaissance de l'impact d'une modification dans le système de rémunération. Quel est par exemple l'impact de mesures consistant à attribuer des bonus de rétention sous forme de bonus différés pour une catégorie de personnel ? Quel est l'impact sur les autres catégories et dans leur motivation face à un déséquilibre l'équité interne ? Quel est l'impact sur la motivation des intéressés eux-mêmes si leur rémunération est garantie, le coût de leur baisse de motivation n'est-il pas supérieur à l'avantage que procure leur rétention ? Enfin, a-t-on envisagé la gestion d'une situation dans laquelle une catégorie de personnel ayant bénéficié de rémunérations futures garanties démontre finalement des performances médiocres ou en baisse ?

D'autres exemples montrent en même temps que le pilotage du système de rémunération ne concerne pas seulement un ensemble de pratiques mais aussi le système de décision qui met en œuvre son application. C'est le cas notamment lorsqu'il s'agit de mettre œuvre la politique salariale annuelle et de choisir le bon niveau de décentralisation des propositions salariales individuelles et de décision. Comment dans ces conditions assurer la cohérence d'ensemble, les politiques catégorielles telles que le suivi des rémunérations de jeunes cadres ou des potentiels ? Comment enfin s'assurer des critères de décisions et quel contrôle sur les propositions faites ?

Enfin, la multiplication des objectifs et des attentes vis-à-vis de la politique de rémunération est un dernier écueil à éviter. Les plus redoutables sont les objectifs contradictoires et intrinsèques à ce type de problématique : maîtriser les coûts et retenir les meilleurs ; rémunérer la performance et rémunérer au prix du marché ; recruter les meilleures compétences et stabiliser le salaire moyen.

Le modèle stratégique de Bamberger et Meshoulam propose une méthode dans laquelle, le principe de mesure d'efficacité est d'évaluer les liens entre les résultats produits par le système et ses options stratégiques préalables. L'efficacité doit être appréciée de façon relative en tenant compte des contraintes propres à tout système de rémunération en place : contraintes légales, avantages acquis, vitesse de transformation d'un système en place...

La modélisation proposée par Bamberger et Meshoulan est une avancée majeure dans un domaine où la dimension stratégique des rémunérations est mal comprise et où la maîtrise technique des modifications apportées à une politique de rémunération est souvent très rudimentaire.

De nombreux chercheurs pointent en effet par ailleurs la faiblesse des connaissances sur l'efficacité de telle ou telle pratique de rémunération. Mais jusqu'ici certains d'entre eux, probablement par facilité, se sont même demandés si les stratégies salariales avaient le moindre effet et tout simplement si gérer les rémunérations valait vraiment la peine[1].

Diagnostiquer et auditer le système de rémunération

Au-delà de l'analyse qui consiste à vérifier les liens et la cohérence établis avec la stratégie et la contribution que le système de rémunération apporte aux objectifs que l'entreprise s'est fixés, il est possible d'établir une série de facteurs qui déterminent son efficience quelle que soit son orientation stratégique. Ces facteurs peuvent être considérés comme des standards à atteindre pour tout système de rémunération structuré et maîtrisé. Renforcer l'efficacité ne porte pas seulement sur l'adaptation du système de son contenu à la stratégie et aux objectifs, elle concerne également le fonctionnement interne et l'optimisation des moyens consacrés à la rémunération pour un niveau de satisfaction donné.

1. Ehrenberg, Milkovitch, 1987.

Il est donc possible d'établir une grille d'analyse et d'audit utilisable pour le diagnostic d'un système en place et formuler des améliorations pour chacun des points identifiés.

Les critères internes d'efficacité sont les suivants :

➤ Clarté et transparence

La transparence et la clarté du système ne sont jamais complètes ou totales, un certain niveau de flou dans son fonctionnement étant nécessaire pour en assurer l'adaptation. Mais le plus souvent le manque de transparence n'est que le signe d'une mauvaise gestion du système et le signe d'un manque d'efficacité. À l'inverse, un certain niveau de transparence est la garantie que les objectifs de l'entreprise sont connus du personnel et qu'une relation est clairement établie entre l'atteinte des objectifs et le déclenchement des rétributions. Toutes les études et expériences le montrent, le premier critère d'efficacité d'une mesure salariale est d'être comprise et correctement interprétée par les personnes qui en bénéficient.

➤ Simplicité

Le critère de simplicité est associé au critère de transparence puisqu'il assure à la fois la compréhension et la clarté des liens entre l'objet rémunéré et les montants effectivement attribués. La simplicité entraîne une meilleure capacité de communication et d'explication. Mais la simplicité du système signifie aussi que les objectifs prioritaires ont été distingués et qu'un travail de clarification des critères a été entrepris. La simplicité du système est également une garantie d'adaptation et de pilotage des objectifs et des critères qui fondent la rémunération.

➤ Objectivité

Il est question ici du lien pratiqué entre les décisions relatives à la rémunération et des critères purement professionnels, c'est-à-dire la fonction exercée, la compétence et la performance, collective ou individuelle. Si ce lien est fort, reconnu, accepté et effectivement appliqué, le niveau d'objectivité du système de rémunération est élevé. Cela veut dire que les rétributions sont directement consacrées à la reconnaissance de contributions professionnelles, donc directement en rapport avec les critères sur lesquels l'entreprise est elle-même évaluée. Par opposition, lorsque les critères de rémunération sont pour une part significative purement qualitatifs ou discrétionnaires, l'objectivité est considérée comme faible. Ceci signifie que les décisions de rémunération rétribuent autre chose que des apports professionnels, un comportement ou une capacité à travailler en équipe mais aussi, assez souvent, l'adhésion et la loyauté envers la hiérarchie. Dans ces conditions, le niveau de centralisation des décisions de rémunération et la qualité du processus d'évaluation annuelle peuvent être considérés comme un facteur d'amélioration de l'objectivité. Il permet d'éviter ou de limiter les situations dans lesquelles un manager en vient à acheter l'adhésion de ses équipes avec des décisions de rémunération qui iraient à l'encontre des véritables objectifs de l'entreprise et finiraient par produire des déséquilibres et des effets de démotivation au sein de l'organisation. Ce type de situation, qui n'est pas rare dans les organisations, peut conduire jusqu'à des situations absurdes où le management le plus faible, qui utilise excessivement la rémunération comme levier d'adhésion et de reconnaissance de son autorité, est celui qui se révèle le plus généreux avec ses collaborateurs. Il va de soi que dans ce type de situation la rémunération peut devenir contre-productive et déconnectée des performances de l'organisation.

➤ Équité

L'équité s'observe à deux niveaux. L'équité interne qui s'évalue par le niveau des écarts de rémunération pour une même fonction, un même profil professionnel ou des performances équivalentes. Mais la perception de l'équité n'est pas identique selon les critères. Pour une même fonction, il est admis qu'un écart de 20 % à 30 % est compatible avec une équité interne satisfaisante car il permet d'intégrer les facteurs différenciant de compétence et de maîtrise de la fonction. En revanche, pour une même fonction et un niveau de performance identique, par exemple pour une fonction commerciale, les exigences d'équité interne sont plus fortes. Seules les conditions de réalisation de la performance qui peuvent être différentes peuvent conditionner le niveau de rémunération. Plus encore que pour la fonction et la compétence, un niveau d'équité minimal est nécessaire pour rémunérer la performance. À défaut cela signifierait que d'autres critères importants sont pris en compte, ce qui reviendrait à annuler et dans certains cas à inverser l'effet incitatif qui est généralement associé à ce type de rémunération.

La problématique de l'équité externe est très différente. Elle relève d'un choix ou des moyens dont l'organisation dispose pour se positionner par rapport au marché du travail. C'est un choix collectif qui n'empêche pas un bon fonctionnement interne du système de rémunération. Ce choix conditionne simplement le type de profil professionnel que l'entreprise est capable d'attirer, de développer et de fidéliser. Équité externe et interne ne sont toutefois pas indépendantes. Si l'entreprise choisit d'adapter ses rémunérations aux évolutions constatées sur le marché, elle commencera à le faire au niveau des embauches puis progressivement, par diffusion, vers les fonctions équivalentes. Mais dans ces conditions, en considérant la logique du marché, l'entreprise ne sera plus en mesure d'assurer le même niveau d'équité interne, sauf à assumer des surcoûts importants.

➤ Flexibilité

Il s'agit à la fois de la flexibilité-coût du système et de sa capacité d'adaptation. La flexibilité dépend essentiellement de la part des rémunérations variables dans le système, de leur nature et de leur capacité à varier réellement à la baisse. Cette possibilité, qui peut représenter de 10 % à 30 % des coûts de personnel dans un système de rémunération classique, dépend à la fois de la structure des systèmes de rémunération variables collectifs ou individuels et de la sensibilité de l'entreprise au marché du travail.

Les systèmes d'intéressement et de participation sont par nature variables et totalement flexibles à la hausse comme à la baisse. Ils sont en outre généralement perçus comme tels. En revanche, l'élasticité des autres systèmes à la variation des résultats ou des performances n'est que très rarement complète. Les systèmes de commissionnement sont en théorie parfaitement variables intrinsèquement et les systèmes de bonus et de target-bonus ne sont variables par nature que dans des proportions limitées que l'on peut estimer entre 30 % et 50 % environ, ce qui correspond généralement la part strictement quantitative des objectifs.

Mais la flexibilité des systèmes de rémunération est en réalité limitée par la sensibilité de l'entreprise au marché du travail. La crainte de perdre ses meilleurs éléments, le coût du turn-over, la difficulté de recruter et de remplacer les ressources qui quitteraient l'entreprise en cas de stagnation ou de baisse des rémunérations conduit l'entreprise à adapter les systèmes de rémunérations en cas de baisse des performances et à mettre en place des plans de rétention qui conduisent à stabiliser les rémunérations globales, en stabilisant les rémunérations variables et en réévaluant les salaires fixes. Bien que ce type de mesure s'effectue avec une grande sélectivité, les montants attribués aboutissent généralement à annuler ou à fortement limiter la baisse mécanique des rémunérations.

Le deuxième type de flexibilité fait référence à la capacité d'adaptation du système. Elle dépend de trois facteurs différents :

- la capacité à faire évoluer les règles, c'est-à-dire la faculté de négocier, d'échanger et de faire évoluer les règles du point de vue réglementaire. C'est la capacité des acteurs, les intéressés eux-mêmes ou les partenaires sociaux selon les cas, à revoir et à négocier régulièrement les règles et à les faire évoluer en fonction des besoins et des moyens de l'entreprise ;
- la qualité du pilotage du système assuré par la DRH ou le responsable *Compensation and Benefits* lorsqu'il y en a un. Ce pilotage inclut des analyses régulières sur les cohérences entre objectifs, attentes et rémunérations effectivement attribuées, ainsi qu'un diagnostic sur tous les points décrits ici. Piloter le système de rémunération induit des mesures correctrices et des adaptations à réaliser chaque année ;
- les capacités intrinsèques du système à s'adapter. La conception du système et les techniques de mise en place des mécanismes de rémunération conditionnent la capacité du système à s'adapter. Par exemple, les systèmes de rémunérations variables basés sur des objectifs annuels ou semestriels individuels sont par nature très adaptables car leur mise à jour peut intervenir régulièrement lors de chaque discussion d'objectifs collectifs puis individuels. Inversement, les mécanismes réglementés qui prévoient une évolution à l'ancienneté ou par échelon sont issus d'un ensemble rigide de règles négocié en bloc et dont la mise à jour nécessite souvent une renégociation complète qu'il est impossible d'envisager chaque année.

➤ Capacité d'incitation

Au-delà de la capacité des rémunérations à contribuer à l'atteinte des objectifs stratégiques, la puissance des incitations produites par le système doit être considérée comme un élément fondamental de son efficacité. Deux critères permettent de mesurer le niveau des incitations :

- la part de la rémunération fixe ou variable dont le montant connu à l'avance dépend de l'atteinte d'objectifs fixés en début de période ;
- la proportion de la rémunération individualisée dont le montant futur est individualisé.

Le niveau des incitations doit être considéré comme le véritable moteur du système de rémunération. Renforcer l'efficacité d'un système de rémunération s'accompagne souvent d'une amplification des incitations, leur niveau plus élevé jouant le rôle d'un effet de levier.

➤ Qualité du processus de décision

Le processus de décision du système de rémunération s'évalue à deux niveaux :

- l'organisation de la politique salariale annuelle, sa formalisation, la communication qui en est faite, les outils et l'aide à la décision qui est apportée aux managers. Un exemple d'organisation de la politique salariale est présenté en fin de ce chapitre ;
- le niveau de centralisation/décentralisation des décisions et de façon générale le pouvoir de la DRH dans les décisions. Le niveau de décentralisation s'observe dans l'organisation de la politique salariale. Il exprime la hiérarchie des différents niveaux de proposition puis de validation des décisions salariales. Lorsque des mesures interviennent en dehors de la politique salariale annuelle, elles se déroulent généralement selon un processus identique qui est très révélateur du pouvoir de décision dans l'organisation. Lorsqu'un processus d'évaluation annuelle fonctionne efficacement dans l'organisation, les niveaux de proposition des mesures salariales correspondent aux niveaux hiérarchiques en charge des évaluations, c'est-à-dire la hiérarchie directe. Les différents niveaux de validation et d'arbitrage s'effectuent généralement au niveau de chacune des hiérarchies de métiers ou fonctionnelles puis validées avec la DRH. Cette dernière doit avoir un rôle central car elle est la seule à pouvoir assurer une approche globale et à représenter l'entreprise en tant qu'institution. Elle peut garantir les équilibres généraux budgétaires, l'équité interne et la validité des références externes de marché. De plus, elle assure en outre une gestion coordonnée des différentes

populations, telles que les potentiels, les jeunes cadres, les experts, les seniors. Enfin, les procédures de négociation et de décisions des rémunérations à l'embauche, selon qu'elles sont décentralisées ou centralisées au niveau DRH, sont des indicateurs supplémentaires d'un système de rémunération organisé et piloté.

Après l'évaluation de ces caractéristiques, le diagnostic du système de rémunération peut être établi. Il doit vérifier la cohérence stratégique, le niveau d'atteinte de standards propres aux mécanismes de rémunération et s'attacher à évaluer l'optimisation des ressources affectées et, en définitive, au bon emploi des frais de personnel.

Le changement par les rémunérations

La boîte à outils des rémunérations fait en permanence l'objet d'innovations et de formes dont l'usage n'est plus seulement destiné à rémunérer dans le cadre d'organisations stables le travail fourni à travers les fonctions exercées, les compétences démontrées ou estimées et les performances enregistrées. La rémunération est aussi un instrument et un levier destiné à orienter et à accélérer la mise en place d'un changement ou d'une transformation de l'entreprise, dans son activité, ses compétences ou son fonctionnement. Il ne s'agit plus de rémunérer un travail ou un résultat mais d'inciter et de rétribuer des comportements. Le système de rémunération entretient donc une relation directe avec le système de valeurs et de comportements de l'entreprise, c'est-à-dire sa culture. Modelant le système reconnaissance de l'organisation, il entraîne une modification des comportements et fait évoluer le modèle culturel interne. Ces relations ont été mises en évidence[1] et chaque modèle culturel dispose de formes de rémunération caractéristiques.

Le système de rémunération, reflet de la culture d'entreprise

L'influence du système de rémunération sur la culture et les comportements est régulièrement sous-évaluée. Or le système de rémunéra-

1. Lanciaux, 1991.

tion forge sur le moyen terme la culture de l'entreprise quelle qu'elle soit, bureaucratique, paternaliste, performante, entrepreneuriale ou innovatrice.

Chaque culture comporte des valeurs et des politiques salariales différentes (voir tableau 2.7).

Tableau 2.7 – Cultures d'entreprise et système de rémunération

Type de culture/ système de rémunérations	Style bureaucratique	Style paternaliste	Style performant
Management	• Système hiérarchique • Directives et procédures • Ordre légal et réglementaire	• Relations personnalisées, pouvoir, influence • Expérience autorité, fidélité • Efficacité, gestion	• Efficacité • Responsabilités aux résultats • Flexibilité • Rapidité, • Pragmatisme
Politique salariale	• Directives de l'État des branches • Augmentations générales • Primes d'ancienneté	• Négociation salariale d'entreprise • Augmentation générale ou mixte avec mérite pour les cadres • Intéressement • Beaucoup d'avantages sociaux	• Augmentations au mérite • Bonus de performance • Stock-options • Intéressement aux résultats
Critères d'attribution	• Automatique • Grille professionnelle	• Ancienneté • Performances	• Réalisation des objectifs • Performances atteintes
Procédures de décision salariales	• Notations	• Entretiens annuels • Évaluation dissociée de la rémunération	• Évaluation des performances • Évaluation support des mesures salariales

Le choix des formes de rémunération individuelle ou générale au mérite, stock-options ou intéressement collectif, a un effet direct et différent sur le comportement, la motivation et les performances du personnel. Quand ces choix sont conscients et reflètent une volonté de l'entreprise, ils ont un impact multiplicateur sur les résultats attendus. Si, comme c'est souvent le cas, elles sont le résultat ou l'accumulation de mesures peu cohérentes entre elles sans réflexion consciente intégrée à la stratégie, elles peuvent produire des dysfonctionnements et des surcoûts considérables. Puisque la culture est constituée par les pratiques et les solutions mises en œuvre par les organisations, les systèmes de rétribution y ont une importance particulière. Les organisations qui ne sont pas conscientes de leur culture et des systèmes qui la composent se trouvent souvent en situation de conflit et de sous-performance opérationnelle ou commerciale.

C'est le cas lorsque l'entreprise choisit de lancer un projet d'entreprise ou une opération de mobilisation en vue d'un changement dans ses métiers ou son fonctionnement. Si ce projet s'inscrit, par exemple, dans une culture de type paternaliste qui pratique des augmentations générales dans une logique de maintien du pouvoir d'achat et ne met pas en valeur les critères professionnels qui déterminent les mesures individuelles, il se heurtera à coup sûr à des mécanismes bien en place et forgés par les systèmes de reconnaissance. Dans ce cas, l'effet mobilisateur n'aura qu'un effet limité ou nul car il n'inclut pas une adaptation complète des mécanismes de rémunération. Les objectifs de changement entrent en conflit avec les valeurs en place qui sont implicites et consolidées par le système de reconnaissance en vigueur.

Ainsi, tout projet de changement, de transformation ou tout simplement de focalisation temporaire sur un objectif précis passe par une remise à plat et une explicitation de la politique salariale, en cohérence avec le projet envisagé et comme levier de son exécution.

Il définit ou renforce la structure en intégrant ou séparant les différentes entités qui la composent. Ses implications sont décisives à moyen terme. Si cadres et non-cadres, techniciens et commerciaux ont des systèmes de rétribution très différents, le cloisonnement hiérarchique sera renforcé et la coopération interne faible. Des politiques de rétribution à la performance pour les employés ou ouvriers et forfaitaires pour les cadres déterminent une ségrégation horizontale. Des politiques propres à chaque catégorie ou métier accentuent la ségrégation et l'intégration verticales. De même, pour citer un exemple très fréquent, si la rémunération à la performance ne concerne que les cadres ou les salaires les plus élevés, cela écarte d'emblée la possibilité d'obtenir une meilleure performance des autres catégories, ce qui revient à faire l'impasse sur l'optimisation des ressources les moins qualifiées.

De nombreux exemples d'entreprises montrent qu'une approche unifiée des systèmes de rétribution avec l'adoption de critères semblables pour toutes les catégories, aboutit à des organisations plus flexibles et fluides. Les salariés de tous les niveaux travaillent ensemble et la mobilité interne est importante. Celle-ci permet d'augmenter la rémunération individuelle dès lors qu'elle renforce l'expertise sans que l'accès à un poste de management soit la voie exclusive pour faire progresser la rémunération. Une telle organisation fonctionne évidemment davantage avec des décisions prises sur la base de l'expertise et non de la position hiérarchique. Elle encourage le développement de l'expertise à tous les niveaux car elle la reconnaît et la valorise.

Le changement par les rémunérations

Le système de rémunération que met en place l'entreprise, doit l'aider à atteindre ses objectifs et à renforcer la culture à laquelle elle aspire. Mais il faut en même temps veiller à appliquer des critères de performance suffisamment clairs simples et limités en nombre pour éviter la confusion et la dilution des incitations.

De plus en plus fréquemment, le management est confronté à des situations de changement stratégique, de restructuration ou de transformation des activités. La gestion des équipes dans ce type de situation réclame des mesures spécifiques ciblées destinées à accélérer le changement et à l'orienter vers les buts définis.

Il faut être prêt, dans ces conditions, à revoir entièrement les normes d'évaluation et de favoriser ou sanctionner les comportements qui ne correspondent pas aux objectifs donnés. C'est souvent le cas en management et en animation d'équipe. Il peut arriver en effet dans ce type de processus que l'existence de résultats satisfaisants ne suffisent pas pour déterminer les rétributions individuelles. L'absence de délégation, de formation des collaborateurs, de définition et d'explication des objectifs peut parfois à court terme ne pas se traduire par de mauvais résultats.

Sauf que cela peut être parfaitement contraire aux objectifs d'une entreprise qui a décidé de réduire le nombre d'échelons hiérarchiques, de renforcer la spécialisation et la compétence et d'optimiser ses ressources. Dans ce cas, les responsables d'équipes devront être fortement incités à mettre en œuvre cette stratégie, parfois contraire à leur ancienne culture, en leur montrant clairement que cet objectif est prioritaire.

Pour encourager ces nouveaux comportements, de façon rapide et proportionnée, le recours à des bonus individuels est le plus souvent pratiqué à court terme. Très vite cependant tout le système de reconnaissance doit être adapté à cette nouvelle logique. Les augmentations individuelles, les promotions, l'accès aux postes les plus valorisés doivent suivre ces nouveaux objectifs et leur donner la priorité.

Deux niveaux d'objectifs de changement sont observables et envisageables :

- le premier niveau est celui du changement de cap ou d'une stratégie de rupture dont l'objectif est de redresser les activités ou de les réorienter rapidement. Dans ce cas, le recours aux bonus cibles ou *target-bonus* individuels avec l'attribution d'enveloppes de *bonus pool* indexées sur la réalisation de missions spécifiques sur une période donnée est la pratique la plus usitée. L'utilisation de la rémunération comme levier Elle fait d'ailleurs souvent l'objet d'une assez grande créativité en conjuguant plusieurs objectifs apparemment contradictoires. Le caractère incitatif du bonus peut être couplé de garanties lorsqu'il s'agit rémunérer des missions spécifiques de courte durée. Les montants « targétés », c'est-à-dire correspondants à l'atteinte de l'objectif, sont alors exceptionnels et sortent du cadre de la rémunération habituelle et de ses règles. Dans ce type de situation, les incentives monétaires peuvent être couplées avec des engagements à terme sur une évolution de carrière dans la structure ou sur des conditions de départ garanties préalablement. Toute situation de rupture ou de transformation de l'organisation doit être accompagnée d'un dispositif de rémunération approprié et le tableau 2.8 expose pour une typologie de missions les formes de rémunération les plus appropriées ;

Tableau 2.8 – Missions, projets, Restructuration et rémunération

Type de mission	Formes de rémunérations utilisées
Redressement/réduction des coûts	Bonus sur un taux de réduction des coûts. Promesse d'augmentation de salaire en fin de mission, si réussite
Cession/acquisition/fusion	Bonus de cession, nomination ou prise de responsabilités
Conduite de projet	Nomination en fin de projet, bonus spécifique dont le montant est lié à la réussite du projet
Restructuration/plan social	Bonus, package de départ ou nomination post-restructuration
Création d'entreprise ou d'activité	Stock-options, prise de responsabilité dans la structure en développement

- une seconde situation possible est celle d'une refonte complète du système de rémunération pour donner l'impulsion à la transformation de l'organisation. La remise à plat des règles en place permet de redéfinir les priorités et de recentrer le management et les équipes sur ces nouvelles orientations. Il s'agit là d'actions à plus long terme, moins ciblées mais plus globales et destinées à transformer le modèle de fonctionnement pour le convertir aux nouveaux métiers ou à une nouvelle organisation. Dans d'autres situations caractérisées par une organisation nouvelle ou l'apparition de dysfonctionnements internes, certaines formes de rémunération spécifiques peuvent tenir une fonction de régulation ou de coordination. L'intégration de critères tels que la coopération ou la mise en place de synergies entre métiers ou équipes dans la détermination des bonus est le signe que la rémunération peut, dans des situations données, jouer le rôle que l'organisation n'est plus elle-même, en raison de sa structure ou de son fonctionnement, en mesure de tenir.

De façon générale, les règles de gestion des ressources humaines prises au sens large – rémunération, méthodes évaluation, promotions, carrières – représentent un immense réservoir d'opportunités lorsqu'il s'agit de transformer les organisations en général et les bureaucraties en particulier[1].

1. Dupuy, 1998.

Dans cette boîte à outils de la transformation, à la disposition du manager, la rémunération tient la place principale.

Elle matérialise et concrétise la plupart des règles internes de l'organisation, celles qui sont issues de ses systèmes de sélection et de reconnaissance.

En agissant sur les règles et leur application, la rémunération est l'instrument d'accélération du changement par excellence. Certains groupes internationaux l'utilisant de façon systématique dès lors qu'il s'agit d'atteindre rapidement un objectif ou un mode de fonctionnement particulier, y compris sur des critères purement comportementaux. La banque Morgan Stanley, parmi d'autres exemples, l'a bien compris lorsqu'elle fixe comme critère essentiel d'appréciation et de détermination des bonus de ses banquiers d'affaires la capacité à coopérer. Dans certains contextes où la coopération n'est plus du tout rationnelle, la création d'une nouvelle règle qui met en jeu une part significative de la rémunération transforme très rapidement les comportements. De la même manière, de nombreux groupes ont intégré dans les critères de rémunération de leurs managers leur capacité à identifier et à développer les talents dont on leur a confié la responsabilité. Dans tous ces cas, la modification des critères et des règles de rémunération entraîne un effet direct et mécanique sur le comportement des acteurs et leur rationalité. L'efficacité est alors très grande, encore plus élevée que pour les incitations classiques destinées à atteindre un niveau de performance. Ces dernières agissent en effet sur le niveau d'effort, lequel ne garantit pas à 100 % la performance espérée. En matière de comportements, si la mesure prise intervient directement sur la rationalité de l'acteur plutôt que sur sa contribution, elle a toutes les chances d'obtenir rapidement le changement espéré.

Enfin, la plupart des problèmes de résistance au changement, de blocage, de difficultés d'exécution sont reliés directement ou indirectement à des règles qui influencent le niveau des rémunérations. L'analyse de la stratégie des acteurs met souvent en lumière les blocages liés à des situations de pouvoir et d'avantages particuliers que le changement remet en cause. En situation de transformation et de gestion de changement, elle montre comment il est utile d'identifier ces éventuels points de blocage pour les traiter préalablement par des mesures de rémunération ciblées dont la fonction revient finalement à acheter un comportement lequel conditionne la réussite et le rythme de réalisation d'un projet de transformation.

Les limites à la rémunération : ce que la rémunération ne peut résoudre

La rémunération est une pièce essentielle de deux sous-ensembles plus vastes, la politique RH d'une part, le système de reconnaissance au sein de l'organisation d'autre part.

À ce titre, les instruments de rémunération peuvent, par compensation, être utilisés dans la gestion des ressources humaines :

- dans la gestion de la mobilité et du turn-over en substitution d'une véritable politique de gestion ;
- dans la mobilisation des ressources en substitution aux autres formes de management.

Dans un premier cas, le système d'incitations est utilisé en dehors de son cadre normal et non plus comme facteur de motivation mais comme émetteur de signaux et d'incitations différents à l'adresse du salarié. L'absence d'augmentation de salaire pendant une période longue, la réduction ou la suppression sans raison objective d'un bonus peuvent être employées pour signifier à l'individu que sa présence n'est plus indispensable ou souhaitée dans l'entreprise. Ce type de pratique relève de ce que peut appeler la rémunération négative. Cela revient à utiliser la rémunération comme une sanction. Elle se substitue alors à un acte de management normal qui aurait consisté à l'inverse à évaluer, clarifier, corriger les problèmes rencontrés avec le salarié avant de recourir éventuel un départ de la structure. Dans ce type de management, ramené à sa plus simple expression, la rémunération fait office d'instrument unique qui sert à la fois d'évaluation, de communication avec le salarié et de régulateur du turn-over. Elle exclut en outre toute autre action que la propre réaction du salarié qui est, en général, négative et débouche le plus souvent sur une perte de motivation, voire un conflit et un départ. L'usage de la rémunération comme instrument à tout faire est donc souvent significatif d'un mode de management, limité, automatique et fondé sur les entrées et sorties du personnel et excluant tout développement organisé du capital humain.

De la même façon, et replacée dans le champ de la motivation et des incitations, la rémunération ne peut pas non plus résoudre tous les problèmes posés par l'implication et la mobilisation des collaborateurs.

L'implication et l'engagement mettent en jeu plusieurs dimensions qui définissent la relation entre l'individu et l'organisation[1]. Nous avons vu que, sur les deux grands types d'implication, l'implication organisationnelle et l'implication au travail, la rémunération, joue, à des degrés divers et selon les formes employées, un rôle déterminant. Mais l'implication au travail est un concept multidimensionnel dont les formes et les effets vont très largement au-delà du système de reconnaissance et de rétribution. Maurice Thévenet identifie cinq grandes causes d'implication en situation professionnelle :

- l'environnement de travail et les relations interpersonnelles ;
- les produits de l'organisation (activité, produits) ;
- l'entreprise au sens large (valeurs, culture, politique générale) ;
- le métier (et la profession, appartenance à un métier) ;
- la valeur travail (respect du travail, éthique professionnelle).

Le management de l'implication ne fait donc pas appel aux seuls instruments de rémunération mais à un ensemble des conditions favorables à la production des effets organisationnels que Peyrat-Guillard[2] résume autour de trois d'entre eux :

- le retrait des salariés ;
- le comportement productif ;
- le bien-être.

Pour y parvenir, M. Thévenet suggère trois grandes actions destinées à favoriser l'implication des salariés :

- la cohérence de la politique générale de l'entreprise et de son projet avec les actions réellement mises en œuvre ;
- la réciprocité, c'est-à-dire l'échange professionnel qui s'opère entre l'entreprise et ses salariés, c'est-à-dire le niveau d'équité ressentie entre la contribution et le niveau de reconnaissance ;
- le niveau d'identification et d'appropriation par le salarié des objectifs et de valeurs de l'organisation.

Comme indiqué plus haut, le lien entre la politique de rémunération et ce type d'actions est clair en particulier au niveau de la réciprocité et

1. Thévenet, 1997, 2000.
2. Peyrat-Guillard, 1996.

de l'appartenance développée par ailleurs par les outils tels que l'épargne salariale ou les stock-options. Cependant, la rémunération ne peut répondre aux différentes attentes et ne peut compenser la faiblesse des autres types d'implication. Lorsque le contexte et les circonstances l'y conduisent, le niveau de rémunération finit par compenser les déficiences de l'organisation à fournir la cohérence, la visibilité nécessaire à l'adhésion et l'identification de ses salariés. Dans ces conditions, le niveau de rémunération observé sera généralement plus élevé pour obtenir de la part de certaines catégories de personnel, parfois temporairement, le niveau d'implication requis pour l'atteinte des objectifs.

Les situations propices à l'usage de la rémunération comme compensation sont de plus en plus nombreuses en raison des incertitudes et des nombreux changements que connaissent la plupart des organisations. Les situations de cohérence et de continuité sont donc en effet plus difficiles à obtenir et à maintenir. De fait le processus d'identification et d'implication des salariés est régulièrement bousculé ou rompu par des changements rapides et non préparés. La rémunération devient alors dans ces circonstances un instrument par défaut, dont les formes très diversifiées servent à la fois à impliquer, mobiliser et gérer les ressources humaines dans des situations ou les autres outils de management sont neutralisés et rendus insuffisants par le contexte et le manque de visibilité de l'organisation.

Cas : Banque LH

Ce cas met en évidence l'intérêt d'un système de management articulant étroitement l'autonomie des agents, le contrôle de leur activité par la performance et le développement de mécanismes d'incitations et de rémunération diversifiés et complémentaires.

Sont également soulignés le rôle décisif de l'organisation du travail comme facteur de mise en cohérence entre les différents objectifs poursuivis et le statut particulier de la fonction ressources humaines comme outil de développement des compétences individuelles et collectives au sein de l'organisation.

Redresser une activité et manager les performances par la mise en place d'un nouveau système de rémunération

Le contexte de départ

Il s'agit d'un réseau bancaire dont l'activité principale est la distribution de crédits à l'habitat. Dans sa situation initiale, ce réseau travaille dans une structure classique géographique et hiérarchique de type succursale dans laquelle les fonctions commerciales et d'engagement de crédit sont placées sous une même hiérarchie. Le système de management est traditionnel fondé sur le respect des règles et la maîtrise technique. L'avancement professionnel reste marqué par la compétence technique, la performance commerciale n'étant valorisée que comme contribution positive à l'atteinte des objectifs de la structure.

La situation est fondée sur la standardisation et la présence d'un système de règles fort et cohérent avec le système de reconnaissance professionnelle. L'organisation repose sur le couplage entre activité commerciale et engagements, chacune des deux fonctions répondant à une logique propre, contradictoire et inhibante, et se traduisant au final par des performances très médiocres. Celles-ci ne permettent plus d'assurer à terme la viabilité de l'entreprise.

Pourtant, sur ce marché arrivé à maturité, sans conditions d'accès contraignantes pour la concurrence, les produits se sont banalisés et l'offre produit n'est plus un avantage compétitif. Dès lors, le couple risque-client et prix devient au contraire décisif dans la démarche de vente au niveau de chaque client, rendant de plus en plus inefficace toute démarche standardisée.

Les objectifs recherchés et les remises en cause nécessaires

Une rupture intervient dans cette situation avec la prise de conscience de la perte de viabilité de l'entreprise liée à la faiblesse de ses performances commerciales.

Un changement de structure intervient avec l'adoption d'une organisation fonctionnelle plus simple et moins coûteuse, structurée autour des trois objectifs principaux de la banque (distribution – gestion – pilotage des ressources) et abandonnant l'ancienne structure classique par métiers et techniques (crédit – dépôt – épargne – crédits spécialisés). Ainsi voit le jour un métier commercial structuré et autonome, responsable de ses objectifs de conquête de parts de marché et de rentabilité d'exploitation,

La définition d'un objectif managérial et organisationnel. L'idée fondamentale consiste à mettre en œuvre un management par les résultats en lieu et place d'un management par les méthodes, les règles et les techniques. L'objectif fixé devient la référence absolue et prioritaire. Sa prédominance par rapport à un système de management qui restait largement axé sur l'excellence technique et la logique procédurale est également clairement affirmée. Cette logique de développement adopte le terme de distribution pour définir ses méthodes et sa démarche. Elle se situe ainsi aux antipodes de l'approche précédente. Elle introduit en particulier la notion de prix et de tarif au cœur de la logique marketing alors que le prix était jusqu'alors assimilé à un critère de risque et de fait placé sous la responsabilité des unités techniques et d'engagements.

Enfin, le management des hommes est identifié comme le levier principal de cette recherche de performance : les compétences, que nous définissons, à l'instar de Philippe Zarifian, comme une « prise d'initiative et de responsabilité de l'individu sur des situations professionnelles auxquelles il est confronté » (Zarifian, 1999) apparaissent prioritaires sur les outils, de même que les méthodes de vente prennent le pas sur les produits dans la démarche stratégique.

Cette restructuration a pour effet de replacer le marché et le client au centre des préoccupations de l'ensemble de l'organisation. De même, le personnel de l'agence, et notamment le directeur d'agence, accèdent à une position opérationnelle centrale et deviennent les premiers clients des autres structures de la banque. Responsables de la réalisation de leurs objectifs et, par conséquent de la capacité de l'entreprise à retrouver une viabilité à moyen terme, ils acquièrent sur tous les plans, et en particulier dans la définition de leur stratégie d'actions et dans le niveau d'exigence qu'ils peuvent attendre de leurs fournisseurs internes, un réel niveau d'autonomie. Celui-ci n'est pas seulement une contrepartie aux exigences fortes qui pèsent sur les agences en termes de résultats. Il est surtout conçu comme le moyen d'un investissement et d'une implication plus grands des équipes commerciales dans le développement de leurs fonds de commerce. Dans cette logique, personne ne doit rester sans objectif individuel et au niveau global, chaque ligne de résultat comporte un responsable.

La rémunération de la performance

Rémunérer le personnel sur la notion de rentabilité de telle sorte que la reconnaissance des performances soit cohérente avec les objectifs et que les outils de motivation soient réellement effectifs et crédibles.

La définition d'une architecture d'objectifs détaillés et communiqués

La mesure des performances se fait par client, par commercial, par agence, par type de réseau. Auparavant, on ne savait jamais qui était vraiment performant et qui l'était moins, ni relativiser les performances par rapport à un marché donné. Un outil simple et maîtrisé est absolument nécessaire : il faut que les éléments déterminants de l'outil soient maîtrisés par le commercial et que ce dernier puisse à chaque instant se représenter ou calculer sa performance et son impact sur sa rémunération.

*La mise au point une méthode de calcul
et un indicateur synthétique de la performance*

Le commercial et le point de vente sont des centres de création de valeur ajoutée qui génèrent des recettes de commercialisation et qui disposent de plusieurs leviers d'action pour générer leur chiffre d'affaires net. La commercialisation des produits procure aux unités de production un chiffre d'affaires net après déduction des coûts de gestion et de risque qui correspondent strictement aux coûts réels des autres structures de l'entreprise qui interviennent dans le système comme des fournisseurs internes. Toute la valeur ajoutée de l'entreprise est ainsi située au niveau des agences commerciales, les autres structures n'étant pas des centres de résultat, à l'exception de la gestion actif-passif. L'indicateur de chiffres d'affaires net est synthétique et unique, ce qui paraît être une condition primordiale pour faire de l'outil d'analyse un véritable instrument de management de la performance[1].

L'installation du nouveau système de management et ses résultats

Il s'agissait au tout début d'un outil de contrôle de gestion, de mesure et d'analyse des performances qui a suscité d'emblée l'intérêt. Il est en effet rapidement apparu comme représentatif des performances réelles et en phase avec les préoccupations.

L'affichage des résultats fait apparaître notamment une lecture de la performance assez différente de l'approche précédente. Celle-ci ne livrait pas une lecture synthétique, mais fournissait une vision largement focalisée sur les volumes avec des indications de marge, de risque et de coûts présentés de façon segmentée et ponctuelle, avec une crédibilité assez faible attribuée au sens des chiffres fournis.

Le système conçu au départ par le contrôle de gestion a reçu immédiatement un intérêt et un soutien très fort de la part du patron du réseau qui a trouvé dans cet outil un instrument de pilotage indispensable et des éléments d'analyse précieux en particulier pour comprendre les écarts de performance entre les agences. On s'est rendu compte que, sur certains marchés, l'entreprise pouvait faire de la conquête par le volume, alors que sur d'autres, c'était le critère de prix qui était décisif.

Dès lors, le besoin d'une reconnaissance des performances en termes de rentabilité a émergé. La procédure budgétaire a intégré quelques mois plus tard une définition des objectifs basée sur des objectifs de chiffres d'affaires pour chaque commercial. C'est ainsi qu'assez vite des spécificités locales liées aux segments de clientèle, à la concurrence, à certains facteurs de risque, tant sur les clients que sur les biens financés, ont pu être détaillés et analysés. Ils ont fourni les premiers instruments de stratégies locales de développement préparées par chaque directeur d'agence dans le cadre d'une procédure budgétaire, elle aussi totalement renouvelée, qui a constitué le cadre à partir duquel l'autonomie et le nouveau mode de contrôle des agences ont été développés.

1. La plupart des expériences analogues montrent que les systèmes de contrôle de gestion, par leur capacité à s'adapter aux objectifs recherchés et à initier la démarche, jouent un rôle décisif dans le déclenchement des processus de management de la performance (Bescos et Mendoza, 1994).

Un suivi des résultats, contrat par contrat et pour chaque commercial, a été implanté. Une communication régulière des réalisations à l'ensemble de l'entreprise a permis de valoriser ce type de performance en direction de l'ensemble des équipes, y compris les structures d'engagements, de gestion et de pilotage.

Les commerciaux ont peu à peu intégré les critères de calcul de marge dans leur démarche de vente. Un outil de simulation des marges, utilisable lors des entretiens de vente, a été implanté et a permis de finaliser l'appropriation de l'indicateur de performance.

Très vite les performances ont enregistré un taux de croissance à deux chiffres. En 1998, avec un nombre de points de vente et d'effectifs commerciaux constants, les résultats étaient multipliés par 2,5 par rapport à l'année 1995, date d'installation de la méthode.

Autonomie, et rémunération à la performance : quels mécanismes vertueux ?

Dans le cas étudié, l'autonomie est la contrepartie opérationnelle d'une exigence plus forte, celle d'une performance mieux contrôlée et repérable à travers un unique indicateur de performance. Les méthodes et procédés sont délégués et maîtrisés par chaque acteur à l'intérieur d'un certain nombre de limites et de règles.

Cette autonomie est nécessaire à la flexibilité de l'offre proposée et à son adaptation aux caractéristiques de la clientèle locale. Elle porte dans ce cas sur les variables de prix et de risques qui sont les deux composantes de la rentabilité dans l'activité de crédit.

Des mécanismes de décentralisation, d'autonomie et de compétitivité

L'autonomie du commercial en face de son client est décisive dans sa capacité à adapter l'offre, c'est-à-dire le couple produit-prix. La proximité et l'autonomie contribuent de ce fait à articuler une offre compétitive et non standardisée pour aboutir à une solution sur-mesure. Mais l'originalité de la démarche réside essentiellement dans l'adaptation du prix client par client par la prise en considération de toutes les composantes de coûts – de traitement et de risque – et de concurrence dans sa détermination. Le commercial se trouve ainsi en posture d'intégrer toutes les variables de coût et de marché et d'aboutir à un prix optimum lors de l'entretien avec le client et d'obtenir des positions plus compétitives qu'une offre standard.

Des mécanismes de régulation : l'autonomie est rendue possible par l'outil de contrôle

Le contrôle de l'autonomie

Structurant le pilotage, le système d'information installe le contrôle des décisions prises et de la tarification pratiquée. L'autonomie devient possible car elle est strictement couplée avec l'outil de contrôle qui l'encadre et l'actualise. Les décisions prises en matière de risque et de tarifs doivent respecter les limites autorisées, sauf dérogation particulière. Elles doivent intégrer les données communiquées et actualisées en permanence en termes de produits et de tarifs. Toutefois à l'intérieur de ces limites, le contrôle ne s'effectue plus sur la décision prise mais par le résultat obtenu.

Le contrôle par les résultats

L'indicateur de résultat retenu a plusieurs caractéristiques importantes :

– le résultat obtenu est assimilable à une notion de chiffres d'affaires net adaptée à l'activité de crédit. Rapporté aux coûts directs de l'unité commerciale (agence, commercial), il exprime un résultat net financier. Bien que décliné jusqu'au niveau le plus fin, cet indicateur de résultat est donc totalement maîtrisable au niveau décentralisé. L'agence, les commerciaux qui la composent et son responsable sont considérés comme une unité autonome qui vend sa production au centre de gestion après déduction des coûts de gestion et de risque. Les produits nets qui lui sont alloués peuvent être strictement rapportés aux coûts directs de commercialisation et aboutissent à un résultat net ;
– les objectifs et les résultats sont exprimés par commercial et par agence. Ils sont ensuite consolidés par secteur et au total de la banque ;
– la rémunération variable individuelle qui peut atteindre 30 % de la rémunération fixe est directement calculée sur le chiffre d'affaires net obtenu. Les rémunérations collectives sont calculées sur le ratio d'exploitation « chiffre d'affaires net/personne ».

Des mécanismes d'incitation

La validité de l'organisation mise en place repose sur les principes d'incitation et de reconnaissance qui lui sont associés. Toutes les formes de reconnaissance et d'incitations ont donc été repensées ou adaptées au mode d'organisation implanté.

Un fonctionnement entrepreneurial. La structure de l'agence est parfaitement identifiable et son CAN mesurable chaque jour. La taille des unités (de 5 à 12 personnes dans les cas les plus courants) favorise une très forte cohésion interne et un niveau d'implication et de responsabilité proches que ceux qui peuvent être observés dans une petite entreprise.

Les rémunérations liées aux performances sont clairement lisibles et peuvent être calculées tout au long de l'année. Directement indexées sur le niveau de CAN, elles renforcent le caractère entrepreneurial du fonctionnement et de la motivation du personnel. Le système de rémunération variable est indispensable pour assurer la cohérence et le fonctionnement du système d'incitations dans lequel l'implication des acteurs repose sur un contrat annuel de rétribution et de partage d'une partie du chiffre d'affaires dès lors que l'objectif est atteint.

De nouveaux modes de reconnaissance professionnelle et de responsabilité. Le système mis en place a eu d'abord pour conséquence de repenser les critères de reconnaissance professionnelle et par ricochet la définition des parcours de carrière. Ces deux éléments traduisent désormais la priorité donnée aux objectifs. Ainsi les responsables d'agence sont sélectionnés parmi les meilleurs commerciaux et les évolutions professionnelles entre les différentes fonctions commerciales s'effectuent en encourageant la prise de responsabilité (la polyvalence pour les non-cadres et les capacités commerciales et de d'animation pour les cadres). Ainsi, pour les quatre fonctions exercées au sein des agences commerciales, les parcours professionnels types et les critères de passage d'une fonction à une autre sont désormais clairement définis.

Autre volet de la reconnaissance : la formation. Dans ce domaine, les meilleurs commerciaux sont sollicités pour animer les stages de formations. Les meilleures expériences en matière de méthodes de vente ou d'amélioration des résultats font l'objet de thèmes de formation et de diffusion à l'ensemble du réseau de vente. Leurs promoteurs sont chargés de l'animation des sessions de formation et de la diffusion des méthodes qu'ils ont initiées et expérimentées.

Les formations commerciales sont instituées sous forme d'un programme permanent cogéré par un responsable du développement commercial et la DRH. Marketing, développement, formation et communication interne collaborent en permanence et dans un cadre pluriannuel pour faire de la formation une fonction intégrée aux activités opérationnelles tout en étant pilotée et renouvelée dans ses méthodes au niveau central. Les méthodes utilisées privilégient beaucoup l'animation interne, les intervenants extérieurs n'étant sollicités qu'au stade de la conception des supports et des techniques d'animation. Le service Formation crée, gère et capitalise les bases d'informations, les supports et les techniques d'animation. Sa mission de gestion des savoir-faire destinés à la formation est de plus en plus rapprochée des évaluations réalisées dans le cadre de la gestion des compétences et des besoins individuels qu'elle fait apparaître.

Parallèlement, un coaching des responsables commerciaux et opérationnels vise à développer leurs capacités managériales et le relais de développement des compétences qu'ils assurent auprès de leurs collaborateurs.

Enfin, la reconnaissance s'exprime à travers différents autres outils de communication interne. Ainsi, le suivi des résultats s'effectue quotidiennement puis donne lieu à un reporting mensuel détaillé mettant en valeur les meilleures réalisations. Ses informations sont très largement diffusées et constituent un thème prioritaire du journal d'entreprise. Le personnel affecté aux activités est informé régulièrement de ces réalisations. En 1998, un accord d'intéressement étendu à l'ensemble du personnel et indexé sur le CAN du réseau a été mis en place pour renforcer la cohésion et la coopération de l'ensemble des équipes autour d'un même objectif.

Le rôle de la GRH et de l'organisation : des compétences aux performances

Cette expérience met en évidence les relations complexes et aléatoires qui unissent la compétence à la performance.

Le rôle de l'organisation du travail : cohérence entre objectifs et liens avec la gestion des ressources humaines

La décomposition des mécanismes explicatifs de performance ou de non-performance montre que ceux-ci échappent la plupart du temps aux schémas ou aux modèles classiques qui empruntent à la stratégie ou aux choix de structure ou renvoient, à l'inverse, au management, c'est-à-dire à une « boîte noire » ou un « *slack* organisationnel » sans en livrer le détail opérationnel. Car c'est au niveau micro-organisationnel de l'unité de travail et des règles qui l'organisent que se situe le champ pertinent d'explication et d'analyse des techniques qui permettent de transformer les compétences en performances.

Le processus à l'œuvre ne relève pas seulement des choix de structure ou d'outils. Il se forme par la combinaison d'un type d'organisation du travail au niveau le plus fin, celui de l'individu, et d'un type de gestion de ressources humaines pratiqué.

Progresser dans l'analyse suppose pourtant de décomposer les mécanismes explicatifs, mettre à jour leur cohérence, définir les conditions de leur efficacité et leurs contingences. Dans cette explication, la gestion des ressources humaines tient une place centrale et indissociable des modes d'organisation du travail. Elle fournit à cet égard un éclairage particulier de certains aspects de l'organisation comme facteur d'efficience.

Nous sommes ici dans un cas où toute l'organisation a été reconstruite autour des objectifs et non plus en fonction des techniques et des modes opératoires. Il y a eu au préalable une réflexion stratégique qui a conduit à considérer que l'approche technique et par produits n'était plus un avantage compétitif et que ce dernier résidait désormais dans le type de démarche commerciale et dans le mode d'organisation. Le découpage des structures et des responsabilités se faisant à partir des objectifs – distribution, services et gestion et pilotage des ressources – sa déclinaison devient parfaitement cohérente avec le management mis en place jusqu'à la définition d'objectifs individuels.

La cohérence établie entre les objectifs stratégiques, la structure et le type de management, celui-ci intégrant les systèmes d'incitation et de rétribution, apparaît comme l'élément fondamental de réussite.

Dès lors, l'organisation devient un système stable et lisible – parce que cohérent – et fournit le cadre nécessaire à l'investissement individuel et collectif. Connaissant les principes et cette organisation, chaque acteur construit sa rationalité individuelle par rapport au cadre de référence au sein duquel il évolue. Grâce à la cohérence décrite plus haut, chaque niveau de rationalité, individuel, d'équipe et collectif concourt à la réalisation des objectifs généraux.

Le changement de référentiel étant annoncé et réellement entré dans les faits, les comportements coopératifs se développent car ils sont fondés sur l'existence d'objectifs communs et peu nombreux. Certes, les conflits demeurent car il reste des divergences d'intérêts entre les structures à objectifs différents, en particulier entre le réseau de distribution et les structures d'engagement et de gestion. Mais, fait très important, il ne s'agit plus de conflits de règles mais seulement d'objectif. De fait, les procédures et les règles, parce qu'elles sont simplifiées et clarifiées, les organigrammes les niveaux hiérarchiques et les définitions de fonctions, parce que leur intérêt est devenu moindre, ne sont plus, ou beaucoup moins, objets de débat et de blocages. Dès lors, la plus grande coopération aboutit à un degré d'adaptabilité et de flexibilité plus élevé et à une meilleure efficacité de toutes les formes d'organisations jusqu'au niveau de l'exercice individuel de chaque fonction. Dans ces conditions, la structure de l'agence, la répartition des missions entre les individus et la définition des fonctions peuvent être spécifiques au niveau de chaque unité pour s'adapter d'une part aux caractéristiques du marché local, d'autre part à la nature des compétences disponibles. Nous sommes là au cœur de la problématique d'organisation de l'unité de travail. Sa capacité d'adaptation au marché et aux ressources dont elle dispose constitue un facteur principal d'efficacité.

Dans le cas étudié, la combinaison recherchée pour chaque unité est orientée vers le développement du chiffre d'affaires. Dans d'autres situations, il pourrait s'agir d'optimisation et de développement de moyens face à une capacité de production donnée.

Le rôle de la gestion des ressources humaines : développement des compétences et systèmes d'incitations et de rémunération

La gestion des ressources humaines se présente comme l'instrument destiné à accélérer la transformation du système par la maîtrise de deux des principaux systèmes de fonctionnement de l'organisation : le système de sélection et le système d'incitation et de reconnaissance. De fait, la GRH est amenée à transformer son approche qui était bureaucratique par nature car elle assurait l'endogénéité des critères de gestion du personnel. Ceux-ci étaient définis par rapport aux contraintes des membres de l'organisation et des règles et non par rapport aux missions que cette organisation est supposée accomplir. Dans cette transformation, deux aspects fondamentaux de la gestion dynamique des ressources humaines sont à l'œuvre, la gestion des compétences et le concept d'organisation qualifiante.

Sur la gestion des compétences, le cas étudié traduit la pertinence de l'approche par les potentiels, même si celui-ci se construit et s'évalue également à partir de savoir-faire et de connaissances acquises.

Le potentiel peut se définir ici comme la capacité pour un individu à assumer des missions nouvelles au-delà de ses fonctions de base et des compétences que celles-ci requièrent. Selon les niveaux d'expertise et de compétences, il s'agit d'un potentiel qui peut se révéler et s'affirmer à la périphérie de la fonction occupée. Pour des fonctions plus standardisées, il s'agit du niveau de polyvalence atteint et de l'amplitude donnée à la fonction.

Dans le cas étudié, l'organisation permet de faire face à des situations différenciées, incertaines et instables dans le temps. Elle permet d'isoler les décisions complexes des procédures routinières. Elle apporte les conditions d'autonomie et de contrôle au sein desquelles des décisions complexes sont non seulement possibles, mais se révèlent également plus compétitives que dans un cadre standard. C'est également dans ce contexte que la ressource la plus rare, la ressource humaine, est mise en situation de résoudre les problèmes complexes posés au niveau local.

L'autonomie développée au niveau local en même temps que le contrôle des résultats qui l'accompagne entraînent une transformation des relations hiérarchiques et de contrôle, y compris au sein de l'unité elle-même où les problèmes de choix et de prise de décision routiniers sont simplifiés car à la fois clarifiés et dérégulés.

Les capacités détenues par le personnel constituent ainsi la ressource principale de l'organisation et de sa flexibilité face au marché, ses particularités et ses aléas. Le processus au sein duquel elles sont révélées puis capitalisées devient ici un facteur clé d'efficacité de l'organisation et un levier de performance essentiel. Si la gestion de cette ressource est généralement intégrée au management, elle reste assez peu identifiée en tant que telle comme facteur d'efficience car elle est au carrefour de plusieurs approches – ressources humaines, organisation, management – sans pour autant constituer un champ d'étude suffisamment autonome et structuré.

Enfin, l'ensemble des outils et règles de gestion des ressources humaines – évaluation, gestion des carrières, rémunérations, formation – recèle un réservoir considérable d'innovation à mettre au service de l'évolution des organisations. C'est le cas lorsque celles-ci sortent du moule bureaucratique, fait de règles et de techniques et dans lequel l'organisation est une fin en soi, pour au contraire devenir un formidable levier d'efficacité et de développement.

Chapitre 3

Les rémunérations variables

Les rémunérations variables rémunèrent en théorie la performance et les résultats obtenus. Elles sont, par hypothèse, variables et corrélées aux performances de l'organisation. D'un point de vue macroéconomique, elles constituent par conséquent une variable d'ajustement sur le niveau global des rémunérations et donc des coûts.

La rémunération variable tient une place à part dans le système de rémunération. Ses caractéristiques en font un instrument unique et indispensable pour répondre à une série d'objectifs de l'entreprise. Son développement se poursuit au sein des organisations avec une très grande diversité tant dans ses usages que dans ses formes. Il est donc nécessaire d'emblée de situer la rémunération dans le système de rémunération, d'en définir les contours et ses principaux atouts.

Le type de corrélation entre rémunération variable et performance est pourtant loin d'être mécanique, unique et direct. On observe dans les faits au sein des organisations une très grande variété de systèmes.

Il est toutefois possible de les classer en trois catégories de systèmes. Parmi les systèmes existants, ceux qui s'intègrent dans des mécanismes de management par objectifs sont les plus évolués et les plus aboutis. Nous verrons également qu'ils présentent souvent une meilleure efficacité et une plus grande flexibilité. L'observation des systèmes de rémunération variable sur une période suffisamment large montre le plus souvent que les rémunérations variables ne le sont pas toujours, à la baisse s'entend, et qu'elles présentent une flexibilité assez faible dès lors que les résultats et performances diminuent significativement. Nous terminerons cette partie par l'illustration d'un cas exposant les étapes et la méthodologie de mise en place d'un nouveau système de rémunération à la performance.

Les caractéristiques et objectifs de la rémunération variable

La rémunération variable est un complément indispensable à la rémunération fixe et représente, grâce à ses caractéristiques propres, un outil privilégié et unique pour répondre à une série d'objectifs.

Le tableau 3.1 resitue la rémunération variable par rapport aux principales autres formes.

Tableau 3.1 – Critères et formes de rémunération variable

Formes de rémunération	Objet rémunéré
Salaire	Compétence fonction + compétence individuelle
Primes et bonus	Performance individuelle ou équipe
Primes/bonus moyen terme	Performance individuelle ou équipe à moyen terme (2 à 4 ans)
Stock-options	Attribution individuelle sur performance collective à terme
Actionnariat des salariés	Attribution optionnelle sur performance collective à terme
Intéressement/ participation	Attribution collective sur performance collective de l'année.

Nous nous bornerons à une définition restrictive de la rémunération variable en ne retenant que celle qui est déterminée individuellement ou par équipe. Pour deux raisons : la première pour se consacrer ici aux rémunérations qui font véritablement partie de la boîte à outils du management direct, la seconde pour ne retenir que les formes qui sont directement reliées à la performance opérationnelle. Les formes liées à la performance collective ou faisant l'objet d'attribution collective seront abordées dans la rémunération collective.

La rémunération variable, outil de gestion

La rémunération variable se présente comme la seule véritable marge de manœuvre disponible pour le management en vue d'orienter le niveau de rémunération et les mécanismes d'incitation et de récompense.

Représentant de 10 % à 50 % des rémunérations versées, elles constituent parfois jusqu'à 90 % à 99 % des flux annuels des nouvelles rémunérations attribuées dans la mesure où les augmentations de salaires se situent généralement entre 1 % et 4 % de la masse salariale.

De plus, la rémunération variable relève de ce que l'on peut appeler la micro-gestion, c'est-à-dire le management opérationnel à court terme par opposition au management global de l'organisation à moyen terme. Le tableau 3.2 montre que la rémunération variable tient, de ce point de vue, un rôle incontournable.

Tableau 3.2 – La rémunération variable, outil de management opérationnel

	Rémunération fixe	Rémunération variable
Macro-gestion	• Système général de rémunération • Augmentations de salaires générales ou automatiques • Système d'avancement et de promotion	• Système d'intéressement et de participation • Primes catégorielles • Primes statutaires et réglementaires
Micro-gestion	• Augmentations de salaire individualisées	• Primes de performance sur objectifs • Primes variables • Autres primes et bonus variables

Par ailleurs, la rémunération variable est l'outil d'incitation et de motivation par excellence. Elle peut être directement liée à un système de management par objectifs, se déclinant, à chaque niveau, pour chacun des collaborateurs et faisant l'objet de contrats implicites ou explicites dans le cadre des entretiens annuels d'objectifs. Elle crée donc l'incertitude sur le niveau de rémunération variable à travers le mécanisme qui le relie au niveau de performance atteint en fin de période. Elle est individualisée ou définie au niveau d'une équipe réduite. Elle concerne enfin la courte durée ce qui favorise le caractère incitatif et tangible de la rémunération avec des possibilités de feed-back plus fréquentes.

Enfin, elle est par définition flexible et peut assurer la régulation de l'équilibre entre le montant des rémunérations versées à chaque niveau de l'organisation et la situation économique générale de l'entreprise.

Trois grands types de systèmes de rémunération variables

Les systèmes de commissionnement

Les systèmes de commissionnement relèvent d'une formule de calcul mécanique, indexée le plus souvent sur le chiffre d'affaires ou sur un résultat net après déduction des charges directes. Les systèmes le plus évolués sont déterminés à partir d'un résultat net analytique, c'est-à-dire un bénéfice incluant tous les éléments d'un compte d'exploitation. Dans la forme, il s'agit le plus souvent d'un pourcentage appliqué à un volume ou à un résultat. Parmi les formes les plus courantes, le commissionnement d'un commercial peut être égal à 2 % du volume des ventes ou 10 % de la marge nette. Ce mode de calcul *a priori* simple peut s'appliquer à une personne ou à une équipe entière. Il peut être attribué directement individuellement ou réparti sur d'autres critères après avoir été calculé au niveau de l'équipe dans son ensemble.

Ces règles de rémunération sont typiquement applicables dans les activités commerciales génératrices d'activité en termes de chiffre d'affaires ou de résultats. Ces indicateurs sont assez facilement déclinés par équipe et par personne et donnent ainsi la possibilité de bâtir des rémunérations qui mixent le plus souvent part individuelle et part collective.

Ce type de système présente l'avantage de la simplicité (une formule de calcul), de la clarté (la formule est connue de tous) et d'une grande facilité à piloter tout au long d'un exercice – trimestriel, semestriel, annuel – de telle sorte que toute surprise est évitée s'agissant du niveau de la rémunération. De nombreux critères d'efficacité d'un système de rémunération sont ici observés et les systèmes de commissionnement sont pour le management et le développement des activités commerciales d'une grande efficacité. À condition toutefois que les biais propres à ce type de système soient maîtrisés.

➤ Les difficultés d'adaptation des mécanismes de commissionnement

Quatre types de biais sont à généralement à corriger ou à limiter.

• *L'évolution à moyen terme du système*

Certes, la formule de calcul garantit *a priori* la flexibilité du montant mais la formule en soi, simple à l'origine, ne peut intégrer toutes les variables. Or les conditions de marché, les produits, les prix font évoluer rapidement les conditions de réalisation de performance. Ceci entraîne des effets pervers ou des incitations incohérentes et parfois contradictoires avec les objectifs généraux de l'entreprise. Ces perturbations, qui sont logiques, nécessiteraient une remise à jour annuelle des principes de calcul mais cela est rarement le cas. Des retouches sont généralement effectuées mais elles viennent fréquemment alourdir ou rendre plus complexe la formule et peu à peu faire perdre de son efficience au système.

Au cœur de la difficulté de faire évoluer le système avec le temps se trouve donc le déséquilibre qui se crée rapidement entre objectifs recherchés et incitations. Dès lors que les préoccupations et les priorités évoluent, les difficultés à adapter les règles mécaniques et uniformes de ce type de système surgissent. Son équité interne et les incitations initiales ont alors tendance à se déséquilibrer et s'écarter des objectifs initiaux. L'exemple classique est fourni par la situation d'une activité commerciale dans laquelle le volume peut être privilégié sur une courte période – phase de lancement ou de démarrage d'un nouveau produit – suivi d'une période pendant laquelle la marge devient une préoccupation prioritaire. Dans une première phase il sera nécessaire d'encourager et de rémunérer l'acquisition de nouveaux clients et les volumes pour assurer le lancement de l'activité et un seuil de croissance minimal. Dans un second temps, la consolidation de la croissance passe par un travail sur les marges qui devront alors être encouragées au détriment du volume. Bien que, dans cet exemple extrêmement simple, une adaptation du commissionnement paraisse parfaitement réalisable, les situations réelles, plus complexes, connaissent des décalages très rapides d'autant que stratégies, produits et priorités évoluent extrêmement vite (voir notamment, chapitre 2.2, De la stratégie RH à la stratégie de rémunération).

- *La contractualisation du calcul de commissionnement*

Les règles de commissionnement sont assez souvent contractualisées par une annexe au contrat de travail détaillant les formules de calcul. Ceci entraîne de fait l'impossibilité d'une adaptation annuelle sans entrer dans des renégociations de contrats individuels. Ce type de situation est fréquent particulièrement lorsque les salaires fixes sont faibles ou clairement inférieurs aux normes du métier. Il est donc recommandé de ne pas contractualiser les systèmes, ou seulement le cadre général, et de conserver la possibilité d'une révision régulière sans pour autant prendre le risque rompre le contrat de travail.

- *La non-prise en compte de critères qualitatifs et collectifs*

D'autres difficultés intrinsèques au principe du commissionnement sont liées à l'uniformité des objectifs, le plus souvent chiffrés et à la difficulté d'intégrer une pondération qualitative aux résultats chiffrés. Dans la pratique, certains systèmes ont intégré des indicateurs collectifs pour compenser le caractère, par nature très individualiste du commissionnement. L'individualisation est en outre renforcée par la prépondérance de l'objectif chiffré qui est parfois unique et par le caractère mécanique de ce type de calcul. Les critères qualitatifs ou collectifs viennent atténuer l'individualisation mais entraîne parfois un affaiblissement des incitations liées à ce type de système.

De même, la qualité des prestations, la continuité du fonds de commerce et le travail d'équipe sont généralement mal rétribués via un commissionnement pur. Nombre d'adaptations visent donc précisément à instiller des pondérations permettant de valoriser ou de pénaliser les performances qualitatives.

• *La perte de contrôle*

Le fait que les systèmes, dès lors qu'ils sont en place échappent parfois au contrôle des DRH ou des directions financières aboutit parfois à une perte de contrôle et de compréhension du système en place. Bien que conscient des problèmes, un responsable, mal à aise avec ces notions, aura alors tendance à passer des compromis pour faire évoluer le système mais à la marge seulement. Ces adaptations qui conduisent à des modes de calcul plus complexes contribuent à rendre le système de plus en plus opaque et décalé de son objet initial.

• *Piloter les systèmes de commissionnement*

Afin d'en assurer la maîtrise et le contrôle, une série de garde-fous et de principes sont à recommander :

- introduire des critères collectifs ou d'équipe pour rééquilibrer un commissionnement purement individuel ;
- éviter de contractualiser le détail des formules de calcul dans les contrats individuels. Préciser seulement le cadre et l'existence de la rémunération dans le contrat de travail en renvoyant à une note générale détaillant l'ensemble des règles et prévoyant leur adaptation régulière est donc une mesure de prudence élémentaire ;
- confier la mise en place et le suivi à la DRH est aussi une garantie de professionnalisme et de pilotage du système ;
- prévoir clairement et à l'avance une adaptation du système, par exemple annuellement lors des procédures budgétaires et de la définition des objectifs, est indispensable. Ainsi le système de commissionnement s'intègre dans le système de management et devient cohérent avec ses objectifs, objectifs commerciaux et incitations au développement, objectifs de résultats et équilibre financier. Il s'agit du premier pas vers les systèmes de bonus associés à la réalisation des objectifs ;
- faire évoluer le système en place par intégration de coefficients de pondération ayant pour but de corriger les excès ou à tenir compte de critères qualitatifs dans le mode de calcul. Parmi ces adaptations, on citera :
  - fixer des limites – plafonds et plancher – aux différents montants versés (niveaux collectif et individuel) ;

– introduire un coefficient de pondération global et individuel reflétant la performance enregistrée (de l'unité et de la personne) ;
– établir un système mixte composé d'un commissionnement calculé au plan global par l'ensemble de l'équipe ou de la catégorie concernée et répartie en fonction d'un coefficient individuel reflétant l'évaluation de la performance individuelle.

➤ Les systèmes de bonus sur objectifs

Les systèmes de bonus basés sur des objectifs individuels ou target-bonus sont définis en fonction du niveau de réalisation d'objectifs individuels et/ou collectifs. Ce type de rémunération variable est déterminé à partir de trois critères :

- le niveau de bonus correspondant à l'atteinte de l'objectif individuel ;
- la performance individuelle par rapport à l'objectif ;
- la performance collective (entreprise, unité, équipe).

L'intégration de la notion d'objectif dans la détermination de la rémunération est décisive dans la rationalité et l'efficacité des mécanismes de rémunération. Elle rend obligatoire la définition d'objectifs et l'évaluation annuelle de la performance.

Directement issue de l'évaluation, la rémunération attribuée peut être expliquée au cours de l'entretien. Elle peut être pondérée en fonction de chaque objectif et intégrer une dimension collective.

Les objectifs étant définis chaque année, les critères de rémunération peuvent être plus facilement adaptés en fonction des préoccupations de l'entreprise et des priorités.

Elle peut être étendue à la plupart des catégories car elle ne se limite pas au personnel commercial ou générateur de résultat (les objectifs individuels peuvent être définis pour toutes les catégories) comme peut l'être un système de commissionnement. En outre, elle permet de créer des incitations rationnelles car elle est basée sur un mécanisme rationnel et transparent et se situe, de ce point de vue, en termes d'efficacité, au-dessus des primes et autres bonus discrétionnaires.

Mécanisme :

$$\text{Bonus} = \text{bonus individuel sur objectif} \times \text{coefficient de réalisation} \times \text{coefficient de résultat (BU)}$$

Exemple

Bonus individuel de base (target-bonus) (en euros)	10 000	10 000	10 000	10 000	10 000
Taux de réalisation des objectifs individuels	90 %	100 %	110 %	120 %	130 %
Coefficient individuel	0,9	1	1,1	1,2	1,3
Coefficient collectif (équipe)	1,1	1,1	1,1	1,1	1,1
Bonus versé	9 900	11 000	12 100	13 200	14 300

Pour illustrer le mécanisme ci-dessus, prenons l'exemple d'un salarié qui a réalisé les performances suivantes au cours de l'année :

Objectifs individuels

Objectifs quantitatifs (pondération 1) :

– objectif 1 : réalisé à 90 % (270 ventes pour un objectif de 300) ;
– objectif 2 : réalisé à 105 % (marge de 8,4 % pour un objectif de 8) ;
– objectifs quantitatifs réalisés à 97,5 % (90 + 105/2 avec pondération identique = 1) ;
– objectifs qualitatifs (pondération 0,5) réalisés à 110 % (enquête satisfaction client) ;
– objectifs de travail en équipe (pondération 0,5) : réalisé à 90 % (appréciation du responsable direct) ;
– objectifs de développement professionnel (pondération 0,5) : atteint à 100 % (polyvalence possible pour remplacement d'un autre membre de l'équipe) ;
– objectifs individuels réalisés à 97,5 % (total des objectifs après pondérations) ;
– objectifs de l'équipe : réalisés à 110 % (pondération 1) ;
– bonus individuel = 0,975 × 10 000 (target-bonus) × 1,1 = 10 725 euros.

• *Le bonus individuel sur objectif (target-bonus)*

Un montant individuel est attribué et peut évoluer au début de chaque année. Ce bonus individuel ou target-bonus correspond au montant du bonus qui sera versé à la fin de l'exercice si les objectifs sont atteints et si l'unité a elle aussi atteint ses objectifs. Le montant ainsi défini est un élément de la rémunération du salarié. Ce montant qui est défini en fonction d'un certain pourcentage de la rémunération fixe est généralement le même pour chaque fonction selon le niveau des objectifs fixés. Pour des métiers commerciaux pour lesquels la contribution individuelle est décisive sur la performance, le montant peut représenter une part importante de la rémunération globale. Le niveau du bonus peut également varier en fonction du niveau d'expérience dans la fonction et/ou en fonction du niveau d'objectifs fixés.

Le versement du bonus intervient à la fin de l'exercice après évaluation individuelle. Si les objectifs individuels sont atteints, les résultats du business aussi les coefficients de performance appliqués sont égaux à 1 :

Bonus = bonus individuel (A) × 1 (coefficient individuel) × 1 (coefficient équipe ou unité)

- *Les coefficients de performance individuels et collectifs*

Les coefficients font évoluer à la hausse et à la baisse le bonus de base en fonction des résultats obtenus par rapport aux objectifs. Un taux de réalisation des objectifs est défini au cours de l'évaluation. Le plus souvent, dans la mesure où plusieurs objectifs sont concernés, il s'agit d'un taux de réalisation moyen. De même pour chaque objectif une pondération différente peut être prédéterminée afin de renforcer l'incitation sur les objectifs prioritaires.

La performance de l'équipe est, quant à elle, le plus souvent mesurée par des indicateurs économiques ou financiers – résultat, taux de croissance des ventes, taux de croissance du bénéfice par action selon le type d'organisation et les préoccupations du management.

L'impact du coefficient collectif peut être limité et encadré par un plafond et un plancher pour éviter les variations trop élevées, indépendantes de la performance individuelle.

- *Le pilotage et la flexibilité du système*

Bien entendu, à partir de ce mécanisme un grand nombre de combinaisons sont possibles. La pondération des coefficients peut être différente pour donner plus de poids à l'individuel ou au collectif.

Une progressivité peut également être introduite en fonction du niveau de réalisation des performances, afin d'amplifier le différentiel de bonus entre deux niveaux de performance. De même, pour donner plus d'impact à la performance individuelle, le coefficient collectif peut être supprimé.

Exemple

Taux de réalisation des objectifs individuels	90 %	100 %	110 %	120 %	130 %
Coefficient individuel	75 %	100 %	115 %	130 %	150 %

L'adaptation du système aux évolutions et aux préoccupations de l'activité s'effectue enfin dans la détermination des objectifs individuels, leur évolution, leur nombre, leur pondération.

• *L'entretien d'objectifs ou contrat de performance*

La démarche d'évaluation dans laquelle les objectifs seront fixés et évalués sous-tend l'efficacité et la cohérence de ce type de rémunération variable. Elle doit donc répondre à certaines exigences et, pour cela, doit être suffisamment structurée.

Les principes sont les suivants :

- l'entretien d'objectifs doit être réalisé selon la périodicité propre aux rythmes d'activité (annuel, semestriel, fin de mission) ;
- l'entretien se déroule entre le collaborateur et son responsable direct ;
- L'évaluation comporte deux parties distinctes :
  - l'évaluation des performances réalisées par rapport aux objectifs fixés ;
  - la définition des objectifs individuels pour la période à venir.

Les objectifs individuels doivent être cohérents avec ceux de l'équipe et définir la contribution attendue de l'intéressé. Ils s'inscrivent également dans une démarche de progrès ou des réalisations nouvelles quantitatives ou qualitatives.

Il est très important enfin que la périodicité et la date de réalisation de ce type d'entretien soit cohérente avec, d'une part le calendrier budgétaire qui fixe les programmes et les objectifs pour la période à venir, d'autre part avec le calendrier de la politique salariale (voir ci-dessous 3.1.1, cycle managérial et rémunérations).

Le formulaire qui a pour but de guider et de formaliser les différentes étapes de l'entretien est généralement organisé comme le montre l'exemple ci-après en deux parties distinctes et deux pages distinctes, l'une étant consacrée à l'évaluation des objectifs précédents, l'autre à la définition des nouveaux objectifs.

Le nombre d'objectifs doit être limité, particulièrement dans les fonctions commerciales pour lesquelles la performance chiffrée est généralement l'objectif principal. Pour chaque objectif le formulaire prévoit une pondération permettant de valoriser les priorités.

Pour ce qui concerne le volet évaluation, les objectifs fixés en début de période doivent être repris et évalués point par point. Après pondération éventuelle, un taux de réalisation global est calculé et détermine mécaniquement le montant du bonus.

Un canevas d'entretien annuel est présenté ci-après. Il fait apparaître en deux pages distinctes les deux parties de l'entretien. L'évaluation est à réaliser par rapport aux objectifs fixés en début de période. Les nouveaux objectifs sont par ailleurs fixés pour la période à venir. La partie relative à l'évaluation prévoit les pondérations éventuellement prévues pour chaque objectif ainsi que la détermination d'un taux moyen de performance. Appliqué au target-bonus, il détermine directement le bonus individuel attribué.

En consacrant l'évaluation à la mesure de la performance et à la détermination de la rémunération variable, ce type de mécanisme tend à distinguer formellement évaluation de la performance et évaluation des compétences. Jamais totalement indépendantes, elles font pourtant l'objet de deux processus d'évaluation distincts :

- le premier, lié à la mesure de la performance selon un rythme annuel ou plus court, est un outil de management à la fois d'incitation et de rétribution de la performance ;
- le second a pour objet d'évaluer la compétence, c'est-à-dire la maîtrise de la fonction les capacités et le potentiel. Il s'agit d'un instrument de gestion des ressources en vue de la mobilité, des carrières et de la formation. Il se situe donc dans une problématique et un usage différents bien que la performance évaluée par ailleurs soit un indicateur majeur de compétence.

Entretien annuel de performance 2004

Nom – prénom :

Date d'entrée :

Département/service :

Fonction :

Nom du responsable chargé de l'évaluation :

Descriptif des fonctions exercées :

Missions spécifiques/projets :

1. Fixation des objectifs pour la période à venir (maximum 5)

Objectifs d'activité et quantitatifs	Pondération en %
1.	
2.	
3.	
4.	

Objectifs qualitatifs ou comportementaux	
1.	
2.	
3.	
4.	
Total :	100

Besoins de formation (validés par la hiérarchie) :

Objet	Justification du besoin	Délai de réalisation

Commentaires du collaborateur :

Commentaires de l'évacuateur :

2. Évaluation de la performance par rapport aux objectifs de la période écoulée

N° objectif	Pondération en %	< 60 %	Entre 60 et 100 %	100 %	Entre 100 et 150 %	> 150 %
Somme						
Nombre d'objectifs évalués						
Évaluation moyenne						

Commentaires généraux

Commentaires du collaborateur :

Commentaires de l'évacuateur :

Commentaires du N + 2 :

Les primes individuelles et les bonus

Les primes représentent l'instrument de rémunération le plus traditionnel et le complément salarial classique. Elles sont destinées à compléter le salaire de base et à rémunérer de façon spécifique une série de caractéristiques individuelles. Elles peuvent donc être un complément salarial spécifique et individuel mais aussi un instrument de rémunération de la performance sous forme de prime individuelle ou de bonus.

Non exclusifs d'autres systèmes, les primes et les bonus individuels représentent un élément important de politique salariale car ils sont attribués selon un rythme annuel en même temps que les augmentations de salaires. On distinguera les primes individuelles qui ont un caractère exceptionnel ou à tout le moins non reconductible des bonus dont seul le montant peut varier d'une année sur l'autre.

Les critères de rémunération sont discrétionnaires : ils rémunèrent bien entendu un niveau de performance mais la frontière est ici plus ténue entre compétence et performance réalisée. La prime individuelle peut être un complément ou un substitut à une augmentation de salaire. Elle a un caractère exceptionnel ou provisoire et sa combinaison avec les augmentations de salaire permet de pondérer les mesures salariales individuelles, de les programmer, la prime provisoire sera alors intégrée au salaire en cas de réussite, incitative lorsqu'il s'agit par exemple d'encourager la mobilité transversale.

➤ Les primes : une typologie

Plusieurs types de primes viennent composer la rémunération. Bien que distinguées du salaire de base fixe, il n'est pas possible de les considérer comme véritablement variables car nombre d'entre elles font partie du statut individuel[1].

Tableau 3.3 – Types de primes et critères d'attribution

Catégories de primes	Motifs
Primes de statut individuel	
Prime d'ancienneté Prime de diplôme Prime de fidélité	Nombre d'années d'ancienneté Diplômes obtenus Nombre d'années dans l'entreprise
Prime liée à la fonction/métier	Prime de fonction, liée au métier, au statut
Prime de fonction Prime de représentation Prime de panier/habillement	Fonction exercée Fonction exercée Fonction exercée
Prime de conditions de travail	Pénibilité, astreinte, nuit, insalubrité…
Prime de nuit/astreinte Prime de pénibilité	Fonction ou service en fonction des Astreintes et du temps de travail
Prime liée au lieu de travail	Expatriation, déménagement, etc.
Prime d'expatriation Prime de « rideaux »	Type de mobilité, localité, pays.
Primes liées à la prise fonction	Mobilité transversale
Prime de mobilité Prime intégrable après intégration	Attribuée lors du changement de fonction
Primes liées à l'activité et aux résultats	Performance, résultats, réalisations
Prime individuelle Prime exceptionnelle	Performance exceptionnelle, réalisation d'objectifs,

1. Voir également sur le sujet Roussel, 1996, p. 92 *et sq*.

➤ Les bonus d'activité

Le bonus d'activité ou discrétionnaire est à vocation différente. Strictement individuel, renouvelable d'une année sur l'autre, mais d'un montant variable, il est le reflet d'une appréciation générale où se mêlent à la fois la performance passée, le niveau d'implication, de loyauté et de travail en équipe de flexibilité face aux changements de priorités. Dans ces conditions, dès lors qu'il est discrétionnaire, le bonus exprime aussi indirectement l'état de relation avec sa hiérarchie. Enfin, le bonus, par son montant est un indicateur ou un révélateur du positionnement de l'intéressé ou de l'importance de sa contribution passée mais aussi à venir.

Les critères de détermination des bonus peuvent être assez nombreux et rémunérer des qualités ou des comportements spécifiques, au-delà de la performance individuelle :

- des critères de performance :
  - contribution individuelle,
  - résultats obtenus,
  - résultats de l'équipe ;
- des critères de comportement :
  - flexibilité, capacité à changer de priorité réactivité,
  - implication et coopération,
  - adhésion et loyauté,
  - coopération,
  - management,
  - capacité à développer les compétences ;
- des critères de fidélisation :
  - compétence clé pour la période à venir (rétention bonus),
  - forte contribution attendue aux résultats ;
- des critères spécifiques d'incitation
  - mission spécifique et temporaire,
  - embauche (*welcome bonus*).

De montant généralement plus élevé que la prime, le bonus concerne avant tout les cadres ou des experts détenteurs de compétences clés.

Cela explique la part importante accordée dans l'attribution de bonus à des compétences spécifiques telles que la flexibilité, le niveau d'adhésion, la loyauté au-delà de la pure contribution à la performance. Le développement et la généralisation des bonus pour l'encadrement correspondent bien à la préoccupation de rémunérer la performance mais aussi des comportements qui conditionnent l'adhésion aux objectifs, la cohésion des équipes et au final l'efficacité des ressources humaines investies.

➤ Les bonus moyen terme et différés

Alors que les rémunérations variables classiques, quelle que soit leur forme, sont définies sur des durées et des horizons courts de trois mois à un an, une nouvelle forme de bonus basés sur des durées plus longues – de deux à quatre ans – se développent. Ils répondent à deux types d'attente.

La première est relative à la performance à moyen terme. Il s'agit par là de corriger les effets pervers d'une performance évaluée et rétribuée sur des durées trop courtes. Dans ce cas, il est impossible d'apprécier les conséquences et les conditions dans lesquelles la performance a été réalisée. Telle augmentation de la marge instantanée qui se traduit avec retard par des pertes de clientèle, ou à l'inverse, telle augmentation du nombre de clients qui s'effectue sans marge ou à marge négative. Dans d'autres cas, un certain type de management commercial basé sur une progression rapide des ventes mais qui débouche sur un turn-over intolérable ou des compensations en rémunération ou en rétention dont le montant dépasse largement le bénéfice issu de la croissance du chiffre d'affaires. Dans tous ces cas, allonger la durée d'évaluation permet d'avoir une juste vision de la performance réalisée et de son caractère durable.

Il peut s'agir enfin de définir des montants de bonus en fonction d'un plan pluriannuel de croissance sur trois ans et de donner une perspective claire en accompagnant la mise en œuvre du plan avec une vision des rémunérations variables qui sont associées. Il est toutefois recommandé dans ce cas de conserver une grande souplesse d'adaptation afin de pouvoir gérer les inévitables modifications qui interviennent sur la durée.

Dans leurs formes le plus évoluées, les bonus moyen terme sont indexés sur la création de valeur avec des indicateurs de type EVA

(*Economic Value Added*). Ce type de rémunération se rapproche alors beaucoup des stock-options et encore davantage des *performances shares* dont l'attribution dépend de l'évolution d'indicateurs de ce type à moyen terme, la seule différence étant en réalité le traitement fiscal.

La seconde préoccupation consiste à utiliser les bonus moyen terme pour d'autres buts tels que la rétention d'une personne sur une durée donnée, soit à travers des garanties sur le niveau des bonus à venir, soit en différant le paiement de bonus attribués et en le conditionnant à la présence de la personne dans l'entreprise.

Tableau 3.4 – Les différents types de rémunérations variables et leurs objectifs

	Indicateur/ référence	Périodicité	Flexibilité	Adaptabilité du système	Incitation/ motivation	Diversité des usages
Commission-nement	Chiffres (CA, volume, clients…)	Courte : mensuelle ou ⩽ 1 an	Forte	Faible	Forte	Faible
Bonus/ objectif target-bonus	Taux de réalisation des objectifs	6 mois ou 1 an	Limitée (50 %)	Élevée	Forte	Limitée
Primes individuelles et exceptionnelles	Performance particulière ou excep-tionnelle Effort particulier	Ponctuel et immédiat	Forte si non régle-mentée	Régle-mentée	Faible	Élevée
Bonus moyen terme	Performance sur objectif à moyen terme	2 à 4 ans	Limitée	Forte	Limitée	Limitée

Les avantages individuels complémentaires

Comment aborder et répertorier les avantages individuels complémentaires. Leur diversité rend difficile l'assimilation : ce ne sont pas des formes totalement variables puisqu'un certain nombre sont définies comme des compléments à la rémunération fixe, elles ne sont pas totalement fixes car elles sont souvent liées à l'exercice d'une fonction donnée ou à un événement donné et elles ne sont pas collectives puisqu'elles sont sélectives et qu'en outre leur montant ou leur valeur ne dépend pas de résultats collectifs. Les avantages complémentaires individuels sélectifs se développent néanmoins pour répondre à deux préoccupations principales :

- la première est relative à la nécessité de diversifier les formes de rémunération et de créer des incitations plus fortes et sélectives pour les collaborateurs, les cadres en particulier. En développant de façon sélective et distinctive ces avantages, essentiellement en nature, l'objectif est clairement de développer la motivation et les d'incentives ;
- la seconde préoccupation est fiscale. Le développement d'avantages individuels sous forme de d'options ou de cafétéria-plans correspond à la possibilité d'arbitrer une partie de la rémunération sous forme d'avantages en nature, soumis à une moindre fiscalité.

Dans les deux cas, ces avantages ne prennent leur efficacité et leur intérêt que pour des cadres et des salariés à rémunération élevée. De façon plus spécifique mais en réponse à des besoins différents, ce type d'avantages est très développé pour les cadres expatriés.

Dans le premier cas de figure, ils peuvent représenter jusqu'à 20 % du salaire annuel comme c'est le cas en Grande-Bretagne et dépasser les 10 % comme c'est le cas en moyenne dans des pays comme l'Allemagne ou la France. Dans le second cas, la proportion des avantages peut aller au-delà de 30 % de la rémunération.

Les pratiques et les préférences évoluent selon les pays, leurs pratiques et leur culture. Peu développé encore il y a quelques années, le véhicule de fonction est très prisé en France, parce que distinctif. Davantage développé aujourd'hui il perd un peu de son attrait (pour des raisons fiscales également qui sont devenues moins avantageuses). Il laisse place au logement de fonction, extrêmement limité et apanage de la haute fonction publique et des cadres expatriés. Les cadres américains eux apprécient particulièrement les affiliations aux clubs privés et aux prestations VIP ou aux frais de représentation payés par l'entreprise.

En réalité, pour tenter de trouver une typologie cohérente à ces différents avantages, il faut sans doute les classer selon leurs véritables motifs de mise en place. Bien qu'étendus par la suite au sein d'une même catégorie, ils ont été le plus souvent à l'origine institués pour répondre à des besoins particuliers. Il est possible d'en répertorier quatre.

➤ Les avantages liés aux contraintes et aux particularités de la fonction

Les avantages liés à la fonction sont parmi les plus anciens. Ils sont par principes liés à certaines astreintes de la fonction et disparaissent en cas de changement de fonction ou d'affectation. Frais de représentation et de réception, avantage logement, voiture, téléphone, bureautique, prise en charge de dépenses de restauration, habillement... sont liés aux caractéristiques d'un métier. Si celui-ci comporte une part de représentation, de présentation, de réception, de déplacement, l'entreprise prend en charge ou dote le titulaire de la fonction des moyens correspondants.

➤ Les avantages liés à la mobilité géographique et à l'expatriation

La prise en charge par l'entreprise de tous les frais et désagréments liés à ce type de mobilité pour le salarié et sa famille consiste à neutraliser les effets pour le salarié et dans certains cas l'encourager. Prise en charge des frais d'installation, de transport, de logement, frais de scolarité, conseiller fiscal, cours linguistiques pour la famille, prise en charge de tous les frais de recherche de logement, d'emploi pour le conjoint, inscription à des associations locales... sont les principaux avantages pris en charge par l'entreprise dans ces circonstances. Cela se fait généralement de façon uniforme pour tous les salariés concernés appartenant à une même catégorie, contribuant ainsi à définir un statut conférant une série d'avantages. C'est par exemple le statut d'expatrié, relativement prisé au sein des grands groupes internationaux.

➤ Les avantages distinctifs et les incentives

Les avantages distinctifs sont généralement ceux attribués aux cadres dirigeants, supérieurs ou les hauts potentiels de l'entreprise. Quel que soit le contour des catégories choisies, le package d'avantages sera défini en fonction des besoins des catégories. Cela peut aller de la prévoyance complémentaire individualisée (retraite chapeau, assurance spécifique, assurance chômage pour dirigeant) à des avantages plus classiques distinctifs (voiture, chauffeur, logement, prise en charge frais de téléphone à domicile, abonnement à des clubs, voyages)...

➤ Les avantages à option, à but de défiscalisation

Les avantages à option font généralement partie du menu des cafétéria-plans à partir duquel le salarié peut « composer » sa rémunération.

Il peut s'agir d'options sur rémunération fixe, telles que les véhicules de fonction par exemple ou d'options sur rémunération variable comme des abonnements ou des inscriptions à un club sportif.

S'il s'agit, enfin, de distinguer et de fidéliser une population particulière, comme par exemple les hauts potentiels de l'entreprise, des variantes sont alors introduites, telles que l'inscription à des associations professionnelles, à des séminaires réguliers, des programmes de formation longue et à un suivi de carrière spécifique.

Au chapitre des avantages distinctifs, il faut enfin noter le développement très important des challenges commerciaux et des incentives en nature pour récompenser les meilleures performances. L'attribution de lots, sous formes de voyages par exemple, est désormais un grand classique. La même chose peut être déclinée pour les salariés les plus inventifs, les plus fidèles... Le développement des séminaires de motivation organisés dans le cadre de voyages à vocation touristique ou culturelle est désormais employé de façon permanente. Motivation collective, distinction individuelle des résultats, fidélisation sont les objectifs recherchés par les entreprises à travers des formules qui permettent de sortir du lien contractuel salarial classique pour créer un lien plus exclusif entre le salarié et l'entreprise et de créer une cohésion, un esprit collectif et d'équipe que d'autres formes de rémunération ne permettent pas de développer par ailleurs.

Les avantages à option consistent à améliorer la rémunération classique par l'attribution d'avantages complémentaires, qui sont fixes par nature, mais dont la fiscalité est avantageuse par rapport à une rémunération classique. Ce type d'optimisation a conduit à développer les formules d'avantages à option, où le véhicule de fonction est le plus utilisé avec la retraite complémentaire chapeau. Toutefois, les exigences de l'Urssaf sur ces pratiques se sont renforcées, la fiscalité moins avantageuse et les pratiques des entreprises devenues relativement banalisées pour les cadres tout au moins. De fait, l'attribution de véhicules de fonction s'étant beaucoup répandue, les éléments différenciant portent désormais sur le modèle et les conditions d'utilisation.

De façon générale, ces avantages sont soumis à la même problématique que les autres formes de rémunération. Se pose en premier lieu la question de leur efficacité. Bien souvent l'octroi de tous ces avantages peut paraître assez coûteux pour un effet assez hypothétique. En réalité se pose ici également la question du renouvellement des formes employées. Souvent efficaces au moment de leur création, ces avantages sont ensuite banalisés et perdent de leur effet avec le temps ou tout simplement parce que les critères ou les objectifs ont évolué. La capacité à faire évoluer et à réorienter ces avantages régulièrement est donc déterminante.

La question de la cohérence avec les autres formes de rémunération se pose aussi avec acuité. Les incentives en nature ne remplaceront jamais un bon système de rémunération variable. Ils ne peuvent pas non plus en corriger les défauts. Enfin, le cumul en couches successives de différents systèmes d'incentives finit toujours par aboutir à des résultats (à des coûts) éloignés des objectifs.

De la même façon que pour toutes les autres formes de rémunération, ces avantages ont chacun une efficacité qui peut être très différente selon l'usage qui en est fait, selon le contexte et l'objectif poursuivi. L'enjeu pour les entreprises est de savoir les créer à bon escient, les modifier et les supprimer en fonction d'objectifs souvent ponctuels et ou limités dans le temps. Cet enjeu est d'autant plus fort que dans ce domaine également la superposition des dispositifs, génère des redondances qui, non seulement sont porteuses de surcoûts parfois considérables mais aussi d'incitations ou de formes qui s'annulent entre elles et en annihilent les effets.

Les systèmes de rémunérations variables et le management par objectifs

La rémunération comme levier des systèmes de management

Les outils et procédés de management souffrent généralement d'être ni intégrés, ni cohérents entre eux. Ils perdent de leur efficacité dès lors qu'ils ne sont pas reliés aux systèmes de rémunération. Intégrer ces derniers dans un processus de management cohérent relève considérablement leur efficacité.

La nature de la relation entre les outils mis à la disposition du management pour définir les performances attendues et les évaluer d'une part et le niveau de la rémunération d'autre part est une question clé de toute politique RH. C'est la cohérence avec la politique salariale qui fournit au système de management son efficacité. La cohérence se décline naturellement avec transparence et simplicité et débouche sur des systèmes plus efficaces car compris par l'ensemble des acteurs.

Le premier critère de cohérence entre systèmes de management et de rémunération se vérifie au niveau du calendrier et du respect dans le temps des différentes étapes nécessaires à la conduite d'une politique salariale en phase avec les rythmes des métiers.

➤ Cycle managérial et rémunérations

- octobre-décembre : procédure budgétaire/objectifs globaux et par unité.
- décembre-janvier : résultats globaux et par unité.
- décembre-janvier : entretiens annuels d'objectifs et évaluations.
- janvier-février : préparation des décisions salariales.
- février-mars : application de la politique salariale.

Deux phases importantes doivent être organisées de façon cohérente :

- les objectifs individuels à partir desquels s'établit une partie de la rémunération variable doivent être définis par déclinaison des objectifs globaux et par équipe. L'entretien annuel au cours duquel l'évaluation des résultats et la fixation d'objectifs s'effectuent doit donc absolument intervenir en décembre et janvier, à la frontière de deux exercices ;
- les décisions en termes de rémunération ne peuvent intervenir sans évaluation préalable. L'évaluation est l'input nécessaire aux réflexions et une garantie de rationalité. Les réunions salariales et l'application des mesures individuelles ne peuvent donc intervenir qu'après, soit en février ou mars. Bon nombre de processus salariaux appliquent les mesures individuelles au 1er janvier au terme de processus qui débutent trop tôt lorsque les résultats et les évaluations ne sont ni arrêtés ni réalisés, sérieusement ou en totalité. Dans ces conditions, la politique salariale ne peut être ni optimale, ni satisfaire les critères d'efficacité exposés par ailleurs.

Intégrer la politique salariale dans la réflexion managériale va au-delà du calendrier bien qu'il s'agisse d'un préalable indispensable. La seconde étape consiste à rendre plus rationnelles les décisions individuelles et à renforcer en particulier le lien entre critères et formes de rémunération. Cet axe de progrès est capital pour l'efficacité des décisions, en particulier pour leur transparence et leur explication aux salariés concernés, ce qui devient possible dès lors qu'une relation est établie entre la décision prise et l'évaluation. De façon plus générale, une plus grande rationalité est un facteur de transparence et de compréhension des règles du jeu. À ce titre, cela permet notamment de clarifier les incitations et de faire apparaître plus clairement quels sont les véritables critères de rémunération pratiqués. Enfin, la rationalité équivaut au niveau général de l'organisation, à une garantie d'équité interne, propice à la motivation et à la cohésion des équipes devenues si nécessaires lorsque les différences de rémunération sont très marquées d'un métier à un autre.

D'un point de vue méthodologique, le fait de distinguer les situations dans lesquelles une prime ou un bonus sont plus adaptés qu'une augmentation de salaire est un premier pas important destiné à guider les réflexions, puis dans un second temps à aider la hiérarchie à expliquer les décisions prises.

Le tableau 3.5 met en relation les principaux critères envisagés avec chacune des deux grandes formes de rémunération, augmentation ou prime/bonus.

Tableau 3.5 – Compétence et performance : critères et formes appropriées

	Compétences/Fonctions	Performance
Critères et indicateurs significatifs	• Prix fonction/ Marché interne/externe • Maîtrise de la fonction • Potentiel et autres compétences spécifiques	• Résultats obtenus/Objectifs • Résultats exceptionnels/ Marché ou environnement
Type de mesure salariale	• Augmentation de salaire	• Bonus/Variable

L'efficacité du système de rémunération repose ainsi qu'un ensemble de mécanismes étroits qui relient entre eux de façon directe, les objectifs des métiers, le contrat d'objectifs individuel, la mesure de la performance et les rémunérations effectivement attribuées. Il se présente comme suit :

Programmes d'activité
↓
Objectifs individuels
↓
Performance attendue/rémunération attendue
↓
Mesure des résultats
↓
Détermination de la rémunération variable

Dans ces conditions, la politique de rémunération peut devenir un véritable levier de développement des performances grâce à la mise en cohérence et en action de mécanismes d'incitation et de motivation.

Toutefois, une partie importante de l'efficacité des systèmes de management par objectifs (MBO) repose sur la qualité du management opérationnel. Celle-ci se mesure notamment dans la façon dont sont fixés les objectifs. On a vu qu'il s'agit d'une phase capitale car elle constitue non seulement la référence du contrat implicite qui définit la rémunération future mais aussi parce que c'est probablement l'un des actes de motivation les plus puissants, intimement lié à la rémunération de la performance.

Concetta Lanciaux citait dans son ouvrage[1] les six lois du management par objectifs (MBO). Aujourd'hui, quinze ans après, il existe encore une marge de progression considérable. Les progrès sont pourtant relativement faciles à réaliser sur ce point avec un retour et des résultats rapides. Mais cela touche le cœur du mode de commandement et de management des hommes qui reste très lié aux évolutions culturelles et qui, sans action volontariste, n'évolue que très lentement.

Rappelons ces six lois du MBO :

- la personne qui sait où elle veut aller a plus de chances d'y arriver. Quel que soit l'adage, il est clair que les choses sont plus faciles à réaliser en les exprimant que l'inverse. La vision claire d'un objectif ou d'une volonté incite à l'action et la possibilité de participer à la définition de l'objectif démultiplie l'implication. Les enquêtes de satisfaction menées dans les entreprises livrent toujours des résultats surprenants (mais c'est une mauvaise surprise) à la question (mais

1. Lanciaux, 1991.

elle n'est pas toujours posée) : « Avez-vous une connaissance claire de vos objectifs ? »

- plus qu'un moyen de contrôle, les objectifs sont des processus de préparation, d'anticipation et d'organisation du travail. En préparant l'action de façon détaillée, ce type de processus accroît les possibilités d'atteindre les objectifs. Le contrôle n'intervient que dans un deuxième temps et n'est pas moteur dans le processus ;
- le pouvoir de motivation est démultiplié lorsqu'il y a convergence et cohérence entre les objectifs de la personne, ceux de l'équipe et de l'organisation. La déclinaison des objectifs à tous les niveaux doit donc être réalisée en veillant à sa cohérence d'ensemble. Il faut donc éviter par exemple de fixer des objectifs en volume au plan individuel si les objectifs de la ligne métier ou de l'entreprise sont exprimés en marge et que celle-ci est correctement définie au niveau individuel ;
- le processus de fixation conjointe entre responsable direct et collaborateur améliore l'implication du collaborateur, fiabilise le programme d'action à mettre en œuvre et accroît la probabilité d'atteindre les objectifs. En outre, il crée les conditions du feed-back et de l'amélioration continue des résultats. Le MBO exige une réelle décentralisation des objectifs et une cohérence minimale entre niveaux d'autonomie, de responsabilité, de décision et niveaux d'objectifs ;
- l'appréciation des résultats obtenus doit tenir compte pour une partie limitée (20 % maximum) des conditions de réalisation de l'objectif, même lorsque celui-ci est purement quantitatif. La mesure quantitative à court terme doit être relativisée par des appréciations plus qualitatives et à moyen terme. Le résultat quantitatif à court terme concerne strictement la rémunération variable. Dès lors qu'il intervient dans des appréciations plus larges, de compétence et de carrière, il doit être resitué dans une appréciation plus large.

Développer la rémunération incitative

La rémunération comporte deux grandes fonctions distinctes (voir chapitre 1) une fonction de rétribution et de reconnaissance et une fonction d'incitation et de motivation. À chacune de ces deux fonctions correspond un des grands objectifs de la GRH.

- acquérir et développer les compétences → fonction de rétribution et de reconnaissance ;
- manager la performance → fonction d'incitation et de motivation.

L'enjeu des systèmes de rémunération est différencié selon leur objet. Dès lors qu'il s'agit de rémunérer pour acquérir, garder et développer les compétences, les différentes formes de rémunération ont un rôle de rétribution et de reconnaissance.

Pour devenir un levier de management, la rémunération variable doit être incitative et se situer dans le champ des méthodes que l'on regroupe sous le terme de management de la performance et mobiliser pour cela l'ensemble des techniques d'incitation et de motivation.

Tableau 3.6 – Typologie des incitations

Formes de rémunération	Critères d'incitation
Commissionnement	Performance chiffrée
Target-bonus ou bonus discrétionnaire	Performance y/c qualitatif et collectif
Prime avec intégration à terme au salaire	Prise de nouvelle fonction/intégration
Bonus différé	Rétention
Bonus de fin de mission ou target-bonus	Mission ou priorité nouvelle
Prime individuelle	Performance ou activité exceptionnelle
Prime/bonus	Rétribution variable si salaire fixe élevé
Prime de mobilité	Mobilité (fonctionnelle ou géographique)

L'évolution des modes d'organisation favorise des modes de fonctionnement au sein desquels les changements de structure, de stratégie et de priorités et le recours à des missions temporaires sont courants. Une grande flexibilité est alors requise pour atteindre les niveaux de performance attendus. La capacité à mobiliser avec une grande réactivité les compétences disponibles est à la source de ce type de flexibilité. Celle-ci n'est pas faite seulement de savoir-faire, elle est surtout basée sur le niveau d'implication, de loyauté et de capacité d'exécution. Les susciter, les orienter, les focaliser vers les priorités et les optimiser exige des méthodes de motivation propres à mobiliser les ressources vers des challenges précis et/ou sur une période limitée. Certaines formes de rémunération variable jouent cette fonction de mobilisation soit en attribuant une rémunération dédiée à une mission donnée selon un contrat implicite simple, soit dans un échange plus complexe dans le renforcement de l'appartenance à la structure. Ainsi, les plans d'options, ou les avantages catégoriels individuels ou collectifs ont pour contrepartie une implication et une adhésion plus forte et plus rapide, ingrédients majeurs de la flexibilité et de l'efficacité opérationnelle.

Intégrées dans le cœur du système de management les techniques de rémunération variable peuvent ensuite être étendues à l'ensemble du personnel. Ce type de démarche doit être progressif et être renforcé pour les catégories de personnel pour lesquelles objectifs, performance et rémunération variable s'accordent naturellement, c'est-à-dire le personnel commercial placé en contact direct avec le client. Mais dès que les techniques de fixation d'objectifs individuels sont implantées au sein des fonctions de support ou de back-office, ainsi que pour le personnel non cadre, les rémunérations variables à la performance peuvent commencer à y être appliquées avec une grande efficacité.

Deux étapes décisives doivent alors être franchies.

- la première consiste à démonter l'apport des objectifs individuels pour ces catégories de personnel et pour cela à étendre la notion de performance à d'autres réalisations que les résultats chiffrés tels que la productivité, les réalisations supplémentaires, le développement de projets, la maîtrise des risques, la fiabilité des systèmes ;
- la seconde est relative au blocage culturel très répandu qui résiste à l'idée de déterminer la rémunération en fonction de la performance. Ou, plus exactement, que cette performance soit lisible sans le prisme de la hiérarchie directe pour être connectée directement à la rémunération. Des actions destinées à moderniser le style de management et à le réorienter sur la performance plutôt que sur le pouvoir de distribution des rémunérations permettent généralement de débloquer ce type de situation.

L'enjeu, dans les deux cas, est d'accélérer ces évolutions car elles concernent directement l'optimisation et l'efficacité du capital humain et de l'organisation.

La flexibilité des rémunérations : les rémunérations variables le sont-elles vraiment ?

Si la rémunération est réellement variable, elle doit donc varier en fonction de l'évolution des résultats et des critères rémunérés. L'application stricte des règles établies aboutit de fait à des variations à la hausse comme à la baisse des rémunérations versées. La réalité est plus complexe et les rémunérations variables ne le sont pas toujours dans les faits.

Deux types de situations différentes se posent généralement :

- une variation significative de la performance dans le cadre des règles définies une forte hausse ou une chute de la rémunération variable. Dans ce contexte, l'essentiel du problème repose sur l'amplitude observée et sur le caractère structurel ou ponctuel des déséquilibres générés dans le montant des rémunérations. La situation est évidemment différente selon que le système en question est à forte amplitude et résulte d'une formule de calcul ou qu'il s'agit de bonus discrétionnaires répartis sur la base d'une enveloppe budgétaire ;
- un changement d'unité ou de fonction entraîne de la même manière la sortie de la personne du système de rémunération spécifique au métier. Dès lors que des systèmes très différenciés existent pour chaque unité d'une même entreprise, ils deviennent un obstacle à la mobilité interne, la baisse significative de la rémunération globale restant dans les faits assez exceptionnelle.

Dans les deux situations, l'obstacle principal surgit lorsque la baisse de la rémunération devient significative et fait suite à une période de variables élevés.

Les systèmes de commissionnement sont par nature propres à générer une grande amplitude dans les rémunérations versées ; c'est d'ailleurs l'un de leurs points forts sur le plan des incitations qu'elle peut générer. Dans certains cas, une baisse de la performance peut aboutir à une disparition pure et simple de toute rémunération variable. Cette situation, sauf si elle est ponctuelle, est généralement de nature à remettre en cause le système en place ou à tout le moins entraîner des adaptations significatives.

En situation de cycle bas et de performances faibles, les rémunérations de type commissions du personnel commercial en se réduisant fortement, créent assez souvent des situations de gestion paradoxale. D'une part la baisse de la rémunération joue son rôle régulateur en entraînant une baisse des frais de personnel mais elle fragilise simultanément la motivation des commerciaux, c'est-à-dire précisément le personnel clé pour la relance de l'activité. Dès lors, face à cette situation des politiques spécifiques consistent à déroger aux règles en vigueur pour limiter la baisse des variables ou à attribuer des bonus spécifiques de rétention des meilleurs éléments. Il s'agit là du paradoxe le plus caractéristique de la rémunération variable, c'est-à-dire qu'elle ne peut en réalité être réduite durablement et de façon significative surtout lorsqu'il s'agit de commerciaux.

Ce type de situation montre que la flexibilité par la rémunération ne peut jouer dans les faits qu'un rôle d'ajustement et ne peut servir durablement de variable d'adaptation sans prendre le risque d'une démotivation, de perte de ressource et par conséquent de dépression de l'activité. À travers ce paradoxe, s'opposent les deux fonctions de la rémunération, rétributive d'un côté, incitative de l'autre. La diminution de la rétribution entre ici en contradiction avec les incitations recherchées dès lors que les acteurs ont, en bas de cycle, l'impression que leur rémunération n'est plus à la mesure de leurs efforts. Plusieurs enseignements se dégagent de ce paradoxe. En premier lieu, le contrôle à la hausse des rémunérations est très important *a fortiori* lorsque l'on connaît les risques et les mesures exceptionnelles requises par toute baisse significative. En second lieu, la flexibilité des rémunérations ne peut être considérée que comme un ajustement limité dans son ampleur et dans sa durée d'application. Il y a là une explication à la priorité donnée aux adaptations qualitatives, c'est-à-dire en volume d'effectifs, lorsque l'entreprise se trouve en situation durable de détérioration de ses performances.

La mise en place d'un système de rémunération variable

Plusieurs questions se posent au préalable pour construire un nouveau système, envisager sa substitution à celui généralement en place et s'assurer de son efficience à moyen terme.

Ces questions sont, dans l'ordre :

- l'objet du système, c'est-à-dire ce que l'on veut rémunérer ;

- quel poids donner aux variables dans la rémunération globale ?
- quelle part entre collectif et individuel ?
- quelle formule de calcul retenir ?

Le cas utilisé est celui d'un réseau en conseil en gestion de patrimoine s'adressant à des particuliers dont le patrimoine financier se situe entre 100 000 et 500 000 euros. Ce réseau est composé de quinze agences à Paris et dans les principales villes de province. Les agences ont une structure simple avec un directeur d'agence qui a la responsabilité de la structure composée de conseillers financiers et d'assistantes commerciales. Les principaux objectifs consistent pour l'agence comme pour les conseillers à fidéliser les clients en place en optimisant la marge obtenue grâce à la vente de produits ou de transactions et, d'autre part, acquérir de nouveaux clients pour accroître la base clientèle et la marge (PNB).

Un système de rémunération variable de type commissionnement calculé sur la base d'une performance chiffrée est en place depuis plusieurs années. Il concerne les directeurs d'agence et les conseillers, les assistantes étant rémunérées sur la base de primes corrélées avec la performance de l'agence. La formule de calcul est uniforme et inchangée depuis l'origine du système. Celui-ci a été aménagé avec l'introduction d'incitations supplémentaires destinée à encourager la vente de certains produits. En outre, le système cumule plusieurs critères différents et interdépendants. De façon générale, le système est devenu illisible, extrêmement coûteux, ne varie que très peu à la baisse et procure des incitations parfois contraires à l'objectif recherché. Il privilégie par exemple la survente de produits ou de transactions aux clients existants au détriment de la conquête de nouveaux clients. Enfin, ce système a fait l'objet d'un avenant très détaillé au contrat de travail des intéressés. Devenu ingérable, il a été décidé d'en changer. La réflexion retracée ci-après reprend les étapes méthodologiques destinées à concevoir un nouveau système à partir de zéro.

Quelle est la problématique posée ?

Que veut-on rémunérer ?

Il faut tout d'abord rappeler que, de façon schématique :

– la rémunération fixe rémunère la compétence (en dehors de survivances en matière de statuts, de grades qui sont bien entendu à exclure, s'agissant de commerciaux) ;

– la rémunération rémunère la performance, c'est-à-dire le résultat obtenu, soit en valeur absolue, soit par rapport à un objectif fixé.

Dans notre cas, les deux critères majeurs qui recouvrent tous les autres sont :

– le PNB (PNB, par agence, par personne), c'est-à-dire les actifs gérés *x* marge ;
– l'acquisition de nouveaux clients et la progression des capitaux (solde net des nouveaux clients et des capitaux).

Ces deux critères peuvent être combinés, avec un poids différent selon les fonctions et selon les niveaux – collectif ou individuel.

Par exemple, il est possible de choisir le PNB comme critère de rémunération collective au niveau agence et l'acquisition de nouveaux clients au niveau individuel. De même le PNB est un critère majeur pour le conseiller de type gestionnaire de portefeuille et l'acquisition davantage pour un développeur. Enfin, la performance de certaines fonctions se mesure davantage à un niveau collectif (directeur d'agence, assistantes) et d'autres davantage sur un plan individuel (conseillers).

Enfin, les critères de rémunération doivent être simples et synthétiques, cohérents avec les objectifs de l'entité et faciles à communiquer. Des critères détaillés par produits risquent ainsi d'être trop complexes et difficiles à adapter d'une campagne produit à une autre, *a fortiori* dans le cadre d'une approche patrimoniale globale.

Quelle part fixe/variable ?

Il s'agit d'évaluer le poids relatif donné à la part variable par rapport au fixe et à son degré de variation (s'assurer que la variable l'est vraiment).

Ces deux critères influent directement, d'une part sur le niveau d'incitation à la performance, d'autre part sur les charges de personnel qui doivent varier mécaniquement à la baisse en cas de diminution des revenus.

La proportion du variable par rapport au fixe (l'ampleur) et son degré de variation (l'amplitude) sont à déterminer en fonction du niveau d'incitation souhaité (en dessous de 10 % de variable, donc d'espérance de gain, on considère que l'incitation est marginale). L'amplitude enfin est très importante, l'incitation ne fonctionnant que si le risque d'une variable nulle ou faible existe réellement.

Quel équilibre entre collectif et individuel ?

La rémunération variable consacre généralement une grande part à l'individuel dans la mesure où la performance s'évalue à un niveau individuel. Toutefois, au niveau central, mais surtout à un niveau équipe (agence), une part collective peut permettre d'encourager l'esprit d'équipe – très important au niveau d'une agence – et surtout de rémunérer les fonctions dont la performance se mesure collectivement (exemple des directeurs d'agence et des assistantes). En revanche, le niveau central (de type ensemble du réseau) a un impact assez faible en termes d'incitation mais peut permettre par exemple de mieux associer des directeurs d'agence au pilotage des résultats du réseau.

Cette question renvoie donc aux réglages à apporter au système de rémunération en fonction de l'incitation recherchée et de la priorité donnée à la performance individuelle. Ces réglages sont à effectuer en cohérence avec les objectifs du business. Dans le cadre d'une politique commerciale de croissance, l'encouragement à la performance individuelle est par exemple prépondérant.

Quelle formule de calcul retenir ?

Il existe deux grands types de calcul de variable :

– le commissionnement, c'est-à-dire un pourcentage sur un chiffre d'affaires ;
– un bonus prédéfini variable en fonction du taux de réalisation (target-bonus).

Chacun des deux systèmes a ses avantages et inconvénients :

– Le commissionnement est un système très incitatif mais qui présente l'inconvénient d'être parfois difficile à contrôler au niveau des montants versés et difficile à adapter d'une année à l'autre.
– Le target-bonus est contraignant car il ne peut fonctionner sans fixation d'objectifs individuels détaillés. En revanche, il présente l'avantage d'être limité en montant et de pouvoir s'adapter chaque année via la nature et le niveau des objectifs fixés.

Quel système nouveau pour le réseau de vente ?

La proposition ci-après fait quelques hypothèses implicites, notamment celle que la phase de consolidation doit déboucher très vite sur une politique commerciale de croissance et d'acquisition de nouveaux clients.

Pour marquer une rupture avec le système fondé sur un commissionnement pur, le système proposé s'appuie essentiellement sur des target-bonus et un mécanisme d'objectifs individuels. Dans la mesure où il s'agit d'un réseau commercial, la formalisation détaillée d'objectifs individuels paraît en effet indispensable.

Objectifs

Trois niveaux d'objectifs peuvent être fixés :

– objectif réseau (résultat net du réseau) ;
– objectif agence (collecte nette + PNB) pour directeurs d'agence et assistantes ;
– objectif individuel :
  • développeur (collecte nette + nombre de nouveaux clients),
  • gestionnaire (PNB + collecte nette).

Pondération attribuée à chaque type d'objectifs
– objectif individuel chiffré = 70 % du target-bonus ;
– objectif individuel qualitatif = 10 % du target-bonus ;
– objectif agence = 20 % du target-bonus.

Calcul des bonus

Le bonus est égal aux taux de réalisation globale des objectifs X target-bonus.
– directeur d'agence : fixe en KEuros : 55 à 70 ; TB en KEuros : 12 ;
– conseiller (à classer selon l'expérience, le niveau et le potentiel) :
  • junior : fixe en KEuros : 30 ; TB en KEuros : 6,
  • confirmé : fixe en KEuros : 40 ; TB en KEuros : 8,
  • expert/senior : fixe en KEuros : 30 ; TB en KEuros : 10,
  • assistante commerciale : fixe en KEuros : 25 ; TB en KEuros : 3.

Exemple

Conseiller développeur confirmé : TB = 8 Keuros.

Quelle mise en place ?

Dès lors qu'il est conçu, le projet fait l'objet de consultations internes pour être adapté aux caractéristiques propres de l'activité et à certaines attentes des salariés concernés. Ce processus de consultation s'accompagne généralement d'une présentation aux représentants du personnel et au comité d'entreprise. Cette consultation permet notamment d'assurer un consensus interne et un équilibre avec les systèmes en place dans les autres métiers. Il est relayé enfin par une communication interne qui peut être couplée avec la définition des nouveaux objectifs de l'exercice et qui fait en sorte que chaque personne concernée ait compris préalablement les règles de fonctionnement du système avant son lancement effectif.

Chapitre 4

Rémunérations collectives, actionnariat et épargne salariale : les clés du dispositif

Les formes collectives ou actionnariales de la rémunération se sont beaucoup développées au cours des vingt dernières années. Elles ont donné lieu à la création de formes nouvelles que l'on peut regrouper dans un ensemble qui peut paraître disparate d'un point de vue technique mais qui comporte une forte cohérence axée sur des critères collectifs. Nous parlerons de rémunération collective au sens large sachant que cela peut faire référence à la fois à des formes dont l'attribution est en effet collective dans la mesure où elle concerne tous les salariés, ou parce qu'elle fait référence à la performance collective, celle de l'entreprise au sens large, exprimée par ses résultats ou sa valeur actionnariale.

Les mécanismes et enjeux de la rémunération collective

Parmi des formes et des pratiques qui ont profondément évolué, la rémunération collective peut être considérée comme une catégorie à part. À part, dans la mesure où elle constitue un contrepoids dans le développement de l'individualisation et en raison, également, des nombreuses innovations dans ce domaine qui ont permis de constituer une catégorie très significative par son poids relatif dans la rémunération globale. Avec l'abandon progressif des augmentations générales de salaires classiques et des mécanismes automatiques de progression à l'ancienneté, cette nouvelle forme est venue en substitution au fur et à mesure que ses formes se sont développées à la suite notamment d'incitations réglementaires et fiscales.

Formes et objectifs de la rémunération collective

S'il s'agit de prime abord de formes dispersées et de dispositifs techniques et fiscaux créés à des périodes différentes, leur articulation peut aboutir à un ensemble cohérent extrêmement structurant pour le système de rémunération à la fois par sa pondération et par ses apports en termes d'optimisation. De plus, il s'agit d'un pan entier de la rémunération qui répond à des objectifs spécifiques et qui débouche sur un concept nouveau, porteur de nouvelles formes d'équilibre entre entreprise et salarié : le patrimoine salarial.

Dans sa détermination, la rémunération collective relève directement de la structure et de l'organisation et non pas du marché. Elle donne lieu à deux grands types de dispositifs distincts :

- les formes d'intéressement et de participation aux bénéfices ou aux performances de l'entreprise ;
- la rémunération différée et le patrimoine salarial.

Ces formes particulières ont connu un développement très important au sein des organisations essentiellement dans les grandes entreprises du secteur privé. Elles sont à la fois marquées par le contexte réglementaire et fiscal français, très développé sur ce sujet, et par de profondes disparités :

- le développement des incitations réglementaires et fiscales en France depuis 1959 a ouvert la voie au développement de ses formes ;
- l'épargne salariale, elle aussi définie par un dispositif incitatif, est venue compléter les formes plus traditionnelles de rémunération

différée et d'épargne telle que la retraite et les autres formes d'assurance collective.

L'un et l'autre de ces dispositifs, l'un organisant la redistribution de la valeur ajoutée, l'autre créant les conditions d'une épargne longue dans l'entreprise, relèvent directement de l'organisation, de ses résultats et de sa situation économique en quelque sorte de son niveau de vie.

De fortes disparités s'observent donc dans la diffusion de ce type de rémunération et des dispositifs complets n'existent quasiment que dans les grandes entreprises. Ceci étant, le développement du dispositif réglementaire en accélère la diffusion dans les petites entreprises.

La participation des salariés est obligatoire dans les entreprises d'au moins cinquante salariés mais des projets de lois envisagent d'abaisser ce seuil à dix ce qui permettrait de couvrir une part beaucoup plus large de salariés.

L'épargne salariale et les plans d'épargne (PEE) sont encouragés pour les petites et moyennes entreprises et elles y recourent de plus en plus. Le nombre d'accords et d'avenants sur le PEE devrait dépasser vingt mille en 2005 et progresse de 20 % chaque année.

Enfin, l'actionnariat salarié est, dans les faits, limité aux grandes entreprises et quasiment tout le secteur public est en dehors de la plupart des dispositifs d'épargne salariale et d'actionnariat, malgré un timide développement de l'intéressement.

Si des progrès sensibles sont enregistrés, beaucoup de chemin reste à faire dans ce domaine pour intéresser la majeure partie de la population salariée. Selon l'observatoire de l'épargne des salariés, 25 % des actifs bénéficieraient d'un plan d'épargne salariale à la fin 2004. Lorsque l'on intègre les dispositifs de participation, cette proportion s'élève jusqu'à 52 % des salariés, avec cependant de fortes disparités :

Tableau 4.1 – Développement des dispositifs d'épargne salariale

Entreprises selon nombre de salariés	Pourcentage de salariés ayant accès à un dispositif d'épargne salariale (y compris participation)
1 à 49	9,3
50 – 499	76,9
500 et +	91,9
Total	51,8

Chiffres Dares, enquête Acemo.

La rémunération collective donne lieu à quatre catégories d'instruments :

- intéressement et participation ;
- actionnariat collectif et individuel ;
- épargne salariale ;
- rémunérations différées et *benefits.*

Tableau 4.2 – Les formes et les critères de rémunération collective

Critères	Formes	Incitations
Résultat/bénéfice	Participation/ Intéressement	Redistribution/ intéressement aux résultats de l'entreprise
Autres types de résultats collectifs	Intéressement	Intéressement aux résultats de l'entreprise ou de l'équipe
Valeur actionnariale	Actionnariat salarié Stock-options Attribution d'actions	Intéressement à la valeur de l'entreprise et association au capital
Épargne dans l'entreprise/ rémunération différée à moyen terme	Épargne salariale PEE Perp/Perco	Adhésion à l'entreprise Fidélisation, relation à moyen long terme
Rémunération différée long terme/assurance	Retraite/prévoyance	Fidélisation, complément de rémunération, statut

Le tableau 4.2 montre comment les techniques de rémunération collective introduisent une relation directe entre l'évolution des résultats de l'entreprise et la rémunération de ses collaborateurs.

Les résultats – bénéfice, chiffre d'affaires ou autre indicateur – débouchent sur une redistribution directe dont la transformation aboutit en partie à la constitution d'un patrimoine salarial. Son développement et son importance vont dépendre clairement du niveau de performance de l'entreprise sur moyenne période. Les mécanismes mis en place établissent une relation et un ensemble de mécanismes internes qui relient le patrimoine salarial et les revenus du salarié à moyen terme avec le niveau de performance et de l'organisation. Le quatrième critère majeur de la politique de rémunération – le critère collectif/variable – se situe ici entre un ensemble d'instruments dont certains sont anciens (la participation a été créée en 1959) et la problématique générale de la performance collective. L'enjeu est alors de pouvoir organiser tous les instruments disponibles pour à la fois optimiser les flux des rémunérations versées, du point de vue de leur coût, du point de vue de leur usage en termes de placement et du point de vue des contreparties qu'elles représentent à la fois en termes de pouvoir d'achat et d'implication des salariés.

Organisation et optimisation du dispositif de rémunération collective

Il est intéressant de mettre en perspective les différents outils de rémunération collective et de constater qu'un dispositif cohérent permet d'articuler les différentes formes entre elles afin d'en optimiser à la fois les montants et leur affectation. La figure 4.1 présente de façon simplifiée cette organisation d'ensemble du dispositif. Il souligne l'intérêt que peuvent avoir les entreprises à développer leurs systèmes de participation et d'intéressement comme outil de redistribution collective de la valeur ajoutée. Il peut en cela se substituer aux augmentations collectives de salaires avec un avantage fiscal important. Cette redistribution permet ensuite, de façon optionnelle, d'alimenter l'épargne salariale des salariés et enfin, toujours par option, d'encourager le placement de cette épargne en actions de l'entreprise pour mieux associer son personnel.

Avec ce type de dispositif, l'entreprise dispose de deux niveaux d'intéressement, le premier aux résultats à court terme, le second à l'évolution du titre à moyen terme. L'alimentation du dispositif se réalise sans fiscalité, le rendement de l'épargne est exonéré et l'actionnariat s'effectue dans les conditions avantageuses des souscriptions réservées aux salariés. Pour l'entreprise comme pour les salariés, c'est un optimum. Pour l'entreprise, les objectifs d'intéressement et d'association du personnel sont parfaitement réalisés avec ce dispositif, le coût global de la rétribution nette est inférieur de moitié à celui d'un salaire et les montants sont corrélés avec les résultats globaux. Pour les salariés, la rétribution nette est plus élevée et les avantages fiscaux et réglementaires procurent un supplément de revenu.

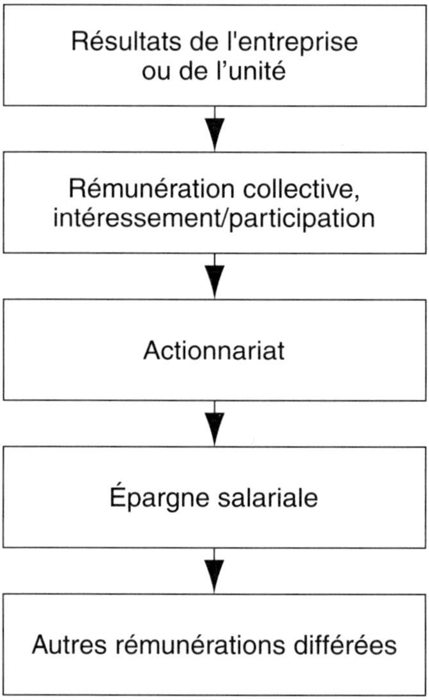

Figure 4.1 – Organisation des différents dispositifs de rémunération collective

Approchées globalement et organisées entre elles, ces formes de rémunération présentent d'importants leviers d'optimisation.

- en premier lieu, il s'agit d'optimiser l'utilisation des flux de rémunération nouvelle issus directement des résultats de l'entreprise et qui sont distribués dans le cadre des systèmes de participation et d'intéressement. Certaines entreprises l'ont bien compris lorsqu'elles développent leur système de participation et d'intéressement collectif tout en utilisant le dispositif d'épargne salariale. Celui-ci est utilisé comme réceptacle dans lequel les flux générés par les résultats sont investis en actionnariat dans des conditions fiscales avantageuses et propices au développement de l'épargne dans l'entreprise. Dans ce cas, les flux générés ne sortent pas de l'entreprise, d'abord parce qu'ils sont tout ou partie investis en titres de la société, ensuite car ils restent dans l'entreprise dans le cadre de l'épargne salariale. L'allocation des flux générés par les résultats en amont est ainsi recyclée de façon optimale, dans un premier temps par l'investissement en titres de l'entreprise qui développe l'actionnariat salarié, dans un second temps en optimisant les avantages fiscaux du plan d'épargne d'entreprise ;

- le deuxième type de recherche consiste à mettre en relation quasi directe les performances globales de l'organisation, c'est-à-dire ses bénéfices avec le pouvoir d'achat des salariés par une redistribution des profits significative. Puisque ce mécanisme est aléatoire et dépend du niveau des résultats, ce supplément de pouvoir d'achat, peut être épargné, ce qui permet d'en corriger les aléas et lui confère une plus grande stabilité à moyen terme. Pour autant que les systèmes d'intéressement et de participation permettent de redistribuer une part significative des bénéfices, l'épargne salariale peut être utilisée comme instrument de gestion et de régulation des flux nouveaux et constituer une réserve de pouvoir d'achat supplémentaire. Il reste ensuite à organiser la sortie de fonds de l'épargne salariale de façon suffisamment régulière pour que leur usage soit véritablement assimilé à du pouvoir d'achat supplémentaire, temporairement épargné, partiellement défiscalisé et directement cumulable avec le salaire direct disponible ;
- la troisième forme d'optimisation tient dans la capacité des entreprises à développer et à organiser ces instruments de rémunération collective pour renforcer l'association des salariés à la bonne marche de l'entreprise, renforcer l'appartenance, la fidélisation et en définitive l'implication des salariés. Le développement du lien direct entre résultat et prime collective variable par la participation ou l'intéressement et des dispositifs d'actionnariat et d'épargne et de constitution d'un patrimoine salarial présentent tous les atouts pour construire et renforcer ces mécanismes mais plusieurs conditions doivent être respectées.

Trois leviers apparaissent essentiels dans la construction des rémunérations collectives :

- le premier est relatif aux mécanismes de redistribution et d'intéressement dans des conditions de coût et d'allocation et de réemploi optimales ;
- le deuxième est relatif au repositionnement dans le champ de la rémunération collective et variable des problématiques d'évolution

du pouvoir d'achat. Si le niveau de vie de l'entreprise, via sa performance évolue, le niveau de vie de ses salariés en bénéficie. La relation est directe, mais elle est aléatoire et variable car indexée sur les résultats. La transposition de ce mécanisme de répartition dans le champ de la rémunération variable et non plus du salaire fixe renouvelle le thème du pouvoir d'achat dans la problématique de rémunération. En reconnectant le pouvoir d'achat du salarié au bénéfice de l'entreprise, elle la renouvelle et la rend à nouveau possible ;

- le troisième concerne les actions de communication et de valorisation réalisées auprès des salariés à propos de ce type de rémunération. Les dispositifs sont parfois trop complexes pour clairement faire ressortir les gains et la rétribution nette du salarié. Une communication claire et régulière, sur ce type de rémunération est donc cruciale. Elle a également pour rôle de clarifier et de créer le lien entre le résultat global et ce qui constitue le patrimoine salarial du salarié. Ces éléments, parfois disparates, insuffisamment communiqués, peu accessibles et non disponibles, sont encore trop souvent perçus comme des suppléments qui arrivent par surcroît, providentiellement, sans perception suffisamment développée d'une relation pourtant mécanique avec les performances.

Le concept de rémunération variable collective

La rémunération variable collective est apparue à ses débuts comme le pendant des mécanismes qui ont longtemps régi la détermination des salaires fixes. Elle est le résultat de deux idées centrales qui ont depuis toujours été au cœur des principes de rémunération : la redistribution et le partage de la valeur ajoutée et l'association à la marche de l'entreprise et donc à ses résultats.

De là a été défini, dès 1959 puis surtout en 1986, le cadre de la participation et de l'intéressement. Dans les deux dispositifs, qui sont aujourd'hui redondants, la rémunération collective est déterminée directement à partir d'un résultat global réparti selon des conventions clairement et préalablement définies.

À sa création, l'intéressement n'avait pas rencontré un très grand engouement dans les entreprises. Cependant, au milieu des années quatre-vingt, prenant le relais des augmentations générales devenues plus faibles en même temps que l'inflation, cette formule a bénéficié d'un regain d'intérêt. Les avantages fiscaux de ce dispositif le rendent en outre très attractif pour certaines grandes entreprises, mais il faut reconnaître qu'il ne s'est agi là que de grandes organisations ou d'entreprises à la culture RH développée et aux moyens importants.

Depuis, l'intéressement a gagné la plupart des secteurs et des organisations. Il est devenu un instrument indispensable dans la palette des DRH et des politiques de rémunération. Il prend en outre des formes diverses et fait l'objet d'innovations ce qui permet aujourd'hui d'introduire des critères de rémunération à la performance par équipe et également de packager ce dispositif avec celui de la participation pour n'en faire qu'un.

Les statistiques montrent que le nombre d'accords qui était inférieur à dix mille en 1990 est aujourd'hui supérieur à vingt-cinq mille en 2004 avec un nombre de salariés passant de 2 millions à près de 6,5 millions en 2004.

Ainsi défini, couplé avec la participation, l'intéressement est un instrument pivot qui assure le lien entre la performance collective et les flux nouveaux de rémunération. En se développant, il crée les flux nécessaires à la constitution de l'épargne salariale. C'est donc assez logiquement que les plans d'épargne suivent le développement de l'intéressement. Tout au moins quant à sa mise en place, car le plan d'épargne est rapidement conçu comme une enveloppe fiscale destinée à gérer plusieurs formes de rémunération parmi lesquelles l'intéressement et la participation, l'épargne directe du salarié, l'abondement de l'entreprise et, selon les cas, une partie de l'actionnariat des salariés.

Très embryonnaire jusqu'alors, l'actionnariat des salariés s'est lui aussi développé dans le sillage des privatisations des entreprises nationalisées en 1986 et 1987. Premières grandes opérations d'actionnariat des salariés, premiers désagréments aussi dès le krach d'octobre 1987. Mais la tendance était lancée, elle se réamorcera au cœur des années quatre-vingt-dix et fait depuis l'objet de pratiques de plus en plus diversifiées et qui sortent des schémas collectifs pour devenir de plus en plus individualisées.

Les systèmes d'intéressement collectif

Le fort développement de l'intéressement collectif à partir de la fin des années quatre-vingt correspond à plusieurs éléments déclencheurs qui ont permis aux différentes formes de se diffuser assez rapidement, y compris au sein de petites et moyennes entreprises.

- un déclencheur réglementaire : bien que la participation fût lancée beaucoup plus tôt, les entreprises étaient en attente d'un dispositif plus simple et plus souple quant à sa mise en place, son mode de calcul et ses règles de versement. L'introduction des plans d'épargne entreprise a également pu apporter un renouvellement à des principes déjà présents avec la participation mais trop limités et réglementés ;
- un déclencheur structurel lié à l'évolution des problématiques salariales. La fin des années marquées par une forte inflation et le fort développement de l'individualisation des salaires a profondément transformé l'approche et l'équilibre des politiques de rémunération. Le salaire fixe n'évolue plus en fonction du coût de la vie et des promotions internes mais en fonction de la compétence et de plus en plus en fonction de sa valeur sur le marché. La rémunération collective prend en revanche une autre fonction, celle de la redistribution des bénéfices au plan collectif. Elle se superpose aux autres formes de rémunération et les complète. Elle est surtout créatrice de flux nouveaux de rémunération importants chaque année dans le système de rémunération. Puisque l'évolution générale des salaires ne permet plus d'injecter chaque année qu'un pourcentage très faible dans la masse des salaires, la participation et l'intéressement permettent en revanche d'allouer des flux nouveaux importants dont les coûts sont en outre divisés par deux en raison de leur traitement fiscal ;
- d'autres facteurs favorables plus conjoncturels sont liés à l'apparition puis au développement de l'actionnariat des salariés parallèlement à l'actionnariat individuel, notamment à la suite des privatisations. Ce type de rémunération qui est un moyen de distribution d'actions sous forme de prix et d'accès préférentiels se développe sensiblement à partir de là. Pour les cadres dirigeants et supérieurs, cette tendance se concrétise par la diffusion des stock-options.

La diversité des formes progresse fortement grâce à la souplesse des dispositifs réglementaires. Toutefois, toutes présentent certains points de convergence :

- le besoin de développer la rémunération variable, par précaution pour éviter l'augmentation automatique des coûts fixes que représentent les salaires directs, mais aussi la volonté d'établir et de structurer le lien entre la performance et les budgets consacrés à la politique de rémunération ;
- la nécessité de créer des incitations et de les équilibrer entre une dimension individuelle qui se développe par ailleurs et une dimension collective nécessaire pour articuler à chacun des niveaux de l'organisation les objectifs et les rémunérations variables ;
- l'opportunité d'optimiser le coût de la rémunération en profitant pleinement des avantages que les dispositifs légaux offrent malgré leurs contraintes, en particulier la contrainte collective et le fait de devoir s'appliquer uniformément à tout le personnel ;
- la possibilité de contractualiser, et par conséquent de discuter dans le cadre de la négociation sociale, des formules d'intéressement définies dans un cadre stable et sur une période longue – au moins trois ans – et qui déterminent clairement quels sont les objectifs à atteindre et les moyens mis en œuvre ;
- la volonté de créer les conditions, d'incitation et d'implication et de cohésion en définissant un lien direct, simple et précis entre les performances atteintes et les primes d'intéressement attribuées.

L'intéressement est le plus souple des outils en vigueur dans sa mise en place, dans ses critères comme dans les options de versement.

La formule de calcul, cœur de ce dispositif, est en réalité d'une grande souplesse souvent sous-utilisée par les entreprises. Le calcul de l'intéressement doit être simplement lié à des indicateurs exprimant la performance ou les progrès économiques de l'entreprise. Il n'est pas, comme la participation, obligatoirement calculé à partir du bénéfice fiscal avec les effets pervers que cela comporte. Les indicateurs peuvent donc réellement être choisis de telle sorte qu'ils représentent au mieux la réalité économique et sa performance. Ils peuvent également évoluer au cours du temps pour tenir compte de la pertinence des indicateurs choisis. Représentative des objectifs et de la performance, la formule de calcul peut ainsi être parfaitement comprise et suivie dans ses réalisations par l'ensemble des salariés.

Le dispositif réglementaire tel qu'il est aujourd'hui prévu est facultatif mais il est applicable à toutes les entreprises par accord et concerne l'ensemble des salariés. Les montants distribués doivent procéder d'une formule de calcul basée sur des indicateurs économiques et financiers dont le choix est relativement large. Le mode de répartition entre les bénéficiaires doit également être défini de façon claire et il existe à ce niveau la possibilité de différencier les critères selon les unités ou établissements qui appartiennent à l'entreprise considérée. Certaines dispositions récentes, mais encore mal connues, comme la possibilité d'effectuer des versements d'intéressement aux salariés selon un rythme mensuel ou trimestriel sensibilise ces derniers à l'impact qu'ils peuvent avoir, par leur travail, quotidien sur les résultats de leur entreprise et par conséquent sur leur rémunération. Par ailleurs, la possibilité de coupler participation et intéressement plutôt que de cumuler deux outils différents de part et d'autre donne la possibilité, malgré quelques contraintes techniques dans la répartition, de renforcer la cohérence et la lisibilité de ce type d'outil.

Le cadre réglementaire de l'intéressement est le suivant :

Montant, bénéficiaires et répartition

Le montant des sommes distribuées peut représenter jusqu'à 20 % de la masse des salaires bruts versés dans l'année. Les bénéficiaires sont tous les salariés du périmètre de l'entreprise sous réserve de présence minimale pendant l'exercice. La répartition du montant global de l'intéressement peut s'effectuer uniformément, ou en fonction des salaires, ou par pondération de ces deux critères. Plus intéressant cependant, mais peu utilisé encore par les entreprises, il est possible de moduler cette répartition dans des proportions significatives en fonction des performances enregistrées par les unités concernées. Il est donc possible de différencier l'intéressement en fonction des performances enregistrées au sein dcs différents métiers et en fonction de critères adaptés à chacun d'entre eux.

La mise en place de l'accord

Les accords sont conclus pour une période obligatoire de trois ans. Les signataires peuvent être, mis à part la direction de l'entreprise, soit les délégués syndicaux, soit le comité d'entreprise, soit deux tiers du personnel sur référendum organisé par la direction de l'entreprise avec l'accord d'au moins une organisation syndicale ou du comité d'entreprise lorsqu'ils existent.

L'accord doit préciser la période, le périmètre d'application (établissements, unités...), les modalités et la formule de calcul, la méthode de répartition, l'information des salariés et le mode d'attribution et de versement.

Les avantages fiscaux

Les avantages fiscaux constituent un avantage très significatif de ce dispositif. L'enjeu consiste en somme à mettre en place un système de rémunération variable pour le prix de deux. Certes, le système est contraignant puisqu'il doit concerner tous les salariés de façon équivalente et prédéfinie, mais il peut être suffisamment différenciant pour être discriminant au moins au niveau de l'équipe et il offre, compte tenu de son coût, une amplitude suffisamment grande pour être incitatif. Pourtant les entreprises, soit par difficulté à intégrer les contraintes réglementaires, soit par crainte de la dimension collective du dispositif sous-utilisent les possibilités qu'il offre pour bâtir leur politique de rémunération variable.

Les avantages en termes de coût sont pourtant très importants :

- pour l'entreprise, les sommes versées sont déduites de l'impôt sur les sociétés et surtout sont exonérées de charges sociales ;
- pour le salarié, les sommes versées sont exonérées de charges sociales et également exonérées d'impôt dans la mesure où elles ne sont pas perçues immédiatement mais placées dans un plan d'épargne d'entreprise.

Il est donc clair qu'une prime nette de 1 000 euros coûte 1 000 euros si elle est épargnée dans un PEE alors qu'elle coûterait environ le double à l'entreprise dans un système classique de prime variable. Pris donc sous l'angle du coût ou, à l'inverse, sous l'angle du niveau des sommes attribuées, l'intéressement est un outil incontournable de la politique de rémunération quelle que soit la taille de l'entreprise. Dans certaines entreprises, selon l'ampleur donnée aux rémunérations variables et selon l'importance du travail en équipe dans l'atteinte de la performance, l'intéressement peut même constituer le socle à partir duquel peut s'élaborer toute la politique de rémunération variable.

Comment définir une méthode de calcul d'intéressement optimale ?

Comme pour tout système de rémunération les critères de détermination des primes doivent être définis en cohérence avec les vrais objectifs de l'organisation et de l'équipe.

Plusieurs types d'indicateurs peuvent alors être utilisés.

➤ Des indicateurs de résultat

Il s'agit de :

- résultats consolidés et par entités ;
- cash-flow ;
- marge brute.

➤ Des indicateurs comme le chiffre d'affaires ou le volume des ventes

Ils ne peuvent être utilisés seuls mais ils peuvent venir moduler dans un sens ou dans un autre l'indicateur de résultat. Par exemple, la formule de calcul peut s'exprimer en pourcentage du résultat consolidé, modulé par un coefficient en fonction du résultat de l'unité. Le pourcentage de distribution peut dépendre de l'évolution du chiffre d'affaires, et par exemple être égal à 3 % du résultat modulé si la croissance du CA est inférieure ou égale à 0, à 5 % si elle est comprise entre 0 et 7 % et à 8 % au-delà de cette tranche.

La définition de ce type de formule de calcul présente l'avantage d'utiliser des données parfaitement maîtrisées, incontestables et pouvant faire l'objet d'une communication claire et régulière auprès des salariés. Bien que très généraux, donc assez éloignés *a priori* des préoccupations des salariés, ces indicateurs présentent pourtant le gros avantage de pouvoir faire l'objet d'un suivi et d'une animation régulière permettant à tout salarié de faire le lien entre les résultats et l'intéressement.

Bien entendu, il reste ensuite à relier concrètement le travail du salarié et le résultat, mais l'on sait que la compréhension des objectifs et des préoccupations générales de l'entreprise est un puissant levier d'implication et de motivation.

➤ Des indicateurs de productivité

Plus directement liés sans doute à l'organisation concrète du travail et d'une équipe réduite, les indicateurs de productivité sont généralement reliés à la performance opérationnelle et des indicateurs de coût ou de prix de revient. Également faciles à communiquer régulièrement, ces indicateurs sont des vecteurs de compréhension et d'adhésion aux objectifs fixés. En revanche, la durée de trois ans de l'accord est souvent trop longue pour procéder à une adaptation suffisamment fine d'objectifs de ce type.

➤ Des réalisations par rapport à des objectifs

Il est également possible de déterminer une formule d'intéressement qui se déclenche et se calcule à partir d'un taux de réalisation des objectifs. Il s'agit de reprendre les objectifs du plan de l'entreprise, en termes de volume (on peut utiliser dans ces conditions la notion de chiffres d'affaires) de coût et de qualité pourvu que les réalisations soient mesurables.

Dans ce cas également, la durée de trois ans paraît beaucoup trop longue pour que les adaptations nécessaires se fassent sur le niveau des objectifs, surtout lorsqu'il s'agit d'indicateurs d'activité qui varient sensiblement. De nombreux accords d'intéressement deviennent pour cette raison inapplicables ou entourés de telles précautions qu'ils sont inefficients. À l'inverse, mettre à jour chaque année les objectifs reste assez contraignant puisque soumis à une renégociation. Sans doute davantage de souplesse dans la mise à jour, dans la mesure où celle-ci pourrait être encadrée par des normes d'évolution par rapport aux chiffres réels, serait la bienvenue pour permettre à ce système de se réguler dans le temps. Il pourrait par conséquent se prolonger sur une longue période avec des effets bénéfiques induits par la stabilité du système de rémunération, indispensable à l'implication des salariés.

➤ La participation, une obligation légale à rénover

Cadre d'origine de l'intéressement des salariés, obligatoire depuis 1959 dans les entreprises de plus de 50 salariés, la participation reste aujourd'hui, à la fois le seul instrument obligatoire et de ce fait existant dans des entreprises moyennes. Cet outil vient en redondance avec l'intéressement et l'épargne salariale dans d'autres structures plus grandes et plus profitables et doit donc être rénové.

Obligatoire dans les entreprises de plus de cinquante salariés, la participation légale est calculée selon une formule unique dans laquelle RSP = 1/2 (B – 5 % C) *S/VA.

- RSP = réserve spéciale de participation ;
- B = bénéfice net fiscal ;
- C : capitaux propres ;
- S : salaires ;
- VA : valeur ajoutée.

Au-delà de son uniformité, cette formule présente plusieurs problèmes d'application. Le bénéfice fiscal, par nature et par son périmètre d'application – la structure juridique –, n'est pas toujours l'indicateur le plus adapté pour exprimer la réelle performance d'une organisation. Il intègre des éléments exceptionnels éloignés de l'exploitation courante, et donc des performances des salariés. Il peut être également conditionné par le statut fiscal, le passé de l'entreprise et ses déficits fiscaux qui peuvent venir annuler tout résultat fiscal pendant plusieurs années.

Bien sûr, la formule de participation peut faire l'objet d'un accord dérogatoire et être simplifiée, à condition toutefois que la formule de l'accord permette de distribuer davantage que la formule légale. Mais dans ces conditions, elle peut devenir directement redondante avec l'intéressement.

Pour éviter cet inconvénient, il existe la possibilité de convenir d'un accord qui permet de coupler, sous certaines conditions, notamment au niveau d'un groupe de sociétés l'intéressement et la participation avec, d'une part un accord de participation dérogatoire et, d'autre part, un accord d'intéressement qui s'applique et vient compléter la participation sur la base d'une formule globale prédéfinie.

La rénovation du dispositif serait nécessaire. Le maintien du dispositif légal obligatoire avec une formule plus simple basée sur le bénéfice net comptable hors éléments exceptionnels permettrait de donner à un très grand nombre d'entreprises un outil fiable et crucial dans leur système de rémunération au lieu d'un système qui, en raison de la complexité de la formule, ne vient que par surcroît, presque par accident, et se trouve donc quasiment inutilisable comme véritable instrument de rémunération. Simplifier la formule de calcul serait déjà un premier pas important pour redonner à la participation sa véritable fonction. Mais il est possible d'aller au-delà pour éviter les redondances avec l'intéressement et probablement en fusionnant les deux dispositifs pour n'en faire qu'un. Il resterait obligatoire dans les entreprises de plus de cinquante salariés mais avec une formule légale plus simple basée sur un bénéfice comptable après déduction d'un taux de rémunération des fonds propres, exprimant plus clairement un taux de répartition de la valeur ajoutée entre salariés et actionnaires. Au-delà, selon les accords passés dans l'entreprise, un dispositif plus étendu, avec formule dérogatoire étendue comme cela est le cas aujourd'hui pour l'intéressement, permettrait de couvrir avec ce dispositif unique tous les besoins en termes de rémunération variable par équipe et collective. Enfin, la reprise de la souplesse du dispositif d'intéressement en matière de répartition de versement, immédiat ou différé, apporterait une plus grande souplesse dans les systèmes de rémunération des petites entreprises dans lesquelles seule la participation existe avec ses contraintes d'application et une plus faible efficacité dans la motivation des salariés. Il va sans dire, enfin, que pour des entreprises moyennes ou petites, dans des secteurs en développement, la participation et les rémunérations collectives peuvent être un outil précieux lorsqu'il s'agit d'attirer ou de retenir les meilleures compétences avec des rémunérations fixes qui ne sont généralement pas les plus élevées du marché.

L'actionnariat des salariés

Inspiré des mêmes intentions et des mêmes idées que l'intéressement et l'épargne salariale, l'actionnariat salarié s'est développé à partir du milieu des années quatre-vingt, et a été mis en œuvre au sein de nombreuses grandes entreprises à l'occasion des privatisations. Dans ces conditions, une proportion assez significative des salariés était concernée à la fin de la première vague de privatisations. Cette opportunité a beaucoup aidé au développement de l'actionnariat salarié et a permis en outre de rapidement alimenter les premiers plans d'épargne d'entreprise. Les offres réservées aux salariés avec réduction de 10 % ou dans certains cas de 20 % sur les prix de souscriptions, les limites de souscriptions inexistantes ou beaucoup plus élevées que celles appliquées aux purs actionnaires et les déblocages de la participation sont possibles pour investir dans les actions de l'entreprise : l'arsenal de mesures très incitatives mis en place a beaucoup contribué à fabriquer puis à développer le salarié-actionnaire. Bien sûr, avant même d'arriver à maturité le concept a connu quelques accidents de parcours. Le krach d'octobre 1987, quelques jours avant l'ouverture de la privatisation de Suez, aura permis, au prix de quelques dégâts pour les salariés surinvestis, d'accélérer la pédagogie du salarié devenu actionnaire. En même temps la pertinence théorique de l'association des salariés au capital de leur entreprise comme résultante de leurs efforts et de leur travail devient relative ou inscrite dans la longue durée. Elle résiste mal aux effets de marché, dont les cycles et les fluctuations sont de bien plus grande ampleur que l'effet de la contribution collective des salariés sur la valeur du capital. Autre enseignement de cette première période de développement de l'actionnariat, la nécessité de sécuriser les placements des salariés surtout lorsque ceux-ci sont bloqués pendant cinq ans dans un plan d'épargne. Les salariés de France Télécom ont pu mesurer les effets de l'incompatibilité entre épargne salariale bloquée et investissement en valeurs fortement soumises à des cycles de court terme. Avec une souscription réservée à 160 francs (24 euros) par action que la forte hausse de la bourse a portée jusqu'à 188 euros, les salariés ont vu leurs avoirs, dans un premier temps, être multipliés par 8. Mais malheureusement placés en plan d'épargne, ils les ont vus fondre sous l'effet de la baisse de la bourse et revenir depuis à des niveaux inférieurs au prix de souscription.

Les entreprises tiennent compte désormais de ces premières leçons, et elles ont assagi et régulé les dispositifs d'actionnariat, puis développé des systèmes de couverture avec des garanties de cours plancher. Ces dispositifs ont un coût qui ne les rend pas toujours très accessibles, mais ils permettent de garantir sur la durée une valeur minimale de l'épargne. La mobilité des investissements, qui n'était pas toujours possible au début des plans d'épargne est aussi une garantie pour pouvoir arbitrer les placements en cas de modification de cycle pendant la période de blocage.

Un dispositif qui s'est développé mais qui reste limité en France à 2 millions de salariés (voir tableau 4.3)

Tableau 4.3 – Évolution de l'actionnariat-salarié selon la taille d'entreprises

En pourcentage de salariés (en tailles d'entreprises)	1999	2000	2001	2002
1 – 49	0,6	0,8	1,0	1,5
50 – 199	3,1	3,5	4,7	5,3
200 – 499	5,4	7,1	6,0	6,7
500 – 999	9,8	9,0	11,6	11,1
+ de 1 000	40,2	41,6	38,2	31,2
Total	10,4	11,3	11,1	11,1

La formule de l'actionnariat a donc souffert des cycles et de l'instabilité des marchés financiers. Depuis cinq ans, les entreprises ne prennent plus autant d'initiatives pour l'encourager et le développer. Le nombre d'opérations qui était arrivé à son point culminant dans les années 2000-2001 s'est contracté de plus de moitié. Les entreprises adoptent elles aussi des démarches différentes sur le sujet. Les grandes entreprises du CAC-40, dont la plupart ont lancé l'actionnariat au moment de leur privatisation, continuent pour la plupart de mettre en place une fois par an des souscriptions réservées aux salariés. Elles enregistrent alors des volumes de souscription et d'adhésion qui évoluent en fonction des cycles, à l'image des comportements des actionnaires individuels et l'évolution du titre de l'entreprise considérée. Dans une seconde catégorie, des entreprises ont stoppé l'actionnariat salarié et y recourent en fonction d'opérations exceptionnelles, augmentation de capital, stabilisation du titre, introductions. Toutefois, la tendance de fond est là. Salariés comme entreprises sont plus réticents à utiliser ce support, d'abord parce que le sens de la relation entre les contributions de salariés et l'évolution du titre s'est fortement distendu sous la pression du marché, ensuite parce que les caractéristiques de l'actionnariat ne sont pas toujours compatibles avec les objectifs de l'épargne salariale et de l'épargne longue.

De fait, pour les entreprises au sein desquelles l'actionnariat salarié est installé depuis longtemps, l'objectif est davantage centré sur le nombre de salariés actionnaires plutôt que sur les montants investis. Les offres faites aux salariés en matière d'épargne sont en effet plus matures avec un retour à des opérations plus simples, plus lisibles quitte à être moins avantageuses et à susciter moins d'intérêt de la part des salariés. Les opérations plus sophistiquées et à effet de levier s'inscrivent désormais dans le cadre d'opérations ponctuelles ou exceptionnelles, de type introduction en bourse, privatisation ou augmentation de capital. La privatisation d'EDF et GDF, par exemple, a donné lieu à des opérations de ce type. C'est le cas également dans des situations ou le lancement de l'actionnariat des salariés est lié à une opération exceptionnelle ou à des raisons stratégiques telles que la volonté de stabiliser le capital social. La mise en place d'opérations à effet de levier avec avantages significatifs et protection sur les cours reste alors utilisée pour mettre le pied à l'étrier du nouveau salarié actionnaire.

Lorsqu'ils présentent des garanties importantes, ces dispositifs tendent aussi à changer de nature. Ils sont assez éloignés des préoccupations d'implication ou d'association des salariés au capital et consistent à convertir et à échanger salaire contre actions gratuites. Ces formules qui proposent une forme nouvelle de diversification de la rémunération sont encouragées par les dernières dispositions de la loi de finances 2005 car elles créent de nouveaux mécanismes incitatifs et comportent de nouveaux mécanismes de décote. Toutefois elles nécessitent une meilleure information des salariés, notamment parce qu'elles ne présentent plus les mêmes garanties qu'une rémunération salariale. Cette information est d'ailleurs encouragée par un crédit d'impôt correspondant à dix heures d'information par salarié pour les entreprises engagées ou souhaitant s'engager dans la constitution d'un actionnariat ou d'une épargne salariale.

Le renouveau de l'actionnariat salarié : clarification des buts et nouveau dispositif réglementaire

Arrivé à maturité et instruit de deux décennies de pratiques, l'actionnariat est un instrument de rémunération dont les objectifs sont beaucoup plus clairs et positionnés dans le système de rémunération :

➤ L'association au capital et l'implication des salariés

Ambition d'origine, l'association et l'implication des salariés au capital de l'entreprise se sont d'un côté heurtées aux réalités de marché et de l'autre à la distance entre la contribution collective et la valeur de l'entreprise, *a fortiori* lorsque celle-ci est une valeur de marché comme c'est le cas des entreprises cotées. Paradoxalement, c'est dans les entreprises non cotées que le mécanisme paraît le plus construit et durable. Dans ces conditions, en effet l'actionnariat-salarié introduit une forme particulière nouvelle de partage de la valeur ajoutée : pas seulement du salaire, pas seulement du dividende, mais un mix des deux avec en outre l'option individuelle de convertir une partie de l'un vers l'autre. D'un autre côté, l'implication et l'association des salariés se sont précisées et se sont focalisées pour un nombre de salariés, des cadres notamment pour lesquels l'adhésion et l'incitation à développer la valeur actionnariale de l'entreprise deviennent une nécessité. Puisque la gestion de la valeur actionnariale implique un management des cycles courts et impose des adaptations rapides, l'implication et l'adhésion des salariés, on l'a vu plus haut, ne peuvent plus se fonder sur des contrats de long terme. Elles se concentrent désormais sur des incitations très objectivées clairement exprimées en espérances de gains à court moyen terme. Et puisque le moyen terme des stock-options (trois ans) est trop long pour assurer ce gain et pour être pratiquable, l'adaptation du système est rendue nécessaire soit par l'introduction d'autres critères que la pure valeur de marché, soit, comme c'est le cas en France, avec le nouveau dispositif fiscal, pour simplifier le mécanisme en passant d'une attribution d'option en attribution d'action tout court.

➤ Lever les fonds et stabiliser le capital social

Intention légitime au moment des privatisations, le recours à l'actionnariat est un moyen d'appel à une épargne privilégiée, celle des salariés. C'est aussi et surtout le moyen de disposer d'un actionnariat *a priori* stable destiné à renforcer le noyau dur de l'actionnariat. Dans certains cas, lorsque l'entreprise se trouve en situation de proie par rapport à des concurrents ou avec un capital peu verrouillé ou volatile, le développement progressif de la part du salarié peut présenter un instrument pour se protéger d'opérations hostiles ou purement opportunistes. C'est la stratégie menée par exemple par la Société Générale lorsque, devenue proie, dans un premier temps en 1991 lors du projet de raid sur son capital, puis en 1999 face à la BNP après l'opération avec Paribas, elle a engagé des opérations successives destinées à constituer un noyau dur salarié, dont le niveau atteint aujourd'hui, couplé avec une forte culture d'entreprise, la protège d'une opération inamicale. Mais d'autres exemples, sans doute moins caractéristiques ont également montré qu'en face d'une offre attractive de la part d'un acquéreur les salariés-actionnaires finissent par se comporter de façon opportune, comme des actionnaires et non plus comme des salariés, montrant combien l'association des deux composantes comporte des difficultés d'assemblage.

➤ **Diversifier les critères et la nature de la rémunération**

Introduire et développer l'actionnariat des salariés et introduire les options de conversion de salaires ou de primes sous forme d'actions permet de diversifier les critères et les formes en vue d'équilibrer et d'étendre le système de rémunération. Verser la rémunération sous forme d'actions, placées le plus souvent dans un plan d'épargne, cumule plusieurs avantages : elle introduit d'abord une notion de choix ou d'option dont on sait qu'elle est facteur de satisfaction. Elle permet ensuite d'optimiser le coût et le revenu net pour le salarié en contrepartie d'un blocage des sommes attribuées et, enfin, de combiner la rémunération par le flux – l'attribution annuelle – à l'attribution d'un stock de rémunération dont la valorisation et l'avantage se forment dans le temps en lien direct avec l'évolution des titres de l'entreprise.

Le nouveau dispositif légal

Le nouveau dispositif autorise la distribution d'actions gratuites aux salariés et aux mandataires sociaux (Code du commerce, L. 225-197-1 et L. 225-197-5). Il s'appliquera aussi bien dans les sociétés cotées que non cotées et pourra être étendu au personnel des sociétés liées à celles qui attribuent les actions. Cette distribution devra être autorisée par l'assemblée générale extraordinaire des actionnaires et assortie de conditions quant aux délais d'attribution et de conservation : chacun de ces délais ne pourra être inférieur à deux ans, ce qui donne une période d'indisponibilité des actions de quatre ans au minimum. La distribution gratuite pourra être réalisée soit sur actions existantes soit sur des actions à émettre. C'est au conseil d'administration ou au directoire qu'il revient de déterminer l'identité des bénéficiaires de ces attributions et de fixer les conditions et critères d'attribution. Les salariés et mandataires sociaux qui possèdent déjà plus de 10 % du capital social ou dont l'attribution aurait pour effet de leur conférer plus de 10 % du capital ne pourront pas profiter de ce dispositif.

Le régime fiscal est inspiré de celui des stock-options. L'imposition sur les plus-values est reportée au moment de la cession des titres reçus (et non au moment de leur attribution). Il conviendra de traiter différemment l'avantage tiré de l'attribution et la plus-value de cession. L'avantage tiré de l'attribution gratuite – ou plus-value d'acquisition – est égal à la valeur des titres à la date de l'attribution ; la plus-value de cession est, elle, constituée de la différence entre le prix de cession et la valeur des titres lors de l'acquisition.

D'un point de vue social, les actions attribuées à titre gratuit sont également exonérées des cotisations sociales.

Enfin, dans le même esprit le plafond de l'abondement aux PEE investis en actions a été relevé.

La somme maximale de 2 300 euros (et au triple de l'investissement du salarié) peut être majorée de 50 % du montant consacré par le salarié à l'acquisition d'action ou de certificat d'investissement émis par l'entreprise dans la limite de 1 840 euros au 1er janvier 2006.

Bien que spécifiquement français, ce nouveau dispositif ouvre un boulevard au développement de la distribution d'actions gratuite et signe probablement la fin des systèmes de stock-options classiques.

➤ L'actionnariat individuel : les stock-options et les attributions gratuites d'actions

L'objectif des stock-options est, à l'origine, de même nature que celui proposé pour l'actionnariat des salariés. Il se positionne en revanche à des niveaux de responsabilité qui permettent aux mécanismes d'incitation de s'exercer. En se limitant aux cadres supérieurs et dirigeants dans une approche individualisée comme c'est le cas dans la très grande majorité des entreprises qui y recourent, les stock-options ont pour objectif d'établir un lien direct de motivation entre les personnes concernées et la valeur du capital de l'entreprise.

Les objectifs de l'actionnariat-salarié sont les suivants :

- inciter directement les collaborateurs sur la réalisation d'actions et d'objectifs ayant un impact sur la valorisation de l'entreprise ;
- motiver les collaborateurs grâce à une attribution très individualisée, de même sélectivité que les bonus mais sur une durée plus longue et avec des avantages fiscaux limités ;

- fidéliser les meilleurs éléments et les cadres supérieurs grâce au différé de gain.

La nature des incitations et le différé de gain peuvent être clairement identifiés et s'appliquer en théorie dans le cadre d'un lien direct entre une action donnée et la valeur du titre. La croissance du chiffre d'affaires, des résultats et donc du bénéfice net par action sont les indicateurs principaux de l'évolution favorable du titre.

Cependant, on l'a vu, les évolutions du marché sont généralement plus fortes que les facteurs intrinsèques de performance et le gain effectif dépendra des cycles de marchés, des événements externes qui peuvent affecter le cours et, au plan individuel, des années d'attribution et donc du prix d'exercice.

Les attributions peuvent s'effectuer selon deux cas de figure :

- sous forme d'option de souscription à une augmentation de capital. Dans ce cas, une assemblée générale extraordinaire fixe les modalités et le prix des options ;
- sous forme d'option d'achat d'actions préalablement rachetées par l'entreprise. Le prix ne peut, dans ce cas, être inférieur de plus de 10 % au cours moyen d'achat des actions détenues par la société.

Le principe consiste à proposer à certains salariés de l'entreprise d'acquérir dans un délai donné (trois ou quatre ans selon les systèmes fiscaux en vigueur) un certain nombre d'actions à un prix fixé à l'avance, au moment de l'attribution. Dans le cas où l'action évolue à la hausse au cours de la période, le collaborateur bénéficie d'une plus-value qui va constituer son gain. Le gain net dépend quant à lui du régime fiscal applicable et des délais de levée de l'option puis de la revente des actions et de réalisation de la plus-value.

Dans le cas où l'action a subi une évolution à la baisse, il suffit pour le collaborateur de ne pas lever les titres qui lui ont été attribués.

$$\text{Le gain net} = \text{plus-value réalisée (prix de revente} - \text{prix d'attribution)} \times (1 - \text{taux d'imposition})$$

La fiscalité est organisée à partir des deux composantes de la plus-value :

- plus-value d'acquisition, correspondant à l'évolution de l'action entre l'offre et la levée de l'option. Cette plus-value reste potentielle tant que l'action n'a pas été vendue ;
- plus-value de cession qui peut intervenir entre la levée de l'option et la revente des actions.

Les aléas de gains auxquels s'ajoute une fiscalité complexe fondée elle aussi sur le différé de réalisation des plus-value n'ont pas permis aux stock-options d'apporter l'efficacité espérée dans la rémunération individuelle des cadres et cadres supérieurs. Les aléas de marchés ont remis profondément en cause la relation à long terme entre le développement de l'entreprise, sa valeur intrinsèque et le cours de l'action. Les options attribuées sont rendues inexerçables par la baisse des cours et ne jouent pas plus leur rôle de fidélisation. Les bonnes intentions de rémunération et de fidélisation à moyen terme des meilleurs contributeurs de l'entreprise n'ont pas résisté aux aléas du court terme. Différée et aléatoire, cette forme n'a pas l'efficacité recherchée initialement et a fait l'objet d'adaptations qui, tout en conservant le principal du différé de gain se sont attachées à limiter les aléas de forte variation du cours et surtout à recentrer le critère de gain sur la performance opérationnelle, comme par exemple la progression du bénéfice net par action.

Le tableau 4.4 fait la synthèse de la fiscalité des stock-options en France. Complexe, cette fiscalité est sensiblement différente d'un pays à un autre, y compris parmi les pays européens proches.

Tableau 4.4 – Fiscalité des stock-options

1) Plus-value d'acquisition des stock-options

Options attribuées avant le 20/09/1995	
Cession avant 5 ans – désormais marginale en pratique car situation de cession après 5 ans depuis le 20/09/2000	Imposition comme un salaire (application du barème progressif) avec application éventuelle du système du quotient Assujettissement à cotisations sociales SAUF exercice avant le 01/01/1997 ou loi DDOEF*
Cession après 5 ans	26 %**

Options attribuées entre le 20/09/1995 et le 27/04/2000	
Cession avant 5 ans	Imposition comme un salaire (application du barème progressif) avec application éventuelle du système du quotient Assujettissement à cotisations sociales SAUF exercice avant le 01/01/1997 ou loi DDOEF*
Cession après 5 ans	40 %**

Options attribuées depuis le 27/04/2000		
	Fraction de plus-values inférieures ou égales à 152 500 euros	Fraction de plus-values supérieures à 152 500 euros
Cession avant 4 ans	Imposition comme un salaire (application du barème progressif) avec application éventuelle du système du quotient Cotisations Sociales	Imposition comme un salaire (application du barème progressif) avec application éventuelle du système du quotient Cotisations Sociales
Cession après 4 ans mais avant l'expiration du délai de portage des actions de 2 ans	40 %** ou option pour le barème progressif	50 %** ou option pour le barème progressif
Cession après 4 ans mais après l'expiration du délai de portage des actions de 2 ans	26 %**	40 %**

2) Plus-value de cession des stock-options

Imposition au taux de 26**

** Par exception, l'avantage tiré de la levée de l'option est exonéré de cotisations de Sécurité Sociale, même si le délai de détention n'a pas été respecté, dès lors que l'option a été attribuée avant le 1er janvier 1997 par une société de capitaux immatriculée au registre du commerce et des sociétés depuis moins de quinze ans et a été levée après le 31 mars 1998. L'avantage reste néanmoins soumis à la CSG et à la CRDS, non en tant que salaire mais en tant que revenu du patrimoine.*

*** Si le montant total de cessions de valeurs mobilières du foyer fiscal excède 7,650 euros au titre de l'année 2002 (15 000 euros à compter de 2003) – CSG/CRDS et prélèvement social de 2 % inclus.*

➤ Vers une disparition des stock-options au profit des performances options et des attributions gratuites d'actions

Deux facteurs remettent en cause le système de stock-options traditionnel :

- l'inefficacité des stock-options traditionnels en tant qu'outil d'incitation à long terme et de fidélisation ;
- l'impact des nouvelles normes comptables IFRS.

- *L'inefficacité des stock-options traditionnels*
- Les stock-options sont corrélés uniquement aux marchés financiers et non à la performance intrinsèque de l'organisation.
- Les options en cours, attribuées au cours des dernières années sont souvent supérieures au prix de marché (*under water*) et sont sans effet sur la rétention des titulaires.
- Les critères d'évolution des stock-options ne sont pas en ligne avec les critères de compétitivité par rapport à la concurrence.

En réponse à ce constat, de nombreux grands groupes revoient la structure de leur système de stock-options tout en souhaitant conserver et développer les *incentives* à long terme variables avec attribution et individualisée.

Dans ce but, sont développées les *performances shares* ou *performances options* qui s'assimilent à des actions gratuites attribuées dès lors que l'organisation atteint un certain niveau de performance par rapport à ses concurrents à moyen terme. L'attribution se fait dans les mêmes conditions que pour les stock-options mais le nombre d'actions gratuites attribuées varie en fonction du niveau d'atteinte des objectifs ou d'un classement effectué à moyen terme.

Par exemple tel groupe industriel distribue un nombre notionnel d'options à ses salariés en année n. L'attribution finale s'effectue en année $n + 3$ selon le classement (*ranking*), effectué au même moment, de ce groupe industriel par rapport à ces dix principaux concurrents (même marché, produits similaires, taille comparable) sur la base de l'évolution du bénéfice net par action sur la période (3 ans).

Si ce groupe industriel se classe premier, le nombre effectif d'actions attribuées sera doublé par rapport au nombre notionnel de début de période. S'il est dernier, ce nombre est ramené à zéro.

Selon les cas, et également pour des raisons techniques et fiscales, certains plans d'options combinent une partie à 50 % de stock-options classiques et 50 % d'attributions gratuites en fonction d'un *ranking* (classement) donné au terme de la période.

Ces systèmes permettent de contourner les problèmes soulevés par les stock-options purs car elles assurent un gain aux bénéficiaires si la performance intrinsèque de l'organisation est satisfaisante, indépendamment du marché et de la valeur liquidative du titre.

• *Le problème du coût et des normes IFRS*

La norme IFRS2 prévoit la comptabilisation de la « juste valeur » des stock-options à la date d'attribution (valorisation de la valeur financière de l'option) étalée sur la période d'acquisition des droits, quel que soit le montant ultérieur de la plus-value d'acquisition pour le bénéficiaire. Il en découle donc la nécessité de comptabiliser en charges des montants importants. L'impact sur les comptes devient donc une variable importante à considérer dans la mise en place des plans d'options et dans le volume des attributions. Les actions gratuites font elles aussi l'objet d'une comptabilisation au titre des charges. Mais contrairement aux stock-options, ces charges auront toujours une contrepartie pour les bénéficiaires. Enfin, ce type de support est cohérent dans un environnement international quelle que soit la nationalité des bénéficiaires et correspond à leurs pratiques de marché.

La figure 4.2 résume la méthode IFRS de comptabilisation des stock-options.

2. Exemple de comptabilisation des stock-options (Normes IFRS)

À titre d'exemple, si une société attribue 100 options sur actions à 500 salariés, sous réserve qu'ils accomplissent une durée de service de 3 ans, la société estime que la juste valeur de chaque option à la date d'attribution est UM 15*.

Sur une base statistique, la société estime que 20 % des salariés quitteront la société au cours de cette période de 3 ans et perdront en conséquence leurs droits aux options.

Année	Détail de calcul	Charge de personnel de période – UM	Charge de personnel cumulée – UM
1	50,000 options × 85 % – UM* 15 – 1/3	212,500	212,500
2	(50,000 options – 88 % – UM 15 – 2/3) – UM 212,500	227,500	440,000
3	(44,300 options – UM 15) – UM 440,000	224,500	664,000

* Unité de mesure.

En année 1, 20 salariés partent. La société révise son estimation de cumul des départs sur la période de 3 ans de 20 % (100 salariés) à 15 % (75 salariés).

En année 2, 22 salariés partent. La société révise son estimation de cumul des départs sur la période de 3 ans de 15 % à 12 % (60 salariés).

En année 3, 15 salariés partent.

Au total, 57 salariés ont perdu leurs droits aux options sur la période de 3 ans et un total de 44,300 options (443 × 100 options par salarié) auront finalement été « acquises » à l'issue des 3 ans.

Figure 4.2 – Comptabilisation des stock-options en normes IFRS

L'épargne salariale

Le concept d'épargne salariale est issu des mêmes intentions et réglementations que l'intéressement. Il est d'emblée au carrefour de tous les outils de rémunération collective car il en est à la fois le réceptacle, l'outil de gestion et le support. Outil à la fois souple et puissant, le plan d'épargne d'entreprise donne corps à plusieurs formes nouvelles qui relèvent à la fois de la rémunération différée, de l'épargne dédiée adaptée au cycle de vie du salarié et enfin au patrimoine salarial.

Le salarié épargnant

L'émergence du salarié épargnant est liée à plusieurs préoccupations parfois indépendantes entre elles mais qui incitent toutes le salarié à constituer dans l'entreprise une épargne qui peut aller jusqu'à représenter une part importante de son patrimoine.

➤ Des incitations

Ouvert par principe à tous les salariés, avec plus de six mois d'ancienneté, le plan d'épargne d'entreprise permet d'inciter les salariés à se constituer une épargne dans l'entreprise. Mis en place pour une durée de trois ans minimum, à l'initiative de l'entreprise, par accord ou par référendum interne, ce dispositif est basé sur deux formes d'incitations :

• *L'abondement*

L'épargne du salarié peut être abondée sous certaines limites par l'employeur. Cette possibilité est ouverte à concurrence d'un double plafond égal à trois fois le versement volontaire du salarié et 2 300 euros par an (relevé à 4 600 par an dans le cas d'un plan d'épargne investi en valeurs de l'entreprise ou dans un Perco). Le taux d'abondement est uniforme et ne peut être individualisé. En revanche, son niveau peut être redéfini chaque année afin de le resituer en phase avec les résultats de l'entreprise.

• *La fiscalité*

L'abondement est exonéré de charges sociales et d'impôts pour le salarié comme pour l'entreprise. De plus, les revenus et plus-value de l'épargne sont également exonérés de charges sociales. Contrepartie de ces avantages, les sommes investies ou abondées dans le plan d'épargne sont bloquées pendant cinq ans, sauf cas, de déblocage.

• *La souplesse du dispositif*

Le plan d'épargne présente un cadre suffisamment souple pour être utilisé dans un grand nombre de situations et répondre aux différentes préoccupations de gestion de l'épargne des salariés.

La première souplesse est relative aux formes d'alimentation de l'épargne salariale. Les flux de rémunération collective, participation et intéressement, peuvent constituer des flux d'alimentation privilégiés, avec une incitation claire pour l'intéressement puisque celui-ci est exonéré d'impôts sur le revenu du salarié dès lors qu'il est placé en épargne salariale.

Les versements volontaires peuvent s'effectuer en une ou plusieurs fois par an avec une limite suffisamment élevée, fixée à un quart de la rémunération annuelle brute. Il s'y ajoute les abondements de l'entreprise dans les conditions et limites décrites plus haut.

À ces formes classiques d'alimentation des PEE, s'ajoutent les plans de souscription d'actions de l'entreprise qui peuvent s'organiser de façon permanente et alimenter le plan d'épargne dans les limites définies plus haut. Dans le cadre de ces opérations, lorsqu'elles sont ouvertes de façon permanente, la possibilité peut être offerte au salarié d'arbitrer une partie de sa rémunération, par exemple, sa rémunération variable annuelle au profit d'une épargne salariale investie en titres de l'entreprise avec en outre les avantages propres à l'actionnariat des salariés.

La souplesse du PEE se concrétise en second lieu par un grand nombre de situations de déblocages qui répondent bien au cycle de vie et aux objectifs d'épargne des salariés. Avec le même outil un salarié peut à la fois utiliser son épargne salariale en cas de mariage, d'acquisition de résidence principale, de troisième enfant, de création d'entreprise ou de préparation à la retraite.

Une troisième forme de souplesse est relative à la gestion. Dans un même outil, il est possible pour le salarié de composer son épargne salariale en fonction de ses objectifs, de son horizon d'épargne et du rendement/risque pris. Si le cadre est avant tout un dispositif d'épargne longue, la plupart des placements sont envisageables via les FCPE (fonds communs d'épargne salariale) dont l'offre s'est considérablement développée ces dernières années.

• *Le financement de la retraite*

Les préoccupations relatives au financement des retraites alimentent les besoins d'épargne à long terme dans un cadre qui reste par nature celui de l'entreprise. D'une part, les préoccupations de retraite s'expriment en prolongement des périodes et des revenus salariés ; d'autre part, l'entreprise est incitée à aider ses collaborateurs à épargner en vue de leur fin de carrière.

Le PEE a toutes les caractéristiques d'un bon outil de préparation à la retraite, sa souplesse de gestion et de déblocages n'empêchant pas les démarches prévoyantes de s'exercer pour aboutir à une épargne longue. Un employé qui épargnerait conjointement avec son employeur au niveau de l'abondement maximum de 2 300 euros par an aurait de quoi se constituer une retraite bien supérieure à ce que sera sa retraite de base.

Pour mieux allonger et dédier cette épargne à la retraite, des produits spécifiques ont été lancés avec des incitations supplémentaires : le PPESV d'une durée de dix ans et l'accès aux plans d'épargne des dirigeants et mandataires sociaux des petites structures de moins de cent salariés a été un premier pas en 2001 (loi Fabius du 19 février 2001). Deux ans plus tard le PERCO (loi Fillon du 21 août 2003) donnait une nouvelle impulsion en faisant de l'épargne salariale un outil privilégié de préparation à la retraite.

Se substituant au PPESV, le Perco (ou Percoi pour les produits interentreprises) permet au salarié de verser, outre son épargne volontaire, sa participation ou son intéressement. L'abondement de l'employeur peut dans ce cas être doublé jusqu'à 4 600 euros sans toutefois excéder trois fois l'épargne du salarié et moyennant une taxe forfaitaire de 8,2 % pour l'abondement au-delà de 2 300 euros. Mais la contrepartie est une limitation des cas de déblocages (excluant les événements familiaux et le changement d'employeur). En outre, les supports d'investissement, au minimum de trois devront être différenciés et ne pas comporter plus de 5 % de titres d'une même entreprise. Enfin, une certaine souplesse est introduite dans la possibilité de récupérer l'épargne retraite sous forme de rente ou sous forme de capital à l'âge de départ en retraite.

Les conditions de l'épargne longue sont donc réunies, mais son application risque d'être réservée aux grandes entreprises ou à celles qui tout au moins auront les moyens de financer de tels niveaux d'abondement.

L'outil a toutefois le mérite de clarifier et d'entendre les instruments et les règles de fonctionnement de l'épargne salariale en vue de la retraite dans l'entreprise. Il reste cependant limité par le bon vouloir de l'entreprise et de ses partenaires sociaux de l'implanter et par des avantages qui se limitent au niveau d'abondement élevé permis par l'employeur. Le manque de différenciation possible entre catégories et tranches d'âge ne facilite pas non plus les discussions au sein de l'entreprise entre catégories dont l'horizon d'épargne n'est pas le même. Sans doute la possibilité de différencier en fonction du nombre d'années travaillées, ou selon les catégories comme cela est prévu par les dispositions de type article 83 ou 39 du CGI, eussent-elles été de nature à donner plus de souplesse et d'ampleur encore à ce produit.

Dans ces conditions, le Perco est d'abord un outil complémentaire au PEE qui ne trouve un réel intérêt que dans des entreprises prêtes à financer des niveaux importants d'abondement ou capables d'arbitrer certains aspects de leur masse salariale en faveur de l'épargne salariale retraite.

- *La fiscalité de l'épargne salariale*

Levier incontestable, la fiscalité joue un rôle décisif dans le développement de l'épargne salariale, de la même façon que pour l'intéressement ou la participation. Avec un coût réduit de moitié par rapport à des formes de rémunérations classiques, les entreprises ont avantage dans certaines conditions d'équilibrage de leur système de rémunération, à développer l'aide à l'épargne salariale. Il leur faut pour cela valoriser les avantages qu'elles contribuent à créer pour le salarié, ce qui revient à mettre en place une communication régulière de l'épargne salariale acquise voire, de façon plus générale, du patrimoine salarial acquis reprenant les différentes formes qui le composent (PEE classique, épargne retraite, actionnariat, stock-options). Dès lors qu'il est communiqué régulièrement, le patrimoine salarial acquis est à la fois un instrument de valorisation de la contribution de l'entreprise, ce qui en fait un véritable instrument efficace, et non plus induit, de rémunération ainsi qu'un outil puissant de fidélisation et d'adhésion à l'entreprise.

L'épargne-temps, nouvelle forme d'épargne salariale

Créé par la loi du 25 juillet 1994, le développement des comptes épargnes temps (CET) s'est accéléré dans un premier temps par les flux générés par le nombre de jours de congés payés générés par la mise en place des 35 heures. Des dotations annuelles de dix jours de congés pour des salariés qui disposent de quarante ou cinquante jours par an de congés, RTT compris, sont devenues tout à fait courantes. Un nouveau texte récent permet en outre de monétiser sous certaines conditions les droits acquis pour les convertir en épargne salariale classique. Dans ces conditions l'épargne-temps devient clairement une source importante et quasi permanente d'alimentation de l'épargne salariale et du patrimoine salarial. Seule particularité, l'épargne-temps permet de financer des périodes de non-activité, de préavis ou de formation à l'instar de ce que le nouveau dispositif de formation individuel (le DIF) prévoit.

Le développement du patrimoine salarial

Le patrimoine salarial qui regroupe l'ensemble des acquis financiers des salariés détenus au sein de leur entreprise devient de fait un instrument de rémunération à part entière. Il regroupe tous les acquis provenant à la fois des flux de rémunération directement épargnés (intéressement et participation) des flux de rémunération directs (sous forme d'abondement de l'entreprise), de droits directement attribués tels que les stock-options ou les attributions d'actions, et enfin des droits épargnés tels que ceux issus de l'épargne-temps.

Un concept à développer : rémunération patrimoniale ou patrimoine lié aux performances de l'organisation ?

Le patrimoine salarial constitue donc un stock de rémunération dont une partie est bloquée (participation, PEE) ou dont la valeur est virtuelle (stock-options). Sa valeur évolue comme celle d'un patrimoine en fonction de l'évolution des placements réalisé et pour une partie en fonction de la valorisation de l'entreprise (en cas d'actionnariat ou de stock-options) et également en fonction du salaire lorsqu'il s'agit d'épargne-temps indexée sur le salaire individuel.

La valorisation et l'évolution du patrimoine salarial peuvent donc être directement dépendantes de la valorisation de l'entreprise et de son titre (pour les cadres, et de la capacité à épargner ou à arbitrer une partie de la rémunération en direction d'une épargne comme c'est le cas pour les rémunérations collectives de type participation ou intéressement, mais aussi pour les congés payés non pris dans le cadre de l'épargne-temps).

Enfin, la caractéristique forte du patrimoine salarial est sa souplesse et sa totale individualisation. Il dépend des choix d'épargne et de déblocages, d'attribution individuelle ou d'arbitrages et de placements librement effectués en direction de l'épargne salariale.

Bien qu'assez éloigné des critères et des formes de la rémunération directe et classique, le patrimoine salarial est un instrument puissant, à la fois :

- pour l'intéressement à la performance globale soit en termes de résultat ou en termes de valorisation ;
- pour l'adhésion des salariés aux plans et aux projets de l'entreprise ;
- pour la fidélisation des meilleures compétences dont une partie importante de la rémunération est valorisée dans leur patrimoine salarial.

Des limites : le patrimoine salarial peut-il être considéré comme une forme de rémunération ?

L'épargne salariale peut-elle cependant être considérée comme une véritable rémunération ? Avec des critères et des formes différentes, lorsqu'elle capitalise et valorise plusieurs types de rémunération dans le cadre du patrimoine salarial, la réponse est incontestablement positive. Le patrimoine salarial comme décrit précédemment est de nature à répondre directement à des préoccupations d'intéressement et d'adhésion des salariés à la performance globale. Il entraîne également un niveau d'implication plus élevé et suscite les contrats implicites de moyen terme qui stimulent l'engagement individuel et contribue à fidéliser.

Toutefois, il faut se souvenir que l'épargne salariale en tant que telle ne rémunère pas la performance et qu'elle n'est pas une forme directement incitative. Son usage et sa pondération dans le système de rémunération globale doivent donc absolument tenir compte de cette donnée. L'épargne salariale ne peut donc pas se substituer à des formes de rémunération directes. Son coût étant attractif, des entreprises peuvent être tentées par la substitution de budgets d'augmentations individuelles de salaires par un PEE avec abondement. En réalité ce type de procédé est inefficace car les objectifs recherchés et les formes utilisées ne sont plus dans ce cas en cohérence et perdent l'essentiel de leur efficacité, la rémunération directe de la performance ou de la compétence ne jouant plus son effet incitatif. La création en contrepartie d'un abondement ne se traduirait que par un avantage collectif supplémentaire sans lien avec le niveau d'efficacité recherché.

L'usage et le développement du patrimoine salarial s'effectuent donc en complément, et/ou en équilibre, des autres instruments mis en place dans le système de rémunération globale. C'est également une réponse aux préoccupations de renforcement de l'adhésion de l'implication collective et de fidélisation par un rééquilibrage des rémunérations individualisées et variables qui se sont par ailleurs et logiquement beaucoup développées.

Le patrimoine salarial constitue désormais de plus en plus le socle de la rémunération collective en se substituant peu à peu aux mesures de types augmentations collectives, liées au pouvoir d'achat et en contrepartie de l'érosion progressive des avantages sociaux collectifs traditionnels.

Il est à la fois l'instrument d'équilibre du système de rémunération, le cadre et l'outil de gestion des rémunérations collectives, de l'épargne salariale et de l'actionnariat-salarié et, enfin, le levier d'une prévoyance complémentaire dont les besoins sont en pleine émergence.

Il est, enfin, le contrepoids à la rémunération directe, immédiate, à la performance soumise aux effets des marchés et du marché du travail en particulier. Il permet de reconstruire sous une autre forme et une autre nature, une relation salariale à moyen terme parfois aux frontières de l'actionnariat. Le patrimoine salarial fixe un horizon salarial plus long, construit des mécanismes de redistribution de la valeur ajoutée, associe par conséquent une partie du risque du salarié à celui de l'entreprise, et enfin constitue une épargne de précaution que la fragilité du contrat salarial rend désormais nécessaire. À ce titre, il contribue à la construction et à l'équilibre d'un nouveau modèle salarial.

La rémunération différée, prévoyance et avantages collectifs

À la périphérie des formes de rémunération directes existe un ensemble de rémunérations indirectes ou périphériques dont la première caractéristique est le coût souvent très important, par nature fixe, et dont l'évolution est en partie automatique. Il suffit en effet d'analyser en détail les frais de personnel de la plupart des entreprises pour constater la part que peuvent représenter ces contributions et les difficultés rencontrées pour les valoriser et les faire évoluer.

Trois catégories de dispositifs peuvent être distinguées :

- la protection sociale et la prévoyance salariale et ses formes principales en termes de retraite, de santé et de prévoyance ;
- les œuvres sociales au sens large qui relèvent du comité d'entreprise ou de l'entreprise et des conventions collectives ;
- les divers avantages complémentaires individuels.

Ces catégories de rémunération sont soumises à une série de préoccupations et de besoins :

- ce type de frais représente un coût important qui évolue en fonction des effectifs et qui est désormais au cœur des problématiques d'évaluation des passifs sociaux et de leur provisionnement ;
- ces contributions de l'entreprise sont en réalité des formes de rémunération indirecte qu'il s'agit d'intégrer dans la politique de rémunération globale, pour les valoriser et pour en améliorer la gestion ;
- souvent peu évolutives et uniformes, ces formes gagnent en efficacité et parfois en économies lorsqu'elles sont optionnelles et adaptées aux besoins et souhaits des salariés qui sont par nature individuels et en évolution permanente ;
- la problématique attachée à ce type de rémunération est donc centrée sur l'utilisation qui est faite de ces formes, la maîtrise de leur coût et la satisfaction qu'elles apportent aux salariés.

Plusieurs types d'optimisation sont alors recherchés :

- la communication et la valorisation auprès des salariés des avantages et de la contribution de l'entreprise pour le compte de ses collaborateurs. Le bilan social personnalisé est l'instrument le plus connu de cette communication surtout lorsqu'elle va au-delà des seuls problèmes de retraite ;
- la flexibilité et l'individualisation des avantages sociaux et de la prévoyance.

La prévoyance

Sont regroupés dans cette catégorie les différents systèmes de prévoyance en termes de retraites, de santé et de prévoyance telles qu'ils ont été institués progressivement au rythme des législations qui visent à définir les contributions minimales des entreprises pour le compte de leurs salariés. Au-delà de la part obligatoire, des systèmes complémentaires se sont développés par type de profession ou de secteur d'activité, ainsi que des régimes de couverture santé ou prévoyance au niveau des entreprises et avec des disparités souvent considérables de l'une à l'autre.

Quatre types de prévoyance sont organisés et financées dans l'entreprise :

- retraite ;
- santé et frais médicaux ;
- assurance-décès ;
- rupture du contrat de travail.

➤ Les retraites

Les retraites complémentaires sont définies et financées selon trois catégories différentes :

- *les régimes complémentaires collectifs par répartition à cotisations définies sur les rémunérations :* il s'agit des régimes relevant de l'Arcco (non-cadres) et de l'Agirc (cadres) dont les taux de cotisations, lorsqu'ils sont supérieurs aux minima, sont définis le plus souvent au niveau d'un secteur. Il peut s'y ajouter des régimes sur-complémentaires collectifs et par répartition dont l'adhésion est définie au niveau de l'entreprise ;

- *les régimes par capitalisation à cotisation définie à application limitée à une catégorie de personnel* : il s'agit des régimes par capitalisation définis par l'article 83 du CGI. Il s'agit d'une épargne conjointe de l'employeur et des salariés concernés, assise sur les rémunérations selon un taux défini au niveau de l'entreprise et dont la capitalisation est acquise pour le salarié. En revanche, la liquidation ne peut intervenir qu'au moment de la liquidation des droits à la retraite sous forme de rente ;
- *les régimes à prestations définies à application limitée à une catégorie de personnel :* il s'agit des régimes définis par l'article 39 (ou retraite chapeau) du CGI. Comme pour l'article 83, ils sont limités à une catégorie de personnel et liquidables sous forme de rente. En revanche les prestations sont fixées à l'avance quelles que soient les prestations futures de régimes de base. Toutefois, la liquidation des droits ne peut intervenir avant la liquidation de la retraite mais, de même que pour les régimes de type article 83, des solutions quasi individualisées sont possibles.

➤ La prévoyance santé et les frais médicaux

Il s'agit là également d'une couverture complémentaire par rapport aux régimes de base de la Sécurité sociale. Le désengagement de la Sécurité sociale d'une part et le besoin d'une couverture sociale complète d'autre part, débouchent sur le développement des assurances maladie. Deux tendances fortes se dégagent sur ce thème. Tout d'abord, la maîtrise des dépenses avec de plus en plus de contrats d'assurance d'entreprise dans une situation de déficit chronique et pour lesquels la remise en cause de certaines prestations n'est plus un sujet tabou. Les représentants du personnel eux-mêmes sont de plus en plus prêts à démutualiser certaines dépenses pour mieux pérenniser les couvertures collectives. En second lieu, et d'une certaine façon en contrepartie, les formules de prévoyance optionnelles et plus individualisées en fonction de besoins et des choix des salariés se développent. Par ce moyen il est possible pour le collaborateur de définir son besoin en fonction de son profil de et d'allouer ou non une cotisation pour le financer.

En développement, mais encore limité en raison des difficultés de gestion pour les compagnies d'assurance, ces formules consistent par exemple pour le collaborateur à opter pour un package de prévoyance. Il peut choisir un package de base composé des prestations les plus élémentaires avec une couverture minimale. Il le complète ensuite avec le choix d'options complémentaires destinées à couvrir des risques particuliers selon le nombre de membres de la famille, mais aussi les risques particuliers liés à la situation personnelle. Il peut aussi compléter l'offre avec des options liées à des prestations spécifiques telles que les dépenses de santé en optique ou en frais dentaires par exemple. Le même système s'applique également en ce qui concerne d'autres risques majeurs tels que l'invalidité ou l'accident ou la vie. Bien entendu, pour assurer la mutualisation des risques et l'équilibre financier le choix effectué doit l'être pour une durée suffisamment longue et faire l'objet d'une information régulière et complète. Il implique également un dispositif de monitoring financier destiné à procéder aux adaptations régulières des tarifs ou des prestations.

Il ne s'agit pas de dépenser plus dans ces conditions mais mieux et surmesure. L'individualisation des formules de prévoyance, particulièrement en matière de santé permet la fois de renforcer la satisfaction du collaborateur, d'optimiser les dépenses en procédant aux bonnes allocations et de clarifier les garanties afin d'éviter les doublons qui s'observent assez fréquemment dans les régimes souvent anciens actuellement en place au sein des organisations.

Flexible et individualisée, la prévoyance doit désormais conjuguer la diversité et l'individualisation des situations avec l'équilibre de systèmes basés sur la solidarité. Quoi qu'il en soit, l'exercice de clarification et rationalisation demeure indispensable à tout progrès consistant à la fois à valoriser la contribution de l'entreprise pour ses salariés tout en gérant l'équilibre financier des dispositifs en place.

➤ La prévoyance décès et invalidité

Il s'agit de risques majeurs couverts par les systèmes de prévoyance d'entreprise. De très fortes disparités peuvent exister sur ce point d'une entreprise ou d'un secteur à un autre.

Risque majeur mais limité, il s'agit d'une véritable assurance que les grandes entreprises ont généralement largement les moyens de financer et qui leur permet de proposer d'excellentes couvertures à leurs salariés. Sur ce point, la mutualisation des risques et le regroupement d'entreprises au sein d'un même dispositif permettrait sans doute aux plus petites d'entre elles de proposer des prestations de bon niveau à leurs salariés. Enfin, la valorisation et la communication aux salariés de l'existence de cette couverture ne sont pas toujours suffisamment développées. Le bilan social individualisé reprenant tous les aspects de la prévoyance salariale est l'outil idéal pour le faire.

Ainsi, que ce soit dans le cadre de l'optimisation des coûts du système de rémunération ou d'une meilleure adaptation des prestations apportées aux salariés, la prévoyance complémentaire est l'une des formes indirecte dont le potentiel de développement paraît le plus étendu.

➤ Prévoyance et rupture du contrat de travail

Il peut paraître surprenant d'introduire ici sous l'angle de la prévoyance, la question du risque de rupture du contrat de travail. Pourtant, il s'agit bien à la fois d'un risque – de plus en plus répandu notamment pour des raisons économiques –, d'un risque social puisqu'il entraîne une perte de revenus qui peut être durable et enfin d'un besoin de prévoyance directement ou indirectement exprimé par un grand nombre de salariés. De plus, les conditions de rupture du contrat de travail, lorsqu'elle intervient, sont de plus en plus à considérer comme un élément de rémunération qui fait partie de la discussion salariale, à l'embauche notamment et plus seulement pour les dirigeants. Prévoir cette éventualité au-delà des indemnisations prévues par les conventions collectives représente donc pour certaines catégories ou dans certaines circonstances, un volet essentiel de prévoyance salariale. Cela n'est pas un élément de rémunération classique : cela correspond à un facteur important de la relation salariale qui répond à un critère de sécurité extrêmement fort dans certaines circonstances.

Les œuvres sociales

Bien que dévolues aux comités d'entreprises, les œuvres sociales n'en sont pas moins des avantages collectifs dont la valorisation peut représenter une part importante de la rémunération annuelle. Il ne s'agit là généralement que de grandes entreprises mais elles concernent tous leurs salariés. Dès lors qu'un comité d'entreprises existe, certains avantages sont *a minima* proposés aux salariés avec des prestations relatives à la restauration collective, aux vacances, aux loisirs et à la culture. Bien entendu, selon l'entreprise, la nature et le niveau des prestations présentent des disparités considérables. À cela s'ajoutent d'autres avantages spécifiques tels que les prêts de la société, les remises sur les produits de la société, l'aide au transport, les avantages divers. D'autres avantages monétaires, ou en nature, peuvent être attribués directement par l'entreprise au titre des œuvres sociales et compléter les prestations du comité d'entreprise.

En moyenne, les enquêtes du ministère du Travail sur ce sujet montrent que les budgets consacrés aux œuvres sociales, via la subvention aux comités d'entreprise ou directement par l'entreprise représentent en moyenne 3,2 % de la masse salariale. Les disparités sont fortes et les études les plus récentes montrent que cette part n'excède pas 1 % dans les entreprises de moins de cinq cents salariés.

Dans les plus grandes entreprises qui appartiennent pour la plupart, soit au secteur public soit à d'anciennes grandes entreprises nationales, les œuvres sociales peuvent représenter des budgets supérieurs à 10 % de la masse salariale. C'est le cas d'EDF, de la Banque de France, d'EADS ou de Dassault par exemple où les moyens consacrés aux avantages collectifs sont historiquement importants, le demeurent aujourd'hui et viennent se superposer à des formes plus modernes de rémunération.

Cas Snecma

La Snecma est un groupe spécialisé dans la production de moteurs et d'équipements pour l'aéronautique et l'armement. Il regroupe vingt-neuf mille salariés regroupés en vingt-deux sociétés telles que Messier-Bugatti, Labinal, Turboméca, certaines d'entre elles ayant rejoint le groupe depuis peu. Un projet de rapprochement avec Sagem, autre société du secteur privé spécialisée dans les équipements électroniques pour la défense et le grand public est en cours. Le nouveau groupe Safran comptera environ cinquante-cinq mille salariés.

En préparation au rapprochement et à la fusion avec la Sagem, la Snecma mène des négociations au niveau du groupe en vue d'élaborer et mettre en place un dispositif de participation, d'intéressement et d'actionnariat. Ce cas met en lumière plusieurs dimensions et objectifs liés au développement de la rémunération collective.

Le premier objectif dans ce contexte vise à redynamiser la négociation salariale en préparation d'une fusion de structures avec des conséquences prévisibles sur la gestion du personnel d'un groupe qui rassemble un grand nombre de sociétés et de statuts différents. Un accord préalable au sein des entités en France, complété par un texte sur l'évolution professionnelle des représentants du personnel, crée les conditions favorables à l'organisation du dialogue social. Le scénario de la fusion avec Sagem est prévu par l'accord avec un élargissement du périmètre et l'application de formules dérogatoires temporaires.

Il s'agit ensuite de constituer un dispositif unique axé sur des résultats collectifs pour des populations dont la plupart étaient encore dans le secteur public peu de temps auparavant et d'introduire le développement de l'actionnariat à la fois comme réceptacle de l'intéressement, de la participation et de l'abondement de l'entreprise mais aussi comme levier d'incitation à la progression de la valeur à moyen terme du groupe en bourse.

Le dispositif en lui-même ne présente pas de caractéristiques particulières puisqu'il s'agit de négocier et d'organiser plusieurs dispositifs réglementaires. Ce qui paraît plus important ce sont les différents objectifs poursuivis et les apports d'un tel dispositif dans ce contexte :

- d'abord, la négociation sociale et salariale évolue vers une dimension nouvelle du système de rémunération, celle de la rémunération collective en lieu et place des augmentations générales de salaires. Simultanément le champ de la négociation s'élargit avec une dimension collective très forte puisqu'elle concerne le groupe, c'est-à-dire vingt-neuf mille salariés au lieu de se placer au niveau de chacune des sociétés. Cette négociation redynamise et élargit des négociations sociales qui s'étaient affaiblies et durcies à la suite du recul progressif des augmentations générales, la segmentation des métiers, empêchant jusqu'ici toute discussion globale et, enfin, un contexte marqué jusqu'ici par de très profondes restructurations ;
- ensuite, il s'agit de développer un champ d'harmonisation et d'appartenance pour les salariés du groupe qui appartiennent à plusieurs sociétés différentes termes de métiers, d'origine et de statuts. L'harmonisation générale des statuts, des classifications, salaires et règles de gestion du personnel ne sera pas nécessaire ni recherchée car les différences entre les métiers et les catégories de personnel ne la rendent pas envisageable. En revanche, le dispositif de rémunération collective représente la plateforme commune sur laquelle se fondent non seulement l'adhésion, l'appartenance et la cohésion interne, source de synergies et de motivations collectives, mais aussi une base de participation unique pour tous les salariés du groupe. L'intention « de lisser des écarts souvent liés à des phases de maturité différentes des produits entre les sociétés » est clairement exprimée par les signataires de l'accord avec pour objectif notamment de lever un frein à la mobilité au sein du groupe ;
- ainsi, un tel dispositif renforce opportunément la cohésion et l'appartenance au groupe au moment décisif où il va s'élargir et connaître un processus *a priori* long de rapprochements entre des métiers dont un certain nombre sont sensiblement différents ;

– enfin, le développement et l'articulation du dispositif permettent d'implanter des incentives sur les résultats à court terme (participation et intéressement) et à long terme sur la valeur du titre dans un secteur – l'armement – bien peu habitué jusqu'ici à vivre dans ce type de logique.

Ainsi un dispositif de rémunération collective relativement classique bien que complet avec en particulier un actionnariat des salariés parvient dans ce contexte à plusieurs résultats simultanément :

– une relance de la négociation salariale vers un thème qui se substitue aux négociations classiques sur les augmentations générales et dans un contexte qui s'annonce propice aux renégociations, consécutives à la fusion, des règles internes de gestion du personnel ;
– la création d'une plateforme commune de rémunération pour l'ensemble des salariés du groupe, permettant, en contrepartie, de maintenir des sous-systèmes de rémunération sur les salaires et les classifications spécifiques à chaque entité ;
– le renforcement de la cohésion et de l'appartenance au groupe au moment ou celui-ci entre dans une période de rapprochement et de réorganisations ;
– l'établissement d'une relation directe entre une partie de la rémunération de chacun des salariés du groupe avec la performance collective du groupe, performance à court terme avec les résultats comptables et fiscaux et performance à moyen terme avec l'évolution de la valeur de l'entreprise.

Conclusion

La rémunération présente de tels enjeux que son approche mérite d'être profondément renouvelée. Certaines de ses évolutions sont très largement à l'œuvre, d'autres en revanche pas encore intégrées dans la pratique de beaucoup d'entreprises. Bien sûr, celles-ci continueront à faire face à une série de problématiques parfois contradictoires, au gré des cycles économiques, recherchant tantôt la croissance externe et les synergies par acquisition ou par restructuration, tantôt la croissance interne sur les marchés en développement avec, en permanence, la maîtrise des coûts comme règle de gestion. Pour cela, il leur faudra des organisations encore moins cloisonnées et encore plus flexibles : se décentraliser tout en renforçant la coordination et les synergies mais aussi s'engager sur le long terme tout en se ménageant une grande marge de manœuvre à court terme. Sans pouvoir offrir une carrière à vie, l'entreprise doit néanmoins se doter des moyens destinés à développer la motivation et l'implication de ses collaborateurs.

Elle se dote, par conséquent, d'une politique et d'outils de gestion des hommes qui correspondent à ces nouvelles problématiques. Cela appelle une nouvelle approche managériale : l'autonomie des personnes et la décentralisation exigent la transparence des structures et la clarification des contrats implicites ou explicites de travail. La rétribution des contributions individuelles ou collectives implique l'existence d'objectifs et la clarification des responsabilités. Le décloisonnement implique un système de valeurs basé sur la performance et la responsabilisation plutôt que sur les statuts, les diplômes ou les réseaux.

Il ne sert cependant à rien de dire que le modèle managérial traditionnel est périmé. Il est de toute façon inefficient et il génère des insatisfactions des deux côtés, celui de l'entreprise et celui de ses salariés. Ce qui importe le plus c'est de concevoir et de mettre en place les innovations qui permettront de l'adapter et le renouveler.

Sous la pression compétitive, la logique à l'œuvre est celle du marché et celle-ci entre de plain-pied dans la gestion des hommes. Il n'est donc plus suffisant de s'enquérir de la qualité des savoir-faire techniques, il devient essentiel de se concentrer sur l'implication et la qualité de l'engagement des hommes. Les mécanismes de rétribution prennent ici une importance particulière, à condition d'être redéfinis en cohérence avec les buts de l'organisation. Longtemps, mais c'est encore parfois largement le cas, les critères d'attribution de la rémunération ont privilégié l'appartenance à la compétence, la fidélité et la loyauté à la performance. La question se pose alors de l'équilibre et du *mix-policy* des systèmes de rémunération, ce qui suppose que la stratégie de rémunération corresponde à des objectifs clairement choisis par des entreprises conscientes et éclairées des conséquences de leurs choix.

L'un des signes les plus marquants du déséquilibre du modèle managérial traditionnel est celui de l'effritement de l'engagement de l'entreprise vis-à-vis de ses collaborateurs. En imposant la flexibilité et la remise en cause, le marché détruit peu à peu le contrat implicite à moyen-long terme qui s'établissait de fait entre entreprise et salarié, en particulier autour de la question des carrières. Or c'est cet engagement de l'entreprise qui entraînait en même temps la mobilisation du salarié et la plupart des mécanismes de rémunération traditionnels basés sur les règles internes d'évolution des salaires à moyen terme.

Dès lors que cet engagement s'effrite ou disparaît, sur quoi reposent désormais les capacités de mobilisation et d'incitation ? C'est bien là la nouvelle problématique essentielle du management comme de la gestion des ressources humaines[1]. Bien sûr, les entreprises multiplient les projets exceptionnels, et parfois hors structure, pour mobiliser les hommes. Des moyens en communication parfois considérables et toujours innovants sont développés pour améliorer l'adhésion, accélérer le changement, mobiliser autour des objectifs. Mais rien pourtant ne peut remplacer pour cela une stratégie de rémunération structurée, cohérente avec le modèle de gestion des ressources humaines et la

1. Plane, 2001, 2003.

problématique générale d'activité. La rémunération change de rôle et d'enjeu : venant d'un système de règles reflétant un modèle de gestion des carrières à moyen terme fortement internalisé, elle est devenue le levier principal de la mobilisation des ressources et des incitations dans un modèle où les chemins de carrières passent de plus en plus par le marché.

Un dernier enjeu, enfin, plus proche des préoccupations opérationnelles à court terme est celui du management de la performance. Celui-ci regroupe notamment tous les mécanismes de définition d'objectifs, de responsabilisation, de contrats implicites entre niveau de contribution attendue et rétribution prévue et, bien entendu, les outils de rémunération qui assurent le bouclage et l'efficacité du système de management. Et de très nombreux progrès restent à faire dans la conception et le pilotage des performances, en particulier dans l'articulation entre les différents niveaux d'objectifs, les systèmes de mesure et d'évaluation des performances et les mécanismes de rémunération et de feed-back.

C'est donc bien dans ce domaine que la rémunération trouve ses principaux enjeux. Celui d'un contrat implicite renouvelé entre l'entreprise et ses salariés, fondé sur le marché des compétences et sur les performances individuelles ou collectives. Celui également d'un levier indispensable pour l'entreprise dans la mobilisation de ses ressources humaines et le développement de l'implication de ses salariés.

L'analyse des réussites d'entreprise, comme de celles en général que l'histoire nous enseigne, montre que le modèle de gestion et de reconnaissance des hommes, de commandement ou de management sont toujours des facteurs déterminants.

Bibliographie

AOKI M. (1988). *Information, Incentives, and the Bargaining in the Japanese Economy*, Cambridge University Press.

AMADIEU J.-F., CADIN L. (1996). *Compétence et organisation qualifiante*, Paris, Economica.

AKERLOF G. (1982). « Labor contracts and partial gift exchange », *The Quaterly Journal of Economics*, vol. 92.

AZARIADIS C., (1975). « Implicit contracts and underemployement equilibria », *Journal of Economic Theory*, N° 83.

BAMBERGER P, MESHOULAM I. (2000). *Human Resource Strategy*, Sage Publications.

BALASSA B. (1986). « Prices, incentives and economic growth », *in* BALASSA B. (éd.), *Economic Incentives*, New York, St Martin Press.

BECKER G., (1964). *Human Capital, a Theorical and Empirical Analysis*, New York, Columbia University Press.

BELLIER S., (1989). *Peut-on gérer les motivations ?*, Paris, Presses Universitaires de France.

BESCOS P.-L. (1994). MENDOZA C., *Le Management de la performance*, Paris, Éditions comptables Malesherbes.

BONIN J.-P. (1976). « On the design of managerial incentives structures in decentralized planning environment », *American Economic Review*, 66, 4.

BOYER R ., (1978). « Les salaires en longue période », *Économie et statistique*, sept.1978, n° 103, p 27-57.

BROCHIER D. (1993). *L'Entreprise formatrice*, thèse de doctorat, université Aix-Marseille-II, Aix-en-Provence, LEST.

CADIN L., BENDER A.F., DE ST-GINIEZ V. (2003). *Carrières nomades*, Paris, Vuibert.

CADIN L, GUERIN F, PIGEYRE F. (2004). *Gestion des ressources humaines*, Paris, Vuibert (2e éd.).

CAHUC P., DORMONT B. (1992), « Les effets d'incitation de l'intéressement : la productivité plutôt que l'emploi », *Économie et statistique*, n° 257.

CAPPELLI P., (1999*a*). « Career jobs are dead », *California Management Review*, 42.

CAPPELLI P., (1999*b*). *The New Deal at Work : Managing the Market-Driven Workforce*, Boston, Harvard Business School Press.

CHENEVERT D. (1999). *Les Déterminants de la perception d'efficacité des politiques de rémunération : une étude internationale*, thèse de doctorat de sciences de gestion, université de Toulouse-I.

DONNADIEU G. (1999). « Stratégies et politiques de rémunération », *in* WEISS D. (éd.), *Les Ressources Humaines*, Paris, Éditions d'Organisation.

DONNADIEU G. (2000). *Du salaire à la rétribution*, Paris, Éditions Liaisons (3e éd.).

DUPUY F. (1998). *Le Client et le Bureaucrate*, Paris, Dunod.

DUNLOP J.T. (1944). *Wage Determination under Trade Union*, New York, MacMillan Company.

DU ROY O., MAHIEU C. (1996). *L'usine qui n'existait pas*, Paris, Éditions d'Organisation.

EHRENBERG R.G. (1990). « Do tournaments have incentives effects ? », *Journal of Political Economy*, vol. 96, n° 8.

EHRENBERG R.G., MILKOVITCH E.T. (1981), « Compensation and firm performance », in KLINER M. (éd.), *Human Resources and the Performance of the firm, IRRA Series*, Madison, Wisconsin University.

FRANCK R. (1984). « Are workers, paid their marginal products ? », *The American Economic Review*, vol. 74.

GERHART B.A., MILKOVITCH G.T. (1999), « Employee compensation : research and practice », in DUNNETTE M.D., HOUGH L.M. (éd.), *Handbook for Industrial and Organizational Psychology*, Palo Alto, Consulting Psychologist Press.

GILBERT P., PARLIER M. (1992). « La compétence : du mot valise au concept opératoire », *Actualité de la formation permanente*, n° 116.

GOMEZ-MEJIA L.R., TOSI H., HINKIN T. (1987). « Managerial control, performance and executive compensation », *Academy of Management Journal*, vol 30.

GOMEZ-MEJIA L.R., WELBOURNE T.M. (1988). « Compensation strategy : An overview and futursteps », *Human Resource Planning*, vol. 11.

HATCHER L., ROSS T.L. (1991). « From individual incentives to an organization-wide gainsharing plan : effects on the team work quality », *Journal of Organizational Behavior*, vol. 12.

HICKS J. (1932). *Theory of Wages*, New York, Macmillan.

KERR S. (1987). « On the folly on rewarding *a*, while hoping for *b* », *Academy of Management Journal*, vol. 18.

KERR J.L., SLOCUM F. (1989). *Managing Corporate Culture through Reward Systems*, Academy of Management Executive, vol 31.

KOCHAN T.A., OSTERMANN P. (1994). *The Mutual Gains Enterprise : Forging a Winning Partnership among Labor, Management and Government*, Boston, Harvard Business School Press.

LAFFONT J.J. (1993). « Une note sur l'émergence de la théorie des incitations », *Revue française de gestion*, n° 96.

LALLÉE B. (1990). *Pour une nouvelle performance de l'agence bancaire*, Paris, Éditions comptables Malesherbes.

LANCIAUX C.C. (1990). *Stratégies de la récompense*, Paris, ESF Éditeur.

LAWLER E.E. (1990). *Strategic Pay : Aligning Organizational Strategies and Pay Systems*, San Francisco, Jossey-bass Publisher.

LAWLER E.E. (1991). « Paying the person : a better approach to management », *HR Management Review*, vol. 1.

LAWLER E.E. (1994). « From Job-based to competency-based organizations », *Journal of Organizational Behavior*, vol. 15.

LEIBENSTEIN H. (1969). « Organisational or frictional equilibria X-efficiency, and the rate of innovation », *The Quaterly Journal of Economics*, n° 4.

LINDEBECK A., SNOWER D. (1985). « Explanations of unemployment », *Oxford Review of Economic Policy*, vol. 1.

LINDEBECK A., SNOWER D. (1986). « Wage setting, Unemployment, and insider-outsider relations », *The American Economic Review*, vol. 76.

LOUART P. (1992*a*). « Le concept de motivation », in *Actes du congrès de l'AGRH*, 19-20 nov 1992.

LOUART P. (1992*b*). « Participation aux résultats : les véritables enjeux », *Revue française de gestion*, n° 88.

LORINO Ph. (1991). *Le Contrôle de gestion stratégique*, Paris, Dunod.

Mc Kinsey Quaterly Review, Leading change, in the 21st century organization, n° 3,2005.

MARBACH V. (1999). *Évaluer et rémunérer les compétences*, Paris, Éditions d'organisation.

MARSHALL A. (1890). *Principales*, New York, Macmillan.

MARX K. (1867). *Le Capital*, Paris, Gallimard.

MÉNARD C. (1990). *L'Économie des organisations*, Paris, La Découverte.

MICHEL S. (1989). *Peut-on gérer les motivations ?*, Paris, PUF.

MILKOVITCH G.T., ET NEWMANN J.M., (1990). *Compensation*, Homewood, Illinois, Irwin, 3e édition.

MINGRAM P., ROBERTS J. (1997). *Économie, organisation et management*, Bruxelles, De Boëck.

MINTZBERG H. (1983). *Structure in Fives : Designing Effective Organizations*, Englewood Cliffs, Prentice Hall.

OI W. (1962). « Labor as quasi-fixed factor », *The Journal of Political Economy, octobre 1962.*

OSTERMANN P. (1994). « How common is workplace transformation and who adopts it ? », *Industrial and Labor Relations Review*, vol. 47.

PERETTI J.-M., ROUSSEL P., *et al.* (2000). *Les Rémunérations, politiques et pratiques pour les années 2000*, Paris, Vuibert.

PEYRAT-GUILLARD D. (2002). « Les antécédents et les conséquences de l'implication au travail, in l'implication au travail », in THÉVENET M. et NEVEU J.-P, Vuibert, 2002.

PHILLIPS A.W. (1958). *The Relation between Unemployment and the Rate of Change of Money Wage Rates in U. K, 1861-1957*, Paris, Economica.

PIORE M.J., DOERINGER P.B. (1971). International labor market and manpower analysis, Heath, Lexington.

PLANE J.-M. (2003). *Théorie des organisations*, Paris, Dunod.

PLANE J.-M. (2003). *La Gestion des ressources humaines*, Paris, Economica.

PORTER L.W., MOWDAY R.T., STEERS R.M. (1979). « The measurement of organizational commitment », *Journal of Vacational Behavior*, n° 14.

Revue *Banque*, « Améliorer la performance commerciale : expériences des caisses d'épargne et de la BNP », 590, mars 1998.

REYNAUD B. (1992). *Le Salaire, la Règle et le Marché*, Paris, Christian Bourgeois.

REYNAUD B. (1996). *Les Théories du salaire*, Paris, La Découverte.

REYNAUD J.-D. (1988). « Les régulations dans les organisations : régulation de contrôle et régulation autonome », *Revue française de sociologie*, vol. XXIX, janvier-mars.

ROJOT J. (1992). « Équité et gestion des ressources humaines », *in* LABOURDETTE A., (éd.), *Mélanges en l'honneur de Jean-luc Mérigot*, Paris, Economica.

ROUSSEL P. (1996). *Rémunération, motivation et satisfaction au travail*, Paris, Economica.

ROWE F. (1994). *Des banques et des réseaux*, Paris, Economica/ENSPTT.

SAGLIO J. (1991). « Les logiques de l'ordre salarial », *Travail et emploi*, n° 35 juillet.

SAINT-ONGE S, PERONNE-DUTOUR M.A. (1998). *Les perceptions de justice à l'égard d'un système de rémunération basé sur les compétences*, actes du 9e congrès de l'AIPTLF.

SIRE B. (1997). *Gestion stratégique des rémunérations. Pour une approche nouvelle des rémunérations*, Paris, Éditions Liaisons, 3e éd.

SIRE B. (1998). « La gestion des rémunérations au service de la flexibilité », *Revue française de gestion*, 3.

SOLOW R. (1985). « Insiders and outsiders in wage determination », *The Scandinavian Journal of Economics*, vol. 8.

STIGLITZ J.E. (1982). « Alternatives theories of wage, determination ad unemployment, the efficiency wage model », in Gersovitz H. *et al.* (éd.), *The Theory and Experience of Economic Development*, London, Allen-Unwin.

THÉVENET M. (1992). *Impliquer les personnes dans l'entreprise*, Paris, Éditions Liaisons.

THÉVENET M. (2000). *Le Plaisir de travailler*, Paris, Éditions d'Organisation.

TYSON S., BOURNOIS F. (2005). *Top Pay and Performance : International and Strategic Approach*, Oxford, Butterworth & Heinemann.

THÉRIAULT R. (1991). *Guide Mercer sur la gestion de la rémunération : théorie et pratique*, Boucherville, Québec, Gaëtan Morin Éditeur.

THÉRIAULT R., SAINT-ONGE S. (2000). *La Gestion de la rémunération : théories et pratiques*, Boucherville, Québec, Gaëtan Morin Éditeur.

TRIQUET P., CONILH DE BEYSSAC T. (1994). « Pourquoi et comment gérer les compétences ? », *Étude*, n° 158, Hewitt Associates.

VROOM H.M. (1964). *Work ad Motivation*, New York, John Willey and Sons.

WILLIAMSON O.E. (1975). *Markets and Hierarchies : Analysis and Antitrust Implications*, New York, The Free Press, Macmillan.

ZARIFIAN P. (1993). *Quels modèles d'organisation pour l'industrie européenne ? L'émergence de la firme coopératrice*, Paris, L'Harmattan.

ZARIFIAN P. (1999). *Objectif compétence*, Paris, Éditions Liaisons.

048891-(I)-(1,8)-OSB 100°-CP2-CHD

STEDI MEDIA, 1, boulevard Ney, 75018 Paris
Dépôt légal, Imprimeur, n° 8913
Dépôt légal : septembre 2006
Imprimé en France